Mojib Latif
Countdown

Mojib Latif

Countdown

Unsere Zeit läuft ab – was wir
der Klimakatastrophe noch
entgegensetzen können

HERDER

FREIBURG · BASEL · WIEN

© Verlag Herder GmbH, Freiburg im Breisgau 2022
Alle Rechte vorbehalten
www.herder.de

Satz: ZeroSoft, Timisoara
Herstellung: GGP Media GmbH, Pößneck

Printed in Germany

ISBN Print 978-3-451-39271-9
ISBN E-Book (EPUB) 978-3-451-82717-4
ISBN E-Book (PDF) 978-3-451-82720-4

Inhalt

„Wir müssen verstehen, dass das Schicksal unserer Erde auf dem Spiel steht, und wir müssen versuchen, das Wohl unserer Erde mit den Entwicklungen in Einklang zu bringen, die mit der Modernisierung einhergehen. Das verlangt eine menschliche, ja eine kulturelle Revolution."[1]

Der Countdown läuft – Vorwort

Das Zitat, das ich diesem Buch voranstelle, stammt vom italienischen Industriellen Aurelio Peccei, der 1968 zusammen mit dem Schotten Alexander King von der Organisation für wirtschaftliche Zusammenarbeit und Entwicklung[2] (OECD) den Club of Rome gegründet hatte, einen Zusammenschluss von Experten verschiedener Disziplinen. Anlass für die Gründung des Club of Rome vor nunmehr über einem halben Jahrhundert war die gemeinsame Sorge um die Zerstörung des Planeten, welcher die Gesellschaften mit ihren Einstellungen, Werten, Interessen sowie Programmen und Institutionen nichts entgegenzusetzen hatten.[3] 1972, vier Jahre nach seiner Gründung, erlangte der Club of Rome mit dem Bericht *Die Grenzen des Wachstums*[4] eine weltweite Aufmerksamkeit, die kaum größer hätte sein können. Dieser Bericht zur Lage der Menschheit warnte vor nicht weniger als dem teilweisen Zusammenbruch der menschlichen Zivilisation innerhalb der nächsten 100 Jahre, also noch im Verlauf dieses Jahrhunderts, sollten sich die damals beobachteten Trends wie zum Beispiel das Bevölkerungswachstum oder das Wirtschaftswachstum auf Kosten der natürlichen Ressourcen der Erde weiter fortsetzen. Die Weltbevölkerung würde drastisch zurückgehen und in Hunger und Elend versinken. Das Erscheinen von *Die Grenzen des Wachstums* kann mit Fug und Recht als Beginn der globalen Umweltdebatte verstanden werden. Im selben Jahr änderte zudem ein Foto buchstäblich unseren Blick auf die Welt, ein Bild von der Erde, das die Besatzung des Raumschiffs von Apollo 17 auf dem Weg zum Mond aus einer Entfernung von 45 000 Kilometern aufgenommen hatte. Es zeigt die „Vollerde" und ist unter dem englischen Namen „Blue Marble" bekannt, blaue Murmel. Eindrucksvoll verdeutlicht die Aufnahme die Schönheit und die Zerbrechlichkeit der Erde zugleich. Das Foto wurde zu einer

Ikone der sich damals formierenden globalen Umweltbewegung. Eugene Cernan, Kommandant von Apollo 17, sagte in Bezug auf die Mondmission: „Wir brachen auf, um den Mond zu erkunden, aber tatsächlich entdeckten wir die Erde."[5]

Mit *Die Grenzen des Wachstums* hatte der Club of Rome den Menschen die Augen geöffnet. Der Bericht machte klar, dass ein „Weiter so wie bisher" keine Option sei, dass man die Erde also nicht beliebig ausbeuten könne. Doch nach Erscheinen des Berichts hatten die Menschen ihre Augen gleich wieder geschlossen, um in diesem Bild zu bleiben. Denn die Trends haben nicht nur angehalten, sie haben sich sogar noch beschleunigt. Wir haben die planetare Geisterfahrt fortgesetzt, vor der der Club of Rome schon vor einem halben Jahrhundert gewarnt hat. Heute sind sich die allermeisten Expertinnen und Experten darin einig, dass der Club of Rome mit seiner Warnung recht gehabt hatte. 50 Jahre später nähern wir uns tatsächlich den Wachstumsgrenzen, und einige haben wir längst überschritten. Das ist überall auf der Welt spürbar, vor allem, aber nicht ausschließlich, an den dramatischen Auswirkungen der sich beschleunigenden und erwiesenermaßen von der Menschheit verursachten globalen Erwärmung, im Folgenden auch Klimawandel genannt. Die globale Erwärmung und ihre Auswirkungen stehen im Vordergrund dieses Buches. Infolge der steigenden Temperaturen häufen und intensivieren sich Wetterextreme rund um den Globus, unter denen Jahr für Jahr mehr Menschen zu leiden haben. Die Begrenzung des Klimawandels ist eine riesengroße Herausforderung für die Menschheit, und das in jeder Hinsicht: technologisch, finanziell und kulturell. Bundespräsident Frank-Walter Steinmeier bezeichnete in seiner Rede anlässlich seiner Wiederwahl den Kampf gegen den Klimawandel und die damit in Zusammenhang stehende Transformation zu einer nachhaltigen Lebensweise als nichts weniger als die Überlebensfrage der Menschheit.[6]

Weltweit wurde seit dem Erscheinen von *Die Grenzen des Wachstums* sehr viel Wissen über die auf die Menschen zukommenden Probleme gesammelt. So hat sich seit den 1970er Jahren die Forschung zum Klimawandel und seinen möglichen Auswirkungen intensiviert. Computermodelle wurden entwickelt, um die zukünftige Klimaentwicklung vorherzusagen. Die frühen Berechnungen zur Veränderung des Klimas infolge des menschlichen Ausstoßes von Treibhausgasen, die vor ungefähr 30 Jahren durchgeführt worden waren, sind in groben Zügen von der Realität bestätigt worden. Die Wissenschaft entwickelte daneben Strategien, um die Probleme zu vermeiden, die ein fortgesetzter Treibhausgasausstoß für das Erdsystem heraufbeschwören würde. Ein wirklicher Wandel jedoch wurde nicht eingeleitet – die Idee des „Abenteuer des Geistes", wie Peccei die von ihm geforderte „kulturelle Revolution" auch bezeichnete, geriet in Vergessenheit.

Warum kommen wir nicht vom Wissen zum Handeln? Was läuft schief, und warum kommen wir so gut wie nicht voran, wenn es um die Begrenzung des Klimawandels geht und um andere globale Probleme, vor denen die Menschen stehen? Niemand bestreitet doch den Mangel an Nachhaltigkeit und dass unsere Lebensweise nicht zukunftsfähig ist. Ebenso wenig die offensichtlichen Probleme, die daraus entstehen, und schon gar nicht den Zeitdruck bei der Begrenzung des Klimawandels, mal abgesehen von einigen wenigen „Querdenkern", wie ich die Menschen bezeichnen möchte, die sich von der Wissenschaft und vom Staat insgesamt abgewendet haben. Diese Personen, zu denen inzwischen auch einige prominente Politikerinnen und Politiker zählen wie Donald Trump, der ehemalige Präsident der USA, sind Fakten und sachlichen Argumenten nicht mehr zugänglich, was schon für sich genommen ein Hindernis für einen tiefgreifenden Wandel darstellt, zudem sie darüber hinaus auch noch lautstark Stimmung gegen die Demokratie machen.

Sollten wir als Gesellschaft nicht die Offenheit haben, uns nicht allein auf das zu konzentrieren, was wir wissen, sondern auch danach zu fragen, was wir nicht wissen? Was haben wir zur Herbeiführung des Wandels übersehen? Viele Jahre lang glaubten wir – auch in Teilen der Wissenschaft, und ich will mich hier nicht ausnehmen –, dass Wissen allein zum Handeln führe. Zum Beispiel, dass wissenschaftliche Daten, wie die in der Abbildung 1 gezeigten, eine starke Geschichte erzählen und ein Umdenken in der Klimapolitik bewirken würden.

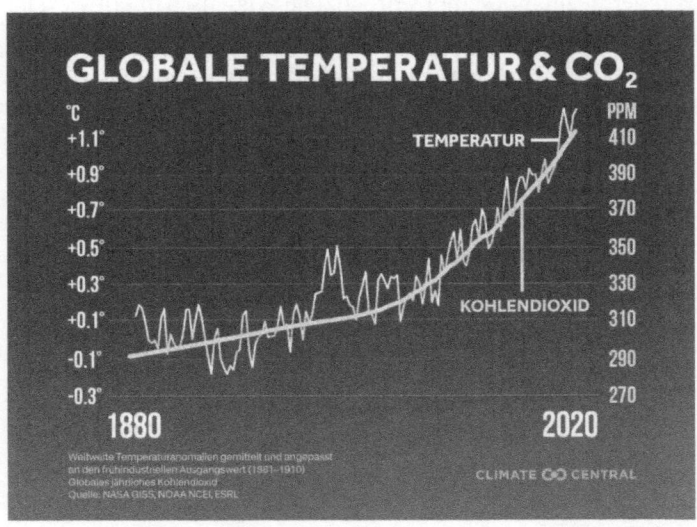

Abbildung 1: Der leicht geglättete Kohlendioxid-(CO$_2$-)Gehalt der Atmosphäre (ppm) und die globale Temperatur an der Erdoberfläche (°C) für den Zeitraum 1880 bis 2020. Die Temperatur ist gezeigt als Abweichung gegenüber dem Mittelwert von 1881 bis 1910. Quelle: Climate Central.

Dürfen wir das in der heutigen Zeit weiter annehmen? Müsste uns nicht der praktisch parallele Anstieg der atmosphärischen Treibhausgase und der Temperatur an der Erdoberfläche längst zum Handeln gezwungen haben? Glauben wir immer noch, dass Wissen, gepaart mit öffentlicher Aufmerksamkeit, ausreicht, um die notwendigen Transformationen herbeizuführen? Oder besteht vielleicht sogar die Gefahr, dass der Diskurs über das Thema Nachhaltigkeit zur Bildung eines Gegenpols beiträgt, der die Spaltung von Gesellschaften befördert und populistische Kräfte stärkt? Haben wir nicht genau eine solche Spaltung im Verlauf der Klimadebatte in den USA beobachten müssen?

Eine Spaltung der Gesellschaft würde die gesellschaftliche Transformation oder die kulturelle Revolution, wie Aurelio Peccei es nannte, nicht einfacher machen, was mir große Sorgen bereitet. Ich überzeichne die Lage jetzt einmal bewusst: Die Aufklärung scheint irgendwie unter die Räder zu kommen. Fakten scheinen keine Fakten mehr zu sein. Politik und Medien werden in einigen Kreisen zu Hassbildern – ich selbst bekomme Hass-E-Mails. All dies weist auf eine gefährliche Entwicklung in unserer Gesellschaft hin, auch im Sinne einer zunehmenden Wissenschafts- und Demokratiefeindlichkeit. Außerdem nehme ich eine zunehmende Verrohung der Gesellschaften wahr, aufgrund derer es immer schwieriger zu werden scheint, notwendige Maßnahmen durchzusetzen, um Probleme zu lösen. Ein aktuelles Beispiel ist die Corona-Krise, wo unversöhnliche Positionen bezüglich der Notwendigkeit von freiheitseinschränkenden Maßnahmen oder einer Impfpflicht aufeinanderprallen. Selbst Bundespräsident Frank-Walter Steinmeier sah sich im November 2021 genötigt, in die Debatte einzugreifen und die Impfgegner zu fragen: „Was muss eigentlich noch geschehen, um Sie zu überzeugen?"[7] Ich könnte genauso die Länder unserer Welt fragen: „Was muss eigentlich noch geschehen, damit Sie endlich das Klimaproblem angehen?"

Zeit bleibt den Menschen kaum noch, um die Antworten auf die drängenden Fragen zu finden, die der sich beschleunigende Klimawandel und andere sich am Horizont abzeichnenden Probleme ihnen stellt. In der Theorie ist die Lösung vieler globaler Probleme, einschließlich des Klimaproblems, denkbar einfach. Man müsste nur der Vernunft folgen und die vorhandenen Möglichkeiten nutzen. In der Praxis klappt es nicht. Die menschliche Gesellschaft ist kein Computerspiel, in dem alles nach festgelegten Regeln abläuft. Es gibt jede Menge sich widersprechender Interessen, je nach Standpunkt legitime und illegitime. Die Länder scheitern schon beim Festlegen der Spielregeln, was uns die Weltklimakonferenzen Jahr für Jahr aufs Neue vor Augen führen. Ein wenig Zeit bleibt der Menschheit noch, um den Weg in die Nachhaltigkeit zu finden, damit die Welt nicht vollends aus den Fugen gerät. Nutzen wir diese Zeit und verharren wir nicht in sinnlosen Debatten oder in Angststarre. Wenn wir eine gute Zukunft wollen, müssen wir hart dafür arbeiten. Es würde sich auf jeden Fall lohnen.

Die Bewältigung des Klimaproblems ist vielleicht die größte Herausforderung, vor der die Menschheit je gestanden hat. Ich bin ein Optimist und werde es bleiben, auch wenn ich seit Jahrzehnten den Finger in die Klimawunde legen muss und schon längst die Flinte ins Korn hätte werfen können, weil die Menschheit in Sachen Klimaschutz einfach nicht vom Fleck kommt. Das ist in der Tat deprimierend, insbesondere wegen der vollmundigen Versprechungen, die seit vielen Jahren von Politik und Wirtschaft gemacht wurden. Ich will ehrlich zu Ihnen sein. Inzwischen reagiere ich allergisch auf derlei großspurige Ankündigungen. Die Menschen müssen sich neu orientieren, um die Umwelt und damit sich selbst vor einem GAU zu bewahren. Die alten Rezepte taugen nicht mehr. Natürlich würde die Welt nicht untergehen, wenn die Menschheit beispielsweise die gesteckten Klimaziele reißen sollte. Eines steht aber fest: Es würde verdammt ungemütlich auf der Erde werden. Das kann niemand wollen.

Ich werde die Gründe dafür darlegen, warum sich die Menschheit bei der Lösung des Klimaproblems so schwertut. Ein paar Hoffnungsschimmer zeichnen sich dennoch am Horizont ab, trotz der alles andere als ermutigenden gegenwärtigen

Tendenzen. Auf die positiven Entwicklungen werde ich am Ende des Buches eingehen. Sie geben mir Hoffnung, und ich möchte sie mit Ihnen teilen. Es gilt jetzt, die positiven Entwicklungen zu unterstützen, um eine Dynamik zu entfachen. Zu diesen positiven Signalen zähle ich ein paar wegweisende Gerichtsurteile wie das überraschend klare Urteil des Bundesverfassungsgerichts aus dem Jahr 2021,[8] das Teile des Klimaschutzgesetzes der Großen Koalition für verfassungswidrig erklärte, weil diese gegen das Gebot der Generationengerechtigkeit verstoßen hatten. Auch technologisch tut sich einiges. Die Erneuerbaren Energien sind nicht mehr aufzuhalten und weltweit auf dem Vormarsch. In Deutschland werden heute schon ungefähr 50 Prozent des Stroms regenerativ erzeugt, was noch vor 20 Jahren in vielen Teilen der Gesellschaft als Utopie angesehen worden wäre, als der Anteil noch deutlich unter zehn Prozent gelegen hatte. Wer hätte vor ein paar Jahren gedacht, dass das CO_2-neutrale Fliegen in Reichweite zu sein scheint? Ich durfte im Oktober 2021 der Einweihung der weltweit ersten E-Kerosin-Anlage im Emsland beiwohnen,[9] die die Hoffnung auf das CO_2-neutrale Fliegen nährt. Die neuartige Anlage produziert Kerosin synthetisch mithilfe von Wasser und Strom, den Windräder aus dem Umland liefern. Zudem werden Abfall-CO_2 aus Lebensmittelresten einer Biogasanlage sowie CO_2 aus der Umgebungsluft verwendet. Neue saubere Technologien sind auf dem Vormarsch, und es macht Spaß zu sehen, dass sich etwas bewegt, damit wir möglichst rasch das fossile Zeitalter hinter uns lassen können.

Und schließlich wächst zumindest bei uns in Deutschland die öffentliche Aufmerksamkeit für globale Umweltthemen, weil gerade die jungen Menschen nicht mehr tatenlos zusehen wollen, wie die Älteren dabei sind, den Planeten gegen die Wand fahren. Die heutigen Entscheider sehen zwar die kritische Lage und den Handlungsdruck, wie sie in Sonntagsreden zugeben. Sie handeln aber immer noch viel zu zögerlich oder gar nicht.

Hält das Schneckentempo an, verspielen wir die Zukunft der nachfolgenden Generationen. Das Tempo muss sich erhöhen. Die jungen Menschen sehen es genau richtig und fordern vehement eine rasche Kurskorrektur. Verständlich, denn sie sind ja in erster Linie vom Stillstand in Sachen Klimaschutz betroffen. Sie haben in den letzten Jahren das Thema Klimawandel mit einer Vehemenz in die Öffentlichkeit gebracht, wie es vorher noch nie der Fall gewesen ist.

Vielleicht hat das gesteigerte öffentliche Interesse an der Umwelt auch mit der Corona-Krise zu tun, die Denkprozesse in Gang gesetzt und die Diskussion über Prioritäten und Systemrelevanz beflügelt hat. Seit Ausbruch der Pandemie sind die Corona-Krise und die Klimakrise oft miteinander verglichen worden. Und trotz der vielen Unterschiede zwischen den beiden Krisen gibt es Gemeinsamkeiten. Sowohl die Corona-Krise als auch die Klimakrise sind global, und man wird sie nur mit ähnlichen Strategien in den Griff bekommen können. Zuallererst wären hier die internationale Kooperation und das Miteinander von Politik, Wirtschaft und Wissenschaft zu nennen. Die Menschheit wird die Corona-Krise höchstwahrscheinlich in ein paar Jahren überwunden haben, auch wenn seit Ausbruch der Pandemie gravierende Fehler gemacht worden sind. Von einer relativ schnellen Überwindung der Corona-Krise kann man nach dem heutigen Stand der Wissenschaft ausgehen. Das wird bei der Klimakrise nicht der Fall sein. Selbst die Auswirkungen der heute bereits realisierten globalen Erwärmung werden noch für Jahrhunderte und darüber hinaus spürbar sein. Die Menschheit wäre aber immer noch imstande, eine Klimakatastrophe, die die Lebensbedingungen auf der Erde extrem verschlechtern würde, zu vermeiden. Dazu braucht es einen grundlegenden technologischen und kulturellen Wandel. Viel Zeit bleibt den Menschen nicht mehr. Der Countdown läuft.

Was wir wissen – Die Ursachen des Klimawandels

Das Mädchen, das die Welt zum Schweigen brachte

Es braucht jetzt einen Befreiungsschlag, wobei die Klimaproblematik nur stellvertretend für die anderen globalen Umweltprobleme steht. Nicht kleckern, sondern klotzen ist beim Umwelt- und Klimaschutz angezeigt, damit sich die Menschheit nicht zu weit von der heute noch lebenswerten Welt entfernt und tief in die neue, lebensfeindliche Welt vordringt. Die „Fridays for Future"-Bewegung fordert radikales Handeln, und das zu Recht, denn die junge Generation wird sonst einen Großteil ihres Lebens in der neuen, nicht lebenswerten Welt verbringen müssen. Wussten Sie eigentlich, dass schon 1992 auf der UN-Konferenz für Umwelt und Entwicklung von Rio de Janeiro,[10] dem sogenannten Erdgipfel, das zwölfjährige Mädchen Severn Cullis-Suzuki aus Kanada aufgetreten war[11] – also lange vor der Schwedin Greta Thunberg, die 2019 auf dem UN-Klimagipfel in New York gesprochen hatte? Im Internet findet man das Video mit der Rede von Severn Cullis-Suzuki unter dem Titel: „Das Mädchen, das die Welt für sechs Minuten zum Schweigen brachte." Liebe Leserinnen und liebe Leser, sie werden gerührt und den Tränen nahe sein, wenn Sie sich das Video ansehen. Ich bin es jedenfalls, wenn ich mir den Mitschnitt ansehe. Die Zwölfjährige sagte zu Beginn ihrer bewegenden Rede: „Seine Zukunft zu verlieren ist nicht das Gleiche, wie ein paar Punkte bei einer Wahl oder ein paar Prozentpunkte auf dem Aktienmarkt zu verlieren." Wer wollte dem widersprechen? Das Wohlergehen der Menschheit für Geld aufs Spiel zu setzten ist einfach nur krank. 20 Jahre später, 2012, kehrte Severn Cullis-Suzuki als Erwachsene zum Klimagipfel „Rio + 20"[12] nach Rio zurück. Es war in den zurückliegenden zwei

Jahrzehnten nichts Nennenswertes in Sachen Umweltschutz geschehen, und sie musste eine traurige Bilanz ziehen: „Wir brauchen einen massiven Paradigmenwechsel, um unsere Welt zu retten."[13]

Die jetzt an den Schalthebeln der Macht sitzenden Personen sollten weise genug sein, so wie schon Severn Cullis-Suzuki vor 30 Jahren, um die Zeichen der Zeit zu erkennen und unverzüglich die nötigen Schritte einzuleiten, damit wir den Planeten nicht vollends gegen die Wand fahren. Darüber hinaus muss jede und jeder von uns überlegen, ob für sie oder ihn in Sachen nachhaltiges Verhalten nicht mehr möglich wäre und liebgewonnene Gewohnheiten über Bord geworfen werden können, nicht nur, weil sie schädlich für den Planeten sind, sondern einfach nur dumm. Warum zum Beispiel werfen wir so viele Lebensmittel weg, die mit großem Energie-, Wasser- und Rohstoffaufwand erzeugt worden sind? Weniger Lebensmittelverschwendung würde aus vielerlei Gründen den Planeten schonen und auch für den Klimaschutz von Bedeutung sein. In anderen Weltregionen müssen Menschen verhungern. Auch darauf hatte Severn Cullis-Suzuki bereits 1992 auf dem Erdgipfel von Rio hingewiesen. Die Reichen der Welt – und wir in Deutschland gehören zu ihnen – müssen wieder das Teilen lernen und nicht sinnlos versuchen, immer reicher zu werden oder ihren Egotrip fortzusetzen. Auf dem Cover des Magazins *Stern* vom 22.7.2021, dessen Titelgeschichte die Flutkatastrophe in Deutschland war, ist ganz oben Folgendes zu lesen: „Bezos, Musk, Branson – Wer braucht Milliardäre im Weltall?"[14] Jeff Bezos ist der Gründer des Onlineversandhändlers Amazon, Elon Musk ist unter anderem Chef des E-Auto-Herstellers Tesla und Richard Branson unter anderem Gründer der Fluggesellschaft Virgin Atlantic Airways. Dass es angeblich kein Geld für den notwendigen Schutz des Planeten gibt, ist ein Märchen.

Treibhauseffekt

Bevor wir uns mit der Frage beschäftigen, weshalb uns die Zeit bei der Begrenzung der globalen Erwärmung davonläuft und warum wir beim Klimaschutz nicht vorankommen, müssen wir uns zunächst den Ursachen zuwenden, die dem Klimawandel zugrunde liegen. Nur durch das Verständnis der Prozesse, die die steigenden Temperaturen auf der Erde verursachen, sind die erforderlichen Klimaschutzmaßnahmen nachzuvollziehen. Eigentlich sollte der Grund für die globale Erwärmung nach etlichen Jahren der Wissenschaftskommunikation hinlänglich verstanden sein. Trotzdem werden die Ursachen des Klimawandels in der Öffentlichkeit des Öfteren nicht korrekt dargestellt. Außerdem, liebe Leserinnen und Leser, ob Sie es glauben oder nicht, bekomme ich täglich E-Mails oder Briefe, in denen der menschliche Einfluss auf das Klima mit Argumenten aus der Mottenkiste in Abrede gestellt wird. Den wissenschaftlichen Kenntnisstand über den Klimawandel kann man kurz und bündig in nur 20 Worten zusammenfassen, wie es in dem 2021 von verschiedenen deutschen Wetter- und Klimainstitutionen und Klimakommunikationsplattformen herausgegebenen Faktenblatt mit dem Titel *Was wir heute übers Klima wissen – Basisfakten zum Klimawandel, die in der Wissenschaft unumstritten sind* nachzulesen ist,[15] an dem ich ebenfalls mitgewirkt habe: „Er ist real. Wir sind die Ursache. Er ist gefährlich. Die Fachleute sind sich einig. Wir können noch etwas tun."

Ich habe die Mechanismen des Klimawandels in meinem letzten Buch *Heißzeit*,[16] das 2020 erschienen ist, umfassend beschrieben und einige der gängigen „Argumente" der Skeptiker gegen den menschlichen Klimaeinfluss entkräftet. Deswegen werde ich mich hier vergleichsweise kurz fassen. Die Gründe für den Klimawandel sind seit Jahrzehnten wissenschaftlich sehr gut verstanden und auch für Laien durchaus nachvollziehbar. Wenn wir vom Klimawandel sprechen, meinen wir die durch die Menschheit verursachte globale Erwärmung seit Beginn der Industrialisierung. Dabei spielt der sogenannte Treibhauseffekt die entscheidende Rolle, dem die Erde die milden Bedingungen auf ihrer Oberfläche verdankt. Der irdische Treibhauseffekt ist ein Segen und der Garant für die lebensfreundlichen klimatischen Verhältnisse auf unserem Planeten. Verändert sich die Stärke des Treibhauseffekts, muss sich auch zwangsläufig das Klima verändern.

Der Wasserdampf ist die gasförmige und deswegen unsichtbare Phase des Wassers.[17] Er ist das für den *natürlichen* Treibhauseffekt wichtigste Treibhausgas. Weitere potente Treibhausgase sind das Kohlendioxid (CO_2) und das Methan (CH_4). Der Wasserdampf ist sehr variabel und trägt in etwa zwei bis drei Prozent zur Erdatmosphäre bei, Kohlendioxid und Methan besitzen zusammen einen Anteil von weit weniger als einem Prozent, weswegen sie zu den sogenannten Spurengasen zählen. Die Hauptbestandteile der Atmosphäre sind Stickstoff und Sauerstoff, die zusammen einen Anteil von über 95 Prozent ausmachen. Trotz ihres geringen Anteils an der Lufthülle sind die Treibhausgase äußerst klimawirksam. Ohne die Treibhausgase in der Luft lägen die Temperaturen an der Erdoberfläche im weltweiten Durchschnitt weit unter dem Gefrierpunkt bei ungefähr minus 18 Grad Celsius. Die aktuelle Temperatur liegt heute im Mittel bei ungefähr plus 15 Grad Celsius. Der Wasserdampf trägt etwa zwei Drittel zur Treibhauserwärmung von gut 30 Grad Celsius bei, das CO_2 ungefähr ein Viertel. Stickstoff und Sauerstoff sind für das Klima kaum von Bedeutung.

Globale Erwärmung

Das Problem der globalen Erwärmung besteht nun darin, dass die Menschen den eigentlich segensreichen Treibhauseffekt verstärken, indem sie mit dem Aufkommen der Industrialisierung damit begonnen haben, gewaltige Mengen von Treibhausgasen in die Atmosphäre auszustoßen, allen voran das Kohlendioxid. Die Menschen emittieren neben dem CO_2 auch die Treibhausgase Methan und Lachgas (N_2O), allerdings in deutlich geringeren Mengen. Aus diesem Grund und wegen seiner langen Verweildauer in der Atmosphäre steht das CO_2 im Zentrum der Klimadebatte – und auch dieses Buches. Die atmosphärischen Konzentrationen der Treibhausgase haben sich in den letzten Jahrzehnten mit einer noch nie dagewesenen Geschwindigkeit erhöht. So ist allein der CO_2-Gehalt der Atmosphäre schon um gut 50 Prozent gegenüber der vorindustriellen Zeit angewachsen. Der Anstieg der Treibhausgase verstärkt den Treibhauseffekt und muss daher zu einer zusätzlichen globalen Erwärmung an der Erdoberfläche führen. Die Verstärkung des natürlichen Treibhauseffekts durch die Menschheit bezeichnen wir als den *anthropogenen*[18] Treibhauseffekt.

Kurze Historie der Forschung

Die Existenz des Treibhauseffekts wie auch die Wirkungsweise der Treibhausgase sind in der Wissenschaft schon lange bekannt.[19] Bereits 1822 berechnete der Mathematiker und Physiker Joseph Fourier, dass es auf der Erdoberfläche viel kälter sein müsste, als es tatsächlich der Fall ist, wenn die einfallende Sonnenstrahlung der einzige wärmende Faktor wäre. Seine Idee, dass die Erdatmosphäre wie ein Isolator wirkt, ist die erste Formulierung dessen, was wir heute als den Treibhauseffekt bezeichnen. Einige Jahrzehnte später hatte der Physiker Joseph Henry 1856 auf der Jahrestagung der American Association for the Advancement of Science (AAAS) in Albany, New York, die Ergebnisse der amerikanischen Wissenschaftlerin Eunice Foote über die Rolle von CO_2 auf die Temperatur der Erde vorgetragen.[20] Es ist unklar, warum Foote ihre Ergebnisse nicht selbst präsentierte, auf jeden Fall hatten es Frauen damals ungleich schwerer als heute, in der Wissenschaft gehört und respektiert zu werden. Ich zitiere aus Footes bahnbrechender Arbeit über den Einfluss des CO_2 auf die Temperatur der Erde: „Eine Atmosphäre dieses Gases würde unserer Erde eine hohe Temperatur verleihen; und wenn, wie einige vermuten, zu einem bestimmten Zeitpunkt ihrer Geschichte die Luft in einem größeren Anteil als heute mit diesem Gas vermischt war, muss sich zwangsläufig eine erhöhte Temperatur ergeben haben." Respekt, Frau Foote! Genauso ist es. Die Warmzeiten während der letzten Jahrhunderttausende waren Phasen vergleichsweise hoher CO_2-Konzentrationen. Demgegenüber waren die Eiszeiten durch relativ niedrige Konzentrationen geprägt.

Im Jahr 1896 führte der schwedische Physiker Svante Arrhenius, der 1903 für seine bahnbrechenden Arbeiten im Bereich der physikalischen Chemie mit dem Nobelpreis ausgezeichnet wurde,[21] die ersten quantitativen Berechnungen zum Einfluss des CO_2-Gehalts der Atmosphäre auf die Oberflächentemperatur der Erde aus, und dies in Abhängigkeit von der geografischen Breite und der Jahreszeit. Der Titel der wissenschaftlichen Publikation, die Arrhenius vor nunmehr weit über 100 Jahren veröffentlicht hatte, lautet *Über den Einfluss von Kohlensäure auf die Temperatur des Bodens*.[22] Mehr muss ich wohl nicht zu dieser Arbeit sagen, außer dass Arrhenius mit Kohlensäure das CO_2 meinte. Arrhenius nutze die physikalischen Grundgesetze, die in Form mathematischer Gleichungen formuliert werden können. Das Erstaunliche: Arrhenius' frühe Berechnungen liegen immer noch im Rahmen dessen, was die heutigen Computermodelle kalkulieren, auch wenn sich seine Ergebnisse am oberen Rand der Bandbreite der heutigen Modellergebnisse befinden. Arrhenius berechnete eine globale Erwärmung von ungefähr 5 Grad Celsius im globalen Durchschnitt für den Fall einer Verdopplung der vorindustriellen CO_2-Konzentration, eine Erwärmung, die man in der Wissenschaft als Klimasensitivität bezeichnet.[23] Der heutige beste Schätzwert für die Klimasensitivität liegt bei 3 Grad Celsius,[24] wobei es eine recht große Unsicherheit gibt, insbesondere bezüglich der oberen Grenze. Der beste Schätzwert hat sich allerdings in den letzten Jahrzehnten nicht mehr verändert.

Nachweis

Dass die globale Erwärmung gegenüber der vorindustriellen Zeit durch die anthropogenen Treibhausgasemissionen verursacht worden ist, kann seriös nicht bestritten werden. Die wissenschaftliche Evidenz ist überwältigend. Für mich ist es erschreckend, wie viele Menschen der Wissenschaft misstrauen und immer noch daran zweifeln, dass die Menschheit für die globale Erwärmung verantwortlich ist. Auch wenn man nicht aus der Klimaforschung kommt, gibt es doch so etwas wie den gesunden Menschenverstand, der ein guter Ratgeber ist. Allein die Parallelität von Temperatur- und CO_2-Anstieg sollte den Menschen als Ursache der globalen Erwärmung nahelegen. Und mehr noch: Der Anstieg der global gemittelten Temperatur an der Erdoberfläche, im Folgenden globale Temperatur genannt, ist in den letzten zwei Jahrtausenden ohne Beispiel. Höchstwahrscheinlich haben die Temperaturen schon Werte erreicht, die es zumindest über mehrere Jahrhunderte gemittelt selbst seit 100 000 Jahren nicht mehr gegeben hat. Nicht nur das Ausmaß, sondern vor allem auch die Geschwindigkeit der globalen Erwärmung während der letzten Jahrzehnte ist absolut außergewöhnlich im Vergleich zu den vorangegangenen Jahrtausenden, was ebenfalls auf die Menschheit als die Ursache für die rasant steigenden Temperaturen seit Beginn der Industrialisierung hinweist – und somit auf den anthropogenen Ausstoß von Treibhausgasen. So gehörten die neun Jahre zwischen 2013 und 2021 allesamt zu den zehn wärmsten seit Beginn der Aufzeichnungen 1880.[25]

Was wir gegenwärtig an Veränderungen im Klima- und Wettergeschehen erleben, ist in vielerlei Hinsicht absolut außergewöhnlich und nur noch durch den Einfluss des Menschen zu erklären, was ich in den folgenden Kapiteln noch weiter ausführen werde. Wie aber kann die Wissenschaft die Menschen als die Ursache für die globale Erwärmung identifizieren? Dazu werden Simulationen mit Klimamodellen durchgeführt, einmal mit und einmal ohne die menschlichen Faktoren. Berücksichtigt man nur die natürlichen Einflussfaktoren wie etwa Vulkanausbrüche und die beobachteten Veränderungen der Sonneneinstrahlung, lässt sich die globale Erwärmung nicht simulieren. Bezieht man hingegen die menschlichen Faktoren mit ein, zu denen insbesondere der Anstieg der Treibhausgase in der Atmosphäre zählt, lässt sich die Entwicklung der globalen Temperatur sehr gut nachstellen. In dem Maße also, wie es überhaupt einen Beweis in der Wissenschaft geben kann, ist der erbracht, und das schon seit vielen Jahren.

Gegenüber der vorindustriellen Zeit ist die globale Temperatur bereits um etwas mehr als 1 Grad Celsius angestiegen, eine aus paläoklimatischer Sicht äußerst schnelle Erwärmung, wenn man berücksichtigt, dass der Anstieg der globalen Temperatur von einer Eiszeit (Glazial) bis in eine Warmzeit (Interglazial) ungefähr 4 Grad Celsius beträgt. Die glazial-interglazialen Temperaturänderungen haben sich allerdings über Zeiträume von vielen Jahrtausenden vollzogen und wurden von langsamen Veränderungen der Umlaufbahn der Erde um die Sonne und der Neigung wie auch Orientierung ihrer Rotationsachse angeregt, die man in der Klimaforschung pauschal als Erdbahn- oder Orbitalparameter[26] bezeichnet. Wegen der extrem unterschiedlichen Geschwindigkeiten kann man die globale Erwärmung von der letzten Eiszeit, mit ihrem Höhepunkt vor gut 20 000 Jahren, bis zum Beginn der gegenwärtigen Warmzeit vor gut 10 000 Jahren nicht mit dem Temperaturanstieg seit Beginn der Industrialisierung vergleichen. Die jetzige Erwärmungsrate von ungefähr 1 Grad Celsius pro Jahrhundert ist um etwa 25-mal schneller. Und selbst das könnte noch eine Unterschätzung sein. Die globale Erwärmung hat sich nämlich in den letzten 100 Jahren erheblich beschleunigt. Stieg die Temperatur im 50-Jahre-Zeitraum zwischen 1921 und 1970 um 0,2 Grad Celsius an, waren es in den darauffolgenden 50 Jahren von 1971 bis 2020 0,9 Grad Celsius. Der letzte 50-Jahre-Zeitraum beschreibt den menschlichen Einfluss auf das Klima sehr viel besser, weil der CO_2-Gehalt der Atmosphäre hauptsächlich im Zeitraum von 1971 bis 2020 angestiegen ist. Wir sind also schon weit aus dem Band der natürlichen Klimaschwankungen hinaus, wenn man zusätzlich zur Erwärmung die Erwärmungsrate betrachtet. Eine weitere Beschleunigung der globalen Erwärmung ist nicht ausgeschlossen, weil in den kommenden Jahrzehnten noch einige verstärkende Prozesse hinzukommen können.

Auch die Prozesse für das Entstehen und Vergehen von Eiszeiten müssen andere sein als die für die globale Erwärmung. Die für die glazial-interglazialen Temperaturänderungen verantwortlichen Schwankungen der Orbitalparameter haben während der letzten Jahrzehnte überhaupt keine Rolle gespielt, weil sie sich nur innerhalb sehr viel längerer Zeiträume signifikant verändern, was im Übrigen auch für die atmosphärischen Treibhausgaskonzentrationen in der Vergangenheit gilt. Der Vergleich der jetzigen Erwärmung mit den Temperaturveränderungen zwischen Eis- und Warmzeiten taugt also in keiner Weise, um den menschlichen Einfluss auf das Klima zu relativieren. Man würde schlicht Äpfel mit Birnen vergleichen.

Die Wissenschaft lässt seit vielen Jahren keine Zweifel daran, dass der Mensch die Ursache für die globale Erwärmung ist. Ich möchte hier nicht unerwähnt lassen, dass der deutsche Meteorologe Richard Scherhag und zwei seiner Kollegen schon in ihrem 1977 erschienenen Buch *Klimatologie*[27] einige der klimatischen Folgen der globalen Erwärmung beschrieben haben, die sich heute, fast ein halbes Jahrhundert später, in aller Deutlichkeit offenbaren. Das ist umso bemerkenswerter, als die Welt Mitte der 1970er Jahre noch in einem relativen Minimum der Temperatur steckte. Der Großteil der globalen Erwärmung hat sich ja erst danach entwickelt. Die Autoren sagten zum Beispiel den Rückzug des arktischen Meereises voraus, dessen sommerliche Ausdehnung sich seit Beginn der Satellitenmessungen 1979 bereits um ungefähr ein Drittel verringert hat. Es heißt in dem Buch dazu: „Derartige Klimaänderungen globalen Ausmaßes sind rein rechnerisch mit hohem Wahrscheinlichkeitsgrad vorauszusagen. Damit sind solche Überlegungen keineswegs mehr hypothetische Spekulation."

Wenn wir heute über die globale Erwärmung diskutieren, sollten wir den Weitblick haben, den Scherhag und seine Kollegen hatten, und die Langzeitfolgen der globalen Erwärmung unbedingt mit in die Überlegungen zum Klimaschutz einbeziehen. So wird beispielsweise allein die bereits realisierte globale Erwärmung dazu führen, dass die Meeresspiegel für viele Jahrhunderte weiter steigen werden, und dies vor allem wegen der extrem langen Reaktionszeit der kontinentalen Eisschilde auf äußere Antriebe. Somit ist der Bremsweg, bezogen auf die Auswirkungen der globalen Erwärmung, jetzt schon so lang, dass wir den Zeitraum, bis der Planet nach dem Ende der anthropogenen Treibhausgasemissionen zur Ruhe gekommen sein wird, mit menschlichen Maßstäben nicht ermessen können.

Der in Amerika forschende Japaner Syukuro Manabe und der Deutsche Klaus Hasselmann, der übrigens mein Doktorvater ist, sind Klimawissenschaftler und wurden 2021 mit dem Physik-Nobelpreis ausgezeichnet.[28] Hervorgehoben wurde vom Nobelkomitee die Bedeutung ihrer Forschung für das physikalische Modellieren des Klimas der Erde. Manabe und Hasselmann hätten die Grundlage für das Wissen über das Erdklima und den Einfluss des Menschen gelegt. Hasselmann, der schon in den 1990er Jahren mit sogenannten Fingerabdruckverfahren den Menschen als hauptsächlichen Verursacher der globalen Erwärmung identifizieren konnte, sagte 1988 in einem Fernsehinterview Folgendes: „In 30 bis 100 Jahren, je nachdem, wie viel fossiles Brennmaterial wir verbrauchen, wird auf uns eine ganz erhebliche Klimaänderung zukommen. Klimazonen werden sich verschieben, Niederschläge anders verteilen. Dann wird man nicht mehr von Zufallsergebnissen reden können. Man sollte sich bewusstwerden, dass wir in eine Situation hineinkommen, wo es keine Umkehr mehr gibt. Wir müssen vor allem versuchen, mit Öl und Kohle sparsam umzugehen, denn das Kohlendioxid ist wesentlich an der Treibhauswirkung schuld."[29] Besser kann man die Klimaentwicklung nicht vorhersagen, und die Lösung für das Klimaproblem hatte Hasselmann in dem Interview gleich mitgeliefert. Die Welt müsste so schnell wie möglich von den fossilen Brennstoffen Abschied nehmen.

Seit vielen Jahren berichtet der Weltklimarat (Intergovernmental Panel on Climate Change – IPCC)[30] über die Ergebnisse aus der internationalen Klimaforschung. Er wurde 1988 auf Wunsch der Politik gegründet. Die Aufgabe des IPCC besteht in der regelmäßigen Bereitstellung von Berichten über den aktuellen Wissensstand bezüglich des Klimawandels, um Regierungen mit Informationen zu versorgen, die sie zur Entwicklung ihrer Klimapolitik nutzen können. Der IPCC, der keine eigene Forschung betreibt, veröffentlichte seinen ersten Sachstandsbericht 1990, in den selbstverständlich auch Ergebnisse von Manabe und Hasselmann eingeflossen waren. 2007 wurde der Weltklimarat zusammen mit dem ehemaligen Vizepräsidenten der USA, Al Gore, mit dem Friedensnobelpreis gewürdigt „für ihre Bemühungen, mehr Wissen über den vom Menschen verursachten Klimawandel aufzubauen und zu verbreiten und die Grundlagen für die notwendigen Maßnahmen zu schaffen, um diesem Wandel entgegenzuwirken".[31] Der IPCC, das sei hier festgehalten, stellt die vertrauenswürdigste Quelle dar, um sich über die Ergebnisse aus der Klimaforschung zu informieren.

Simulationen mit Klimamodellen erlauben es, den Anteil der einzelnen anthropogenen Faktoren an der globalen Erwärmung zu beziffern, wobei es durchaus beträchtliche Fehlermargen gibt. Als beste Schätzwerte können die folgenden Zahlen angesehen werden, die die Arbeitsgruppe I Wissenschaftliche Grundlagen[32] des Weltklimarats 2021 in dessen sechstem Sachstandsbericht (AR6)[33] veröffentlicht hat. Der Anstieg der Treibhausgase in der Atmosphäre hat bisher für eine globale Erwärmung von ungefähr 1,5 Grad Celsius gesorgt, wobei das CO_2 für ungefähr 0,8 Grad Celsius verantwortlich zeichnet. Auf Platz zwei folgt das Methan, das in etwa 0,5 Grad Celsius zur globalen Erwärmung beigetragen hat, das Lachgas wie auch die Fluorchlorkohlenwasserstoffe (FCKW)[34] jeweils ungefähr 0,1 Grad. Der Erwärmung durch den Anstieg der Treibhausgase von insgesamt 1,5 Grad Celsius steht eine anthropogene Abkühlung von circa 0,4 Grad Celsius gegenüber, die vor allem auf die Emissionen von schwefelhaltigen Substanzen zurückgeht. Dabei geht es in erster Linie um das Gas Schwefeldioxid (SO_2), das bei der Verbrennung von Kohle entsteht. SO_2 reagiert in der Atmosphäre zu Schwefelaerosolen, die das Sonnenlicht schwächen und dadurch die Erdoberfläche kühlen. Zusammen ergeben die anthropogene Treibhauserwärmung von 1,5 Grad Celsius und die Abkühlung durch die anthropogenen Aerosole von 0,4 Grad Celsius die beobachtete globale Erwärmung von 1,1 Grad Celsius gegenüber der vorindustriellen Zeit. Als vorindustrielle Zeit wird üblicherweise der Zeitraum von 1850 bis 1900 gewählt.

An dieser Stelle noch eine Bemerkung zum Methan und zu den Schwefelaerosolen. Wenn man Zeiträume von mehreren Jahrzehnten betrachtet, wären Methan wie auch die Schwefelaerosole wegen ihrer im Vergleich zum CO_2 relativ kurzen Verweildauer in der Atmosphäre kaum noch klimarelevant, würden sie nicht mehr weiter freigesetzt werden. Das liegt daran, dass sie schnell wieder aus der Atmosphäre verschwinden. Beim CO_2 ist das ganz anders, dessen atmosphärische Konzentration wegen seiner langen Verweildauer nur sehr langsam sinkt, wenn es keine anthropogenen Emissionen mehr gibt. Aus diesem Grund würden unter der Annahme auf dem heutigen Stand gleichbleibender CO_2-Emissionen der atmosphärische CO_2-Gehalt und damit auch die globale Temperatur weiter ansteigen, selbst wenn die Methanemissionen auf null sinken würden. Für einen Klimaschutz, der seinen Namen verdienen würde, müssen sich die CO_2-Emssionen schnell und tiefgreifend verringern.

Das erklärt, warum das CO_2 für den zukünftigen Klimawandel von überragender Bedeutung ist. Nur wenn die Menschheit den weltweiten Ausstoß von CO_2 in den nächsten Jahren drastisch senkt, kann sie eine übermäßige globale Erwärmung vermeiden, worauf ich in einem der nächsten Kapitel mithilfe des verbleibenden CO_2-Budgets im Detail eingehen werde. Mit der zügigen Senkung des Methanausstoßes würden sich die Menschen hingegen nur etwas Zeit „kaufen", nicht jedoch die globale Erwärmung begrenzen können, wenn die CO_2-Emissionen auf dem heutigen hohen Stand verharren würden oder gar anstiegen. Ein sofortiger Stopp der Schwefelemissionen würde hingegen die globale Erwärmung fördern.

Wasserdampf und Wolken

Viel Verwirrung gibt es in der Öffentlichkeit über die Bedeutung des Wasserdampfs und der Wolken für die globale Erwärmung. Der Wasserdampf, die gasförmige Phase des Wassers, ist, wie oben beschrieben, das wichtigste Gas in Bezug auf den natürlichen Treibhauseffekt. Warum aber redet man fast nur über das CO_2, wenn es um die menschliche Klimabeeinflussung geht? Das scheint ein Widerspruch zu sein. Tatsächlich spielt der Wasserdampf für die globale Erwärmung eine fundamentale Rolle, allerdings ausschließlich in seiner Eigenschaft als Rückkopplungsgas und nicht, weil er durch die Menschen ausgestoßen wird. Aus diesem Grund kommt der Wasserdampf nur indirekt ins Spiel. Der Wasserdampf verstärkt die globale Erwärmung durch die von den Menschen emittierten Treibhausgase, wie CO_2 oder Methan, und das in einem erheblichen Maße. Er reagiert auf die Veränderungen der Lufttemperatur. Eine wärmere Atmosphäre kann nämlich dauerhaft mehr Wasserdampf aufnehmen, weswegen sich der Wasserdampfgehalt mit steigenden Lufttemperaturen zwangsläufig erhöhen muss. Dieser Zusammenhang ist sogar exponentiell: Der Wasserdampfgehalt der Luft steigt mit einer Erwärmung von 1 Grad Celsius entsprechend dem physikalischen Gesetz von Clausius-Clapeyron[35] um etwa sieben Prozent an. Der Wasserdampf verstärkt, als äußerst potentes Treibhausgas, die globale Erwärmung durch die anthropogenen Treibhausgasemissionen um mindestens einen Faktor zwei.

Schauen wir uns dazu ein Beispiel an, das meine Hamburger Kollegen mit einem ihrer Klimamodelle durchgerechnet haben.[36] Eine Verdopplung des CO_2-Gehalts der Atmosphäre führt in diesem Modell zu einer globalen Erwärmung von knapp 3 Grad Celsius. Das CO_2 alleine würde dabei lediglich 1 Grad Celsius zum Temperaturanstieg beisteuern. Die Wasserdampfrückkopplung verursacht eine zusätzliche Erwärmung von ungefähr 1,6 Grad Celsius und sorgt also für mehr als eine Verdopplung des ursprünglichen Temperaturanstiegs. Weitere verstärkende Prozesse, die man in der Physik als positive Rückkopplungen bezeichnet, tragen die restlichen Zehntelgrad zur vollen globalen Erwärmung von fast 3 Grad Celsius bei. Die obigen Zahlen über den Anteil der drei Treibhausgase CO_2, Methan und Lachgas an der bisherigen globalen Erwärmung beinhalten die Rückkopplung über den Wasserdampf wie auch die anderen kurzfristigen Rückkopplungen im Klimasystem.

Der Wasserdampf verhält sich in der Atmosphäre grundlegend anders als das CO_2: Er kann kondensieren, d. h. von der gasförmigen in die flüssige Phase übergehen. Wenn feuchte Luft abkühlt, kondensiert ein Teil des Wasserdampfes und fällt als Niederschlag aus, weswegen die Verweildauer von Wasserdampf in der Atmosphäre recht kurz ist und nur etwa zehn Tage beträgt. Die maximale Menge an Wasserdampf in der Luft wird durch die Temperatur reguliert. Der Eintrag von Wasserdampf in die Atmosphäre aus anthropogenen Quellen ist zudem um Größenordnungen geringer als durch die ohnehin stattfindende Verdunstung von der Erdoberfläche. Anthropogene Wasserdampfemissionen, etwa durch Brennstoffzellenantriebe in Autos, sind daher nicht relevant. Ein anhaltender Anstieg des Wasserdampfs in der Atmosphäre erfordert einen starken externen Antrieb, der für einen dauerhaften Temperaturanstieg sorgt, und dieser Antrieb besteht in den anthropogenen Treibhausgasemissionen. Das Problem der globalen Erwärmung wäre tatsächlich weit weniger dramatisch, wenn sich der Wasserdampfgehalt der Luft nicht mit ihrer Temperatur verändern würde.

Der Wasserdampf spielt im Klimageschehen eine äußerst wichtige Rolle, gerade auch im Hinblick auf die Auswirkungen der globalen Erwärmung. Mehr Wasserdampf in der Luft bedeutet einen höheren Energieinhalt der Atmosphäre, was sich auf die Wetterextreme auswirkt. So muss man davon ausgehen, dass beispielsweise Starkniederschläge rund um den Globus viel häufiger auftreten und auch intensiver werden, wenn die globale Erwärmung weiter voranschreitet. In der Tat gibt es schon in vielen Regionen der Erde eine Tendenz zu mehr Starkniederschlägen und Überschwemmungen. Außerdem können die Böden während niederschlagsarmer Wettersituationen schneller austrocknen, weil die Verdunstung bei höheren Temperaturen zunimmt, was Dürrephasen begünstigt. Auf diese und andere Sachverhalte werde ich weiter unten noch eingehen, wenn wir uns ausführlicher mit den Wetterextremen beschäftigen.

Kommen wir nun zu den Wolken. Die Reaktion der Wolken zählt immer noch zu den großen Unsicherheiten in den Klimamodellen, insbesondere, wenn es um die zu erwartenden regionalen Erwärmungen geht. Das verwundert auch nicht, weil es viele verschiedene Wolkentypen gibt und die Wolken auch räumlich in allen drei Dimensionen sehr inhomogen sind. In dem Hamburger Modell wie auch in den allermeisten Klimamodellen weltweit zählt die Rückkopplung über die Wolken zu den Verstärkern der globalen Erwärmung. Im Gegensatz hierzu behaupten Skeptiker gerne, dass die Reaktion der Wolken die globale Erwärmung in einem Maße kompensieren würden, dass die resultierende Netto-Erwärmung irrelevant sei und deswegen kein Grund zur Sorge bestehe. Das ist schlicht falsch. Der wissenschaftliche Kenntnisstand deutet ganz klar darauf hin, dass die Reaktion der Wolken die globale Erwärmung verstärkt, was nicht nur von den Klimamodellen simuliert, sondern auch durch Beobachtungen bestätigt wird.[37]

Vulkane und Meteoriten

Über die Klimarolle der Vulkane wird in der Öffentlichkeit ebenfalls spekuliert. Oftmals werden sie sogar als Verursacher der globalen Erwärmung dargestellt. Auch das ist nicht wahr. Im Gegenteil: Vulkanausbrüche kühlen die Erdoberfläche. Und auch hier spielen die positiven Rückkopplungen wieder eine wichtige Rolle. Denn die Rückkopplungen funktionieren in beide Richtungen. Nehmen wir als Beispiel die Wasserdampfrückkopplung. Sie wirkt ebenso bei einer extern verursachten Abkühlung wie während des kurzfristigen Rückgangs der globalen Temperatur z. B. nach dem Ausbruch des philippinischen Vulkans Pinatubo im Jahr 1991. Vielleicht erinnern sich einige von Ihnen noch an die farbenprächtigen Sonnenauf- und -untergänge nach dem Ausbruch des Pinatubo, eine typische

Auswirkung explosiver Vulkane, die ihr Material bis hinauf in die Stratosphäre katapultieren. Der Pinatubo schleuderte gewaltige Mengen von Schwefelsubstanzen in die oberen Luftschichten, aus denen sich Schwefelaerosole gebildet haben, die die Sonnenstrahlung behinderten und die Erdoberfläche abkühlten. In den darauffolgenden Monaten konnte mithilfe von Satellitenmessungen dann auch ein deutlicher Rückgang des atmosphärischen Wasserdampfgehalts nachgewiesen werden, was die Abkühlung durch die Schwefelaerosole in etwa verdoppelt hatte.

Enorm starke Vulkanausbrüche haben vermutlich auch vor ein paar Jahrhunderten, während der sogenannten Kleinen Eiszeit, eine wichtige Rolle gespielt und am meisten zur damaligen Abkühlung beigetragen. Das wissen wir durch Simulationen mit Klimamodellen, mit denen wir den Einfluss der einzelnen externen Faktoren wie Vulkanausbrüche oder Veränderungen der Leuchtkraft der Sonne abschätzen können. Die Kunst liefert uns hierzu übrigens weitere wertvolle Hinweise. Caspar David Friedrich und William Turner sind bekannt für die farbenprächtigen Sonnenauf- und -untergänge auf ihren Gemälden. Diese Himmelsspektakel sind wohl nicht ihrer Phantasie entsprungen. Beide Maler haben höchstwahrscheinlich die tatsächlichen Verhältnisse dargestellt. Die Kleine Eiszeit wurde nach heutigem Wissensstand hauptsächlich von einer Reihe explosiver Vulkanausbrüche hervorgerufen, die die Sonne verschleierten. Sichtbares Zeichen dafür sind eben die farbenprächtigen Sonnenauf- und -untergänge, die durch das vulkanische Material in der Atmosphäre verursacht werden.

Ohne die Wasserdampfrückkopplung und die weiteren verstärkenden Prozesse wie etwa die Veränderungen der CO_2- und Methankonzentrationen infolge von Temperaturänderungen wären radikale Klimaänderungen auf unserem Planeten wie die Eiszeiten so gut wie nicht möglich. Gravierende Klimaveränderungen müssten dann durch extraterrestrische Faktoren verursacht werden, etwa durch einen großen Meteoriteneinschlag, wie der Einschlag vor 66 Millionen Jahren, der die mexikanische Halbinsel Yukatan getroffen hatte. Gewaltige Mengen Staub, Rußpartikel und Schwefelverbindungen gerieten damals in die Stratosphäre, „verdunkelten" die Erde und führten zu einer vermutlich jahrelangen globalen Abkühlung mit Temperaturen unter dem Gefrierpunkt auf der Erdoberfläche. Der Meteoriteneinschlag verursachte ein Massenaussterben und hat höchstwahrscheinlich auch den Dinosauriern den Garaus gemacht.[38] Damit war ein neues Kapitel der Evolution aufgeschlagen, was schließlich uns Menschen hervorbrachte. Zum Glück sind solch gewaltige Meteoriteneinschläge auf der Erde extrem selten. Deshalb spielen sie bei den Überlegungen zur Klimaentwicklung in den kommenden Jahrhunderten keine Rolle.

Wo wir heute stehen – Der Ansturm der Extreme

Bereits 1986 thematisierte das Magazin *Der Spiegel* die herannahende „Klima-Katastrophe" in einer Titelgeschichte.[39] Überschrieben war der Leitartikel mit „Das Weltklima gerät aus den Fugen". Ich erinnere mich noch sehr gut an die damalige Zeit. Schon vor über 30 Jahren gab es einen recht großen Konsens in der Wissenschaft darüber, dass die Menschheit eine gefährliche Erwärmung des Klimas verursachen würde, sollte sie weiterhin große Mengen Treibhausgase in die Atmosphäre ausstoßen. Um eine gravierende Folge der drohenden Erdüberhitzung zu verdeutlichen, war auf dem Titelbild des Magazins der Kölner Dom in einer Fotomontage so dargestellt, dass er halb unter Wasser stand, was die Polschmelze und den damit einhergehenden Anstieg der Meeresspiegel symbolisieren sollte. Der Ausstoß von Treibhausgasen ist seit damals förmlich explodiert, und die Erwärmung der Erde hat sich in der Folge deutlich beschleunigt. In der Tat hat sich der überwiegende Teil der globalen Erwärmung seit Beginn der Industrialisierung erst in den letzten Jahrzehnten entwickelt. Die Fieberkurve der Erde zeigt inzwischen steil nach oben, nachdem sich die Temperaturen in den vorangehenden Jahrhunderten sogar leicht abgekühlt hatten. Kurzum: Was die Wissenschaft vor Jahrzehnten vorhergesagt hat, ist im Großen und Ganzen eingetreten.

Wo stehen wir also? Das Jahrzehnt 2011 bis 2020 war in Deutschland wie auch global die wärmste Dekade seit Beginn der flächendeckenden Temperaturmessungen, die vor mehr als 100 Jahren begonnen haben.[40] Inzwischen beträgt die globale Erwärmung 1,1 Grad Celsius gegenüber der vorindustriellen Zeit und führt nachgewiesenermaßen zu negativen Auswirkungen in allen Regionen der Erde, wie die Arbeitsgruppe I des Weltklimarats in dessen letztem Sachstandsbericht aus dem Jahr 2021 dargelegt hat.[41] Die Zunahme und Intensivierung von Wetterextremen und der Anstieg der Meeresspiegel gehören zu den Folgen der globalen Erwärmung, ebenso wie die immer offener zutage tretenden Auswirkungen auf die Ökosysteme wie zum Beispiel das Korallensterben in den Tropen, die witterungsbedingte Zunahme von Wald- und Buschbränden in vielen Regionen der Erde oder das Waldsterben bei uns in Deutschland. Heute müssen wir konstatieren, dass die Menschheit nach Jahrtausenden eines recht stabilen und für die Entwicklung der menschlichen Zivilisation förderlichen Weltklimas den klimatischen Wohlfühlbereich zu verlassen beginnt. Zu heftig, ja fast apokalyptisch sind inzwischen einige der Auswirkungen des sich immer schneller erwärmenden Klimas. Der Menschheit droht tatsächlich so etwas wie eine Klimakatastrophe. Schönreden kann man die Dinge nicht mehr, nach dem Motto „Klimaschwankungen und Wetterextreme hat es schon immer gegeben".

Man mag sich darüber streiten, ob der oftmals verwendete Begriff „Klimakatastrophe" für eine ungebremste globale Erwärmung angemessen ist. Der Begriff ist nun einmal in der Welt, und jede(r) weiß, was damit gemeint ist. Dass sich nämlich die klimatischen Verhältnisse und damit die Lebensbedingungen auf der Erde enorm verschlechtern werden, wenn wir eine übermäßige Erwärmung der Erde zulassen. Insofern ist die Diskussion über die „richtige" Wortwahl zwar von akademischem Interesse, lenkt aber nur von der Dringlichkeit des Handelns ab wie auch von der Dimension der Herausforderung, vor der die Menschheit steht. Das Klima lässt nicht mit sich verhandeln. Das muss uns klar sein. Die sich mehrenden und intensivierenden Wetterextreme mit ihren zerstörerischen Auswirkungen und vielen Todesopfern führen uns die bedrohliche Situation ebenso in aller Deutlichkeit vor Augen wie die Notwendigkeit von schnellen und tiefgreifenden Klimaschutzmaßnahmen. Ein Gleiches gilt für die sich beschleunigende Eisschmelze auf Grönland und in der Antarktis mit der Folge eines in den letzten Jahren immer schneller ansteigenden Meeresspiegels.

Wenn man die Maßnahmen als Maßstab anlegt, die bisher ergriffen worden sind, muss man sagen: Die Menschheit reagiert viel zu langsam auf das Klimaproblem. So sind wir selbst heute, nach Jahrzehnten der Klimadiplomatie, immer noch weit davon entfernt, einen Weg einzuschlagen, der geeignet wäre, eine gefährliche Überhitzung der Erde zu vermeiden. Im Gegenteil: Wir bewegen uns in die falsche Richtung. Der Aufwärtstrend bei den Treibhausgasemissionen ist ungebrochen. 2021 sind die weltweiten CO_2-Emissionen wieder angestiegen, nachdem sie wegen Corona 2020 kurz gesunken waren. Das Klimaproblem wird von den Regierungen einiger Länder immer noch bestritten, verharmlost oder schlicht ignoriert. Noch einmal: Verhandeln kann man mit der Natur nicht, sie folgt ihren eigenen Gesetzen, die wir nicht beeinflussen können. Das gilt auch für die anderen Umweltprobleme wie zum Beispiel für den Rückgang der Artenvielfalt, dessen Konsequenzen wir noch gar nicht absehen können. Und noch eines: Der Natur sind wir Menschen egal. Sie kennt kein Pardon. Der Planet wird seinen Weg gehen, mit oder ohne uns und unabhängig davon, wie es uns in der Zukunft ergehen mag. Diese Botschaft, so simpel sie sein mag, muss endlich in unseren Köpfen ankommen.

Die Auswirkungen unserer nichtnachhaltigen Art und Weise, auf der Erde zu leben, zeigen sich heute schon in aller Deutlichkeit, und das nicht nur beim Klima. Wir erreichen die Grenzen des Wachstums. Einige kritischen Werte sind vielleicht schon überschritten, möglicherweise auch bei einigen Komponenten des Klimasystems. Es mag vielleicht abgedroschen klingen, aber auf einem begrenzten Planeten kann es kein unbegrenztes Wachstum geben. Zumindest nicht das Wachstum, mit dem die Menschen ihren Wohlstand in der Vergangenheit geschaffen haben, d.h. auf Kosten der natürlichen Ressourcen und der Umwelt. Das wohl offensichtlichste Beispiel für das Erreichen der planetaren Grenzen ist die globale Erwärmung. Im übertragenen Sinne ist die Atmosphäre längst randvoll mit Treibhausgasen, die die Erdoberfläche und die unteren Luftschichten erwärmen. Hier ist eine Grenze überschritten. Wir haben das Klima in den letzten Jahrzehnten mit einer Geschwindigkeit aufgeheizt, die in der langen Geschichte der Menschheit ihresgleichen sucht. Viel mehr Treibhausgase sollte die Menschheit nicht mehr in die Atmosphäre ausstoßen, um eine Klimakatastrophe zu verhindern. Wir können der Physik kein Schnippchen schlagen, das sei noch einmal betont. Noch mehr Treibhausgase in der Luft bedeuten eine weitere globale Erwärmung. So viel steht fest.

Die Zeit läuft ab, um den Gehalt von Treibhausgasen in der Atmosphäre zu stabilisieren, bevor kaum noch beherrschbare, vielleicht sogar unumkehrbare Ereignisse eintreten können. Wie zum Beispiel eine gravierende Veränderung der globalen Windsysteme, die im Bunde mit den höheren Lufttemperaturen zu Extremwetterereignissen bisher ungekannten und unvorstellbaren Ausmaßes führen würden. Das könnte vielleicht bereits in den nächsten Jahren der Fall sein. Wer weiß das schon? Außerdem wäre ein Anstieg der Meeresspiegel von vielen Metern in den kommenden Jahrhunderten möglich, der viele Küstenregionen überfluten und damit unbewohnbar machen würde, wobei schon deutlich geringere Anstiege viele Landstriche und Metropolen vor unlösbare Aufgaben stellen würden. Das Vertrackte beim Meeresspiegel ist die sehr lange Zeitverzögerung, mit der die Pegel auf die globale Erwärmung reagieren, während die Oberflächentemperatur dem Anstieg der Treibhausgase vergleichsweise schnell folgt. Das Zeitfenster, um eine Klimakatastrophe zu verhindern, schließt sich – auch wenn es beim Meeresspiegel heute noch nicht den Anschein haben mag. Wir müssen jetzt handeln, bevor wir die Kontrolle über die Abläufe verlieren und sich einige Prozesse verselbständigen.

Falls sich der Temperaturanstieg in den kommenden Jahrzehnten ungebremst fortsetzen sollte, wird dies zu einer Destabilisierung der Welt führen, unter der die Menschheit endlos zu leiden haben würde.[42] Direkt, zum Beispiel durch noch mehr und noch intensivere Hitzewellen oder Starkregenereignisse, und indirekt, etwa durch die Einbußen in der Weltwirtschaft, die in eine Rezession rutschen könnte, mit der Folge einer Massenarbeitslosigkeit und großer Armut. Weitere globale Krisen als Folge der Überhitzung der Erde wären programmiert. Mehr Migration, mehr Hunger oder mehr Trinkwassermangel wären wahrscheinliche Konsequenzen, um nur einige Stichworte zu nennen. Für immer mehr Menschen auf der Erde ginge es ums nackte Überleben. Diese unheilvollen Entwicklungen haben schon längst begonnen und gewinnen an Dynamik, davon bin ich fest überzeugt, auch wenn man sie noch nicht eindeutig der globalen Erwärmung zuordnen kann.

Es sei noch einmal betont, dass das Problem der globalen Erwärmung „nur" eines von mehreren Umweltproblemen ist, die es schnell zu lösen gilt. Dass die Menschheit tatsächlich dabei ist, den Planeten sprichwörtlich gegen die Wand zu fahren, äußert sich deswegen in ganz unterschiedlichen Formen. An Anzeichen für die Fehlentwicklungen mangelt es wahrlich nicht, seien es die Vergiftung und Vermüllung der Ozeane oder der Biodiversitätsverlust. Das aber in der Öffentlichkeit am meisten diskutierte Problem ist der von der Menschheit verursachte Klimawandel, weil immer mehr Menschen auf der Welt und inzwischen auch die Menschen in den mächtigen Industrieländern – auch wir in Deutschland – zu spüren beginnen, welche enorme Bedrohung von der Erderwärmung ausgeht. Das Klima ist gehörig aus dem Takt geraten, und der Mensch ist die Ursache. Das kann niemand mehr ernsthaft bestreiten. Schnelles Handeln ist das Gebot der Stunde. Die Menschheit hat keine Zeit mehr zu verschwenden. Das zeigt uns die Zunahme von Extremwetterereignissen rund um den Globus.

Extremwetter

Kommen wir also zu dem Einfluss der globalen Erwärmung auf die Wetterextreme. Es sind schließlich die Extremwetterereignisse, die aus meteorologischer Sicht am meisten Leid über die Menschen bringen und auch zu den größten wirtschaftlichen Schäden führen. Eine wärmere Atmosphäre bringt mehr extremes Wetter mit sich. Das können wir allein an dem Unterschied zwischen den Tropen und den mittleren Breiten nachvollziehen. In den Tropen können Stürme heftiger werden und Niederschläge stärker ausfallen. Warum aber ist das Wetter bei höheren Temperaturen extremer? Dieser Frage wollen wir in den vier nächsten Kapiteln nachgehen. Hierbei geht es vor allem um Wahrscheinlichkeiten, also um die statistischen Eigenschaften der Extremereignisse. Werden sie häufiger? Intensivieren sie sich? Dabei ist zu beachten, dass sich die Statistik einiger Extremwetterereignisse bereits durch die globale Erwärmung verändert hat, während wir uns bei anderen Extremen immer noch im Bereich der Spekulation befinden. Gleichwohl können wir solche Veränderungen nicht mit hoher Wahrscheinlichkeit ausschließen, weswegen die globale Erwärmung auf jeden Fall auf das kleinste noch mögliche Maß beschränkt werden sollte.

Die Liste der wetterbedingten Katastrophen auf der Erde wird Jahrzehnt für Jahrzehnt immer länger. Kurz vor der Flutkatastrophe in Deutschland hatte es, ebenfalls im Juli 2021, im Westen Kanadas eine noch nie dagewesene Hitzewelle gegeben mit Temperaturen bis knapp an die 50 Grad Celsius und mit Hunderten von Hitzetoten. Viele Menschen flüchteten sich in öffentliche Kühlräume, Bilder, die um die ganze Welt gingen, wie kurz danach diejenigen von den Überschwemmungen in Deutschland. Buchstäblich ein Höllenfeuer erlebten die Menschen im Ort Lytton in der westkanadischen Provinz British Columbia. Nach tagelanger Bruthitze mit Temperaturen von weit über 40 Grad Celsius brannte eine Art von Lauffeuer den Ort innerhalb kürzester Zeit nahezu vollständig nieder. Was für ein Wahnsinn! Weiter im Süden, im US-Bundesstaat Kalifornien, ist die Feuerhölle schon fast zur Normalität geworden.

Ohne die globale Erwärmung, für die erwiesenermaßen die Menschheit verantwortlich zeichnet, wären die jüngsten Dürrebedingungen in Nordamerika kaum möglich gewesen,[43] was man im Rahmen der sogenannten Zuordnungsforschung nachgewiesen hat, die man in der Wissenschaft als Attributionsforschung[44] bezeichnet. Mit dieser Art von wissenschaftlichen Studien lässt sich abschätzen, inwieweit der vom Menschen verursachte Klimawandel für das Auftreten individueller Wetter- oder Klimaextreme mitverantwortlich ist. Solche Untersuchungen sind notwendig, weil die Beobachtungszeitreihen häufig noch nicht ausreichend lang zur Verfügung stehen, um die Signifikanz von langzeitlichen Trends abzuschätzen. Für die Attributionsstudien werden Klimasimulationen unter vorindustriellen und heutigen Bedingungen durchgeführt. Der Vergleich der Simulationen liefert Aussagen darüber, ob sich die Wahrscheinlichkeit für das Auftreten bestimmter Extremwetterereignisse wie etwa die oben erwähnte Hitzewelle im westlichen Nordamerika schon erhöht hat und wenn ja, um wie viel.

Es ist in der Wissenschaft unstrittig, dass die globale Erwärmung bei der Zunahme und Verstärkung der extremen Wetterereignisse eine herausragende Rolle spielt, was der Weltklimarat in seinem letzten Sachstandsbericht der Arbeitsgruppe I vom August 2021 hervorgehoben hat. Dort heißt es: „Der vom Menschen verursachte Klimawandel wirkt sich bereits auf viele Wetter- und Klimaextreme in allen Regionen der Welt aus. Seit dem Fünften Sachstandsbericht (AR5)[45] gibt es stärkere Belege für beobachtete Veränderungen von Extremen wie Hitzewellen, Starkniederschlägen, Dürren und tropischen Wirbelstürmen sowie insbesondere für deren Zuordnung zum Einfluss des Menschen." Der Zufall scheint kein richtiger Zufall mehr zu sein, das Wettergeschehen hat sich grundlegend verändert,

Wetterextreme häufen sich, so verschieden sie auch sein mögen, und das ist ganz klar die Folge des Klimawandels.

Obwohl die globale Erwärmung als übergeordnete Ursache für die Zunahme von Extremwetterereignissen identifiziert ist, können die jeweils beteiligten Prozesse sehr unterschiedlicher Natur sein. Außerdem ist es durchaus möglich, dass man in derselben Region eine Zunahme von recht unterschiedlichen Extremereignissen feststellt. So kann es in einem Gebiet beispielsweise einerseits zu mehr Starkniederschlägen und andererseits auch zu mehr Dürreperioden kommen, was zunächst widersprüchlich klingen mag. Im östlichen Australien beobachtet man in den letzten Jahren in der Tat beides. Wir wollen uns im Folgenden eingehend mit einigen der wichtigsten Wetterextreme befassen und verstehen, wie die globale Erwärmung auf sie Einfluss nehmen kann. Dabei ist zu berücksichtigen, dass es sich zum Teil um sehr komplexe Vorgänge handelt, die zu Extremereignissen führen. Deswegen kann ich die zugrundeliegenden physikalischen Prozesse hier nur holzschnittartig beschreiben. Darüber hinaus liegen die Ursachen für Extremwetterereignisse nicht notwendigerweise in dem betroffenen Gebiet selbst, sondern können auch Vorgängen geschuldet sein, die Tausende von Kilometern entfernt ihren Ursprung haben.

Temperaturextreme

Beginnen wir mit den Temperaturextremen. Die Hitzewellen von 2003 und 2010 in Mitteleuropa, die zigtausende Menschenleben gekostet haben, wären ohne die globale Erwärmung kaum denkbar gewesen, weder in ihrem Ausmaß noch in der kurzen Abfolge. Der Grund für die Hitzewellen war in beiden Fällen eine sogenannte Omega-Wetterlage. Es handelt sich hierbei um ein stabiles und großes Hochdruckgebiet, das östlich und westlich von einem Tiefdruckgebiet begrenzt wird, was zur typischen Form des großen griechischen Buchstabens Omega im Druckfeld führt. Omega-Wetterlagen sind sehr stabil, können wochenlang anhalten und im Sommer zu extremen Temperaturen führen. Die Sommer 2003 und 2010 brachen in der Hälfte Europas die Hitzerekorde der letzten 500 Jahre.[46] Aus zwei Ereignissen lassen sich keine eindeutigen Aussagen über die Beeinflussung von Hitzewellen durch die globale Erwärmung ableiten. Dass diese zwei Hitzesommer im 21. Jahrhundert aufgetreten sind, wie auch der Sommer 2018, der in Europa vielerorts noch einmal für neue Temperaturrekorde gesorgt hatte, ist auf jeden Fall bemerkenswert und deutet auf die globale Erwärmung als Ursache für die Häufung und Intensivierung von Hitzewellen in den letzten Jahrzenten hin.

Die Atmosphäre ist von Haus aus sehr variabel. Kein Sommer ist wie der andere. Die Variabilität der Lufttemperatur folgt annähernd einer sogenannten Gauß-Verteilung, ein Begriff aus der mathematischen Statistik. Wegen ihrer charakteristischen Form wird sie auch manchmal einfach nur Glockenkurve genannt. Diese Verteilung gibt an, wie wahrscheinlich das Auftreten einer bestimmten Temperatur ist. In der Abbildung 2 sind zwei solcher Glockenkurven gezeigt. Das Maximum, der höchste Punkt der Verteilung, ist der Mittelwert, der am häufigsten auftritt. Die enorme Veränderlichkeit des Klimas ist an der recht großen Breite der Temperaturverteilung abzulesen. Würde stets der Mittelwert herrschen, würde die Verteilung zu einem vertikalen Strich werden. Die Verteilung mit der durchgezogenen Linie soll die Situation im ungestörten Klima darstellen, also ohne den Einfluss der globalen Erwärmung. Extreme Lufttemperaturen, etwa frostige Kälte oder Bruthitze, sind seltene Ereignisse und besitzen demgemäß eine geringe Eintrittswahrscheinlichkeit. Entsprechend finden wir die kalten Temperaturextreme in der Glockenkurve links unten und die warmen Extreme rechts unten.

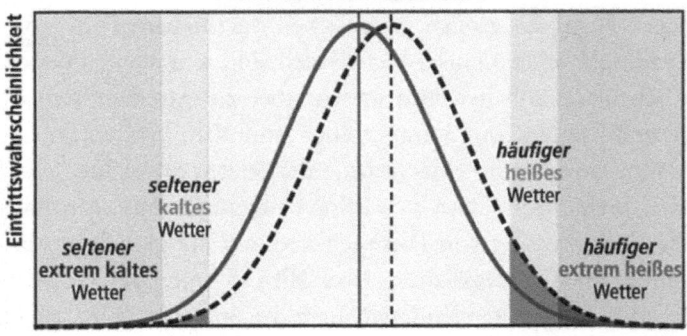

Abbildung 2: Schematische Darstellung der Änderung der Verteilung der Lufttemperatur infolge einer mittleren Erwärmung, Quelle: IPCC, SREX, SPM, Figure 3 [Special Report: HYPERLINK „https://archive.ipcc.ch/report/srex/"Managing the Risks of Extreme Events and Disasters to Advance Climate Change Adaptation; Summary for Policymakers]

Wenn die mittlere Lufttemperatur zunimmt, wie es in den letzten Jahrzehnten geschehen ist, können wir die Auswirkungen auf die Extreme ganz grob dadurch verstehen, dass wir die ursprüngliche Verteilung nach rechts in die Richtung höherer Lufttemperaturen verschieben. Dann ergibt sich die gestrichelte Verteilung. Was erwartet uns nun in einem wärmeren Klima, wenn wir die Form der Verteilung unverändert lassen? Kalte Wettersituationen treten insgesamt seltener auf, und sehr kalte Tage treten kaum noch auf. Umgekehrt häufen sich die warmen Tage und mit ihnen die Hitzetage mit außergewöhnlich hohen Temperaturen. Die extrem heißen Tage sind vorher nur sehr selten aufgetreten und waren die große Ausnahme; durch die globale Erwärmung werden sie viel wahrscheinlicher und schon fast zur Regel. In einem wärmeren Klima muss man außerdem mit neuen Höchstwerten der Temperatur rechnen.

Es sind genau diese anhand der obigen theoretischen Überlegungen abgeleiteten Veränderungen, die wir in Deutschland während der letzten Jahrzehnte beobachtet haben. Die Zahl der

Frosttage zum Beispiel ist deutlich zurückgegangen. Die sogenannten heißen Tage mit einer Tageshöchsttemperatur von 30 Grad Celsius und darüber haben erkennbar zugenommen, und die Temperaturrekorde purzeln nur so. Den letzten Allzeittemperaturrekord mit 41,2 Grad Celsius hat es erst vor kurzem, 2019, an zwei Wetterstationen in Westdeutschland gegeben. Der vorherige Rekord betrug 40,3 Grad Celsius und liegt auch noch nicht lange zurück, er wurde 2015 gemessen. Dabei sind in Deutschland Temperaturen von über 40 Grad Celsius überhaupt erst nach 1980 aufgetreten. Mehr Evidenz für den Einfluss der globalen Erwärmung auf unser Wettergeschehen in Deutschland kann es kaum geben.

Es sei darauf hingewiesen, dass sich auch noch die Form der Glockenkurve verändern könnte, weil bei höheren Temperaturen neue Prozesse möglich werden, die im früheren Klima gar keine oder eine nur geringere Rolle gespielt haben. Beispielsweise würde sich die Kurve verbreitern, wenn die Schwankungsbreite der Lufttemperatur insgesamt zunähme. Oder die Verteilung könnte sich nach rechts ausbeulen, was heißt, dass sich nur die warmen Extreme ganz besonders intensivieren würden, mit Temperaturrekorden, die wir bisher nicht für möglich gehalten haben. Diesen Fall halte ich für sehr wahrscheinlich.

Die große natürliche Schwankungsbreite und das Auftreten außergewöhnlich kalter Temperaturen, selbst unter den heutigen wärmeren Klimabedingungen, ist ein Grund für das Misstrauen, das Menschen hierzulande der Klimaforschung entgegenbringen. Dass Kältewellen immer noch auftreten, kann niemanden in der Wissenschaft überraschen. In einem chaotischen System kann es nicht immer in dieselbe Richtung gehen, weswegen man nicht einzelne Tage, Monate oder Jahre, sondern mehrere Jahrzehnte betrachten muss, um einen langfristigen Trend zu erkennen. Und der ist in Deutschland offensichtlich, insbesondere seit Mitte des 20. Jahrhunderts, wie wir der Abbildung 3 entnehmen können. Dabei ist die Temperatur seit Beginn der Messungen schon um ungefähr 2 Grad Celsius angestiegen, deutlich mehr als im globalen Durchschnitt mit gut 1 Grad Celsius.

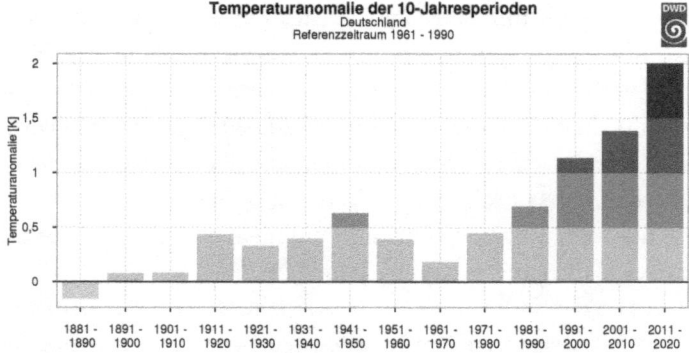

Abbildung 3: Jahrzehntemittel der oberflächennahen Lufttemperatur in Deutschland seit Beginn der Messungen 1881. © Deutscher Wetterdienst.

Bleiben wir noch etwas bei Deutschland. Der Deutsche Wetterdienst liefert zu der Veränderung der Temperaturverteilung bei uns in Deutschland beeindruckende Zahlen. Im Zeitraum 1951 bis 1960 gab es im bundesweiten Gebietsmittel pro Jahr etwa 3,5 heiße Tage. Im Zeitraum 1991 bis 2020 war die Anzahl bereits auf durchschnittlich 8,9 Tage pro Jahr angestiegen. Auch die Häufigkeit und Intensität von Hitzewellen hat sich in Deutschland verändert, in vielen Regionen kommt es seit den 1990er Jahren zu einer deutlichen Häufung. Als markante Hitzewellen bezeichnete 14-tägige Hitzeperioden mit einem mittleren Tagesmaximum der Lufttemperatur von mindestens 30 Grad Celsius traten beispielsweise in meiner Geburtsstadt Hamburg vor 1994 überhaupt nicht auf – danach gab es dort schon sechs solcher Hitzewellen. Demgegenüber nahm die mittlere Zahl der sogenannten Eistage – das sind Tage, an denen die Temperatur durchgehend unter dem Gefrierpunkt bleibt – im Zeitraum

1991 bis 2020 gegenüber dem Jahrzehnt 1951 bis 1960 im Mittel von 28 auf 19 Tage pro Jahr ab. In Hamburg gab es im Winter 2019/2020 erstmals seit Aufzeichnungsbeginn keinen einzigen Eistag. Derart massive Veränderungen in der Wetterstatistik innerhalb von nur wenigen Jahrzehnten lassen sich nicht mehr mit natürlichen Schwankungen erklären, sie sind eindeutig eine Folge der globalen Erwärmung.

In anderen Gegenden der Welt wurden in den letzten Jahren unfassbare Temperaturrekorde gemessen. Diese zeitliche Ballung von Rekorden ist ein klarer Indikator dafür, dass die globale Erwärmung immer offener zutage tritt. In der sibirischen Stadt Verkhoyansk in der Arktis wurden im Juni 2020 unglaubliche 38 Grad Celsius gemessen, nach Angaben der Weltorganisation für Meteorologie (WMO) die höchste jemals in der Arktis gemessene Temperatur.[47] Im westlichen Kanada wurde im Juli 2021 ein neuer landesweiter Hitzerekord von 49,6 Grad Celsius gemessen. Der *Tagesspiegel* titelte in diesem Zusammenhang: „Der Klimawandel macht das Unmögliche wahrscheinlich".[48] Diese Schlagzeile trifft den Nagel auf den Kopf. Im August 2021 wurden dann auf Sizilien 48,8 Grad Celsius gemessen. Wenn dieser Wert von der WMO bestätigt wird, handelt es sich um die höchste jemals in Europa gemessene Temperatur seit Beginn der Wetteraufzeichnungen. In Onslow, einer Küstenstadt in Westaustralien nördlich von Perth, wurde im Januar 2022 eine Höchsttemperatur von 50,7 Grad Celsius gemessen. Diese brütende Hitze stellte den Rekord für die heißeste jemals auf der südlichen Hemisphäre gemessene Temperatur ein, der 1960 im Outback von Südaustralien aufgestellt wurde. Onslow war an dem Tag zwar der heißeste Ort des Kontinents, aber er war bei Weitem nicht der einzige, der unter der Hitze litt. In den nahe gelegenen Orten Roebourne und Mardie wurden Temperaturen von 50,5 Grad Celsius gemessen. Davor hatte Australien nur dreimal in seiner Geschichte die Marke von 50 Grad Celsius überschritten. Jetzt war es an drei Orten an einem Tag geschehen. „Hitzewellen sind der stille Killer in Australien, sie verursachen mehr Todesfälle als alle anderen extremen Wetterereignisse", drückte es der Forschungsdirektor des Klimarats von Australien Martin Rice aus.[49]

Extremniederschläge

In diesem Kapitel geht es um Starkregen und im nächsten Kapitel um Dürre. Beide Phänomene nehmen wegen der globalen Erwärmung zu. Wenden wir uns zunächst den extremen Niederschlägen zu. Im Juli 2021 erlebte Deutschland den bisher traurigsten Höhepunkt in Bezug auf die wetterbedingten Katastrophen, und zwar in Form von Starkregen. Der Westen und Südwesten unseres Landes wurden von einem noch nie dagewesenen Unwetter mit Sturzfluten ungeahnten Ausmaßes heimgesucht. Über 180 Todesopfer waren zu beklagen. Große Teile der Infrastruktur gerieten während des Extremwetterereignisses zum Spielball der Wassermassen. Ganze Viertel wurden ausgelöscht. Häuser stürzten ein oder wurden von den Fluten weggerissen. Autos schwammen wie Spielzeuge auf dem Wasser, krachten gegen Brücken oder versanken. Ganze Landstriche standen tagelang unter Wasser. Nichts ging mehr. Kein Strom. Kein Mobilfunk. Kein Trinkwasser. Kaum noch intakte Verkehrswege. Eine Apokalypse. Schlimmer konnte es für die Menschen in den betroffenen Gebieten nicht kommen. Ganz zu schweigen von den wirtschaftlichen Schäden, die auf einen mittleren zweistelligen Milliardenbetrag beziffert werden. Es wird wohl Jahre dauern, bis sich wieder ein halbwegs normales Leben in der Region einstellen wird. Auch im benachbarten Belgien gab es zahlreiche Todesopfer zu beklagen. Luxemburg und die Niederlande wurden ebenfalls von der Sintflut heimgesucht. Anders als eine Sintflut kann man die Ereignisse nicht bezeichnen, die im Juli 2021 beträchtliche Teile Deutschlands und seiner Nachbarländer verwüstet haben.

Deutschland hatte mit der Flutkatastrophe eine völlig neue Qualität eines Unwetters erlebt. Hierzulande hatten wir es zwar auch vorher schon mit heftigen und zum Teil langanhaltenden Regenfällen mit katastrophalen Überschwemmungen zu tun gehabt, die zu gewaltigen Schäden in Milliardenhöhe geführt und auch einige Todesopfer gefordert hatten. Aber in der Gesellschaft scheint kaum jemand das bei uns extremer werdende Wetter während der jüngeren Vergangenheit so richtig ernst genommen zu haben, weder die zunehmenden Hitze- und Trockenphasen noch die sich häufenden Starkniederschlagsereignisse. Niemand außerhalb der Wissenschaft schien offenbar damit gerechnet zu haben, dass es auch noch viel schlimmer kommen könnte.

Welchen Anteil die globale Erwärmung an der Flut in Deutschland im Sommer 2021 hatte, ist schwer zu beziffern. Dass aber der aufgeheizte Planet die Flutkatastrophe begünstigt hat, ist nicht von der Hand zu weisen. Die wärmeren Temperaturen haben die Wahrscheinlichkeit für Starkniederschläge und damit das Risiko für Überschwemmungen schon deutlich erhöht. Ein Vergleich des heutigen mit dem vorindustriellen Klima, der mithilfe einer Vielzahl von Simulationen mit Klimamodellen im Rahmen einer Attributionsstudie angestellt worden ist, belegt, dass sich die Wahrscheinlichkeit für das Auftreten von Extremniederschlägen in Mitteleuropa durch die gestiegenen Lufttemperaturen beträchtlich erhöht hat.[50] Um wie viel genau, das lässt sich nicht sicher quantifizieren. Chaotische Systeme wie das Wetter sind eben ein Stück weit im wahrsten Sinne des Wortes unberechenbar. Insofern wird es immer eine gewisse Unsicherheit bei der Bewertung des menschlichen Einflusses auf individuelle Extremwetterereignisse geben. Überraschend kommen solche Ereignisse allerdings in keiner Weise.

Seit vielen Jahren hat die Wissenschaft vor der Gefahr durch mehr Extremwetter gewarnt, insbesondere auch vor der Intensivierung von Starkregenfällen. Ich zitiere aus der Zusammenfassung einer wissenschaftlichen Veröffentlichung meiner Schweizer Kollegen Erich Fischer und Reto Knutti aus dem Jahr 2016:[51] „Umweltphänomene werden oftmals zuerst beobachtet und danach quantitativ erklärt. Die Komplexität der Prozesse, die Bandbreite der beteiligten Skalen und das Fehlen von Grundprinzipien machen es zu einer Herausforderung, Verhältnisse vorherzusagen, die über die beobachteten hinausgehen. Hier verwenden wir die Intensivierung von Starkniederschlägen als Gegenbeispiel, wo sich scheinbar komplexe und möglicherweise nicht berechenbare Prozesse auf relativ einfache Weise offenbaren: Die Intensivierung von Starkniederschlägen ist in vielen Regionen der Welt zu beobachten und bestätigt sowohl die Theorie als auch die Modellvorhersagen, die vor Jahrzehnten gemacht wurden."[52]

Schon in den 1980er und 1990er Jahren deuteten die ersten Simulationen mit Computermodellen darauf hin, dass Starkniederschläge anders auf eine sich erwärmende Atmosphäre reagieren würden als der durchschnittliche Jahresniederschlag. Selbst wenn sich der über das Jahr gemittelte Niederschlag durch die Erwärmung gar nicht oder nur geringfügig verändern würde, könnte sich dennoch die statistische Verteilung der Regenfälle deutlich verändern. In einer wissenschaftlichen Publikation aus dem Jahr 1989 über den Einfluss einer CO_2-induzierten globalen Erwärmung auf die Niederschläge[53] wiesen die Autoren auf eine Zunahme der vergleichsweise kleinräumigen konvektiven Regenfälle hin, die zum Teil durch die Verringerung der großräumigen Regenfälle kompensiert wurde. Wenn sich unser Klima weiter in diese Richtung entwickeln würde, hätte das gravierende Auswirkungen. Denn es sind fast immer die konvektiven Niederschläge wie heftige Gewitter, die zu Starkregen und Überflutungen führen.

Die Kolleginnen und Kollegen waren in ihren wissenschaftlichen Publikationen allerdings außerordentlich vorsichtig bei der Formulierung der Schlussfolgerungen und wiesen auf zahlreiche Vorbehalte hin, zum Beispiel auf die recht grobe räumliche Auflösung ihrer Computermodelle. Zu der Zeit waren die Computer wenig leistungsstark und erlaubten lediglich Simulationen auf einem sehr grobmaschigen Rechengitter von mehreren hundert Kilometern Maschenweite. Ein Land wie Deutschland zum Beispiel war kaum aufgelöst und fiel fast durch die Maschen des Gitters, sodass mit solchen Modellen keine Unterschiede zwischen Flensburg und München untersucht werden konnten. Klimamodelle der neuesten Generation besitzen dank der heute zur Verfügung stehenden sehr viel leistungsstärkeren Computer eine mindestens zehnmal höhere Auflösung und erlauben die Darstellung von deutlich mehr räumlichen Details, etwa von Gebirgen, wie auch die explizite Simulation weiterer Prozesse oder die bessere Parametrisierung[54] von recht kleinräumigen physikalischen Prozessen, was gerade die Darstellung der konvektiven Niederschläge in den Modellen enorm verbessert hat.

In den frühen Arbeiten zum Einfluss der globalen Erwärmung auf die Niederschläge sind die Unsicherheiten in den Modellen besonders stark hervorgehoben worden. Es sind Passagen zu lesen, wie, dass die Unzulänglichkeiten der Modelle „die quantitative Interpretation der simulierten Veränderungen der täglichen Niederschlagsintensität in Bezug auf die reale Welt" verhindern würden.[55] Gleichwohl schrieben dieselben Autoren, dass die Modelle die Richtung der Veränderungen „qualitativ" richtig wiedergeben würden, nämlich, dass man in einer wärmeren Welt mit mehr Starkregenereignissen werde rechnen müssen. Das waren zu der Zeit völlig neue und zugleich alarmierende Einsichten. In einer anderen Studie über die möglichweise zu erwartende Verstärkung der konvektiven Niederschläge durch die globale Erwärmung, die 1995 erschienen war, wurde das wissenschaftliche Dilemma aufgebracht, ob es überhaupt „angemessen sei, mit Ergebnissen an die Öffentlichkeit zu treten", in die die Autoren selbst nur ein „begrenztes Vertrauen" hätten.[56]

Gestatten Sie mir an dieser Stelle ein paar Worte zur Klimakommunikation. Die Frage nach der Intensivierung von Starkregenereignissen in einer wärmeren Welt eignet sich meiner Meinung nach, um die Schwierigkeiten bei der Klimakommunikation zu verdeutlichen. Gerade anhand der frühen wissenschaftlichen Publikationen über die mögliche Intensivierung der Starkniederschläge bei steigenden Lufttemperaturen können wir nachvollziehen, dass Wissenschaftskommunikation alles andere als trivial ist und die Wissenschaften herausfordert. Auf jeden Fall, so viel versteht sich von selbst, muss sich die Kommunikation stets am Stand der Forschung orientieren. Als Wissenschaftler muss ich darüber hinaus versuchen, in der Vermittlung des Wissenstands den schmalen Grat zwischen Panikmache auf der einen Seite und Verharmlosung auf der anderen zu finden. Je nachdem, mit welchen Worten man denselben Sachverhalt vermittelt, kann er völlig unterschiedlich verstanden werden. Eine Frage, die sich hier zum Beispiel stellt, ist, wie stark man die Modellunsicherheiten in der Kommunikation betont. Gerade nach der verheerenden Flut bei uns in Deutschland im Juli 2021, die die Menschen völlig unvorbereitet getroffen hat, muss man über diese Frage nachdenken.

Genauso wie über die Frage, wie die Politik mit Unsicherheiten umgehen sollte. Mir haben Politikerinnen und Politiker des Öfteren vorgeworfen, dass sie mit den wissenschaftlichen Aussagen nichts anfangen können. Sie wüssten nicht, wie sie mit den in den einschlägigen Publikationen etwa des Weltklimarats angegebenen, zum Teil sehr großen, Unsicherheitsbereichen umgehen sollen. Um zu entscheiden, bräuchten sie klare Botschaften. Es liegt aber in der Natur der Sache, dass die Wissenschaft keine eindeutigen Vorhersagen liefern kann, gerade wenn es sich um komplexe Systeme wie das Klimasystem handelt oder um ganz neue Forschungsfragen. Letzteres ist uns während der Corona-Pandemie überdeutlich vor Augen geführt geworden. Die Forschung konnte natürlich nicht sofort alle Antworten parat haben, zum Beispiel wie groß die Bedrohung durch das Virus ist und wie man die Bevölkerung am besten schützt. Auch die moderne Klimaforschung ist noch recht jung. Außerdem können wir wegen der für die Belange der Klimaforschung immer noch sehr begrenzten Computerkapazitäten nicht das Modell rechnen, das wir uns gerne vorstellen würden und in dem sich die Wechselwirkungen zwischen dem Wetter und dem Rest des Erdsystems zeitlich und räumlich hochauflösend darstellen ließen. Zudem existiert nach wie vor ein eklatanter Mangel an Erdbeobachtungen.

Aber kommen wir nun zurück zu dem eigentlichen Thema dieses Kapitels, zu den Niederschlägen. Was können wir anhand theoretischer Überlegungen und unter Verwendung der Simulationen mit den neuesten Klimamodellen für die Niederschläge in unseren Breiten als Folge der globalen Erwärmung erwarten? Die Kollegen Fischer und Knutti haben die prognostizierten Veränderungen mithilfe statistischer Verteilungen schematisch verdeutlicht, die in der Abbildung 4 zu sehen sind. Typische Verteilungen für die Niederschläge sehen völlig anders aus als die für die Lufttemperaturen und können zum Beispiel durch eine sogenannte Gamma-Verteilung[57] angenähert werden. Der häufigste Wert einer typischen Niederschlagsverteilung in unseren Breiten liegt bei null, die meiste Zeit regnet es also nicht. Aus diesem Grund steigen die Verteilungen im Allgemeinen nach links hin an, also zu den schwächeren Regenfällen hin. Je stärker die Niederschläge sind, umso seltener treten sie auf. Die heftigsten Niederschläge liegen deswegen am rechten unteren Rand der Verteilung entsprechend ihrer äußerst geringen Eintrittswahrscheinlichkeit.

In einem wärmeren Klima erwarten wir im Vergleich zu der ursprünglichen Verteilung eine Niederschlagsverteilung, die weniger stark gekrümmt ist, es treten demnach weniger leichte und mehr starke Regenfälle auf, so wie es schon die sehr frühen Modellsimulationen angedeutet haben. Diese Entwicklung ist durch die Pfeile in der Grafik angedeutet. Die Beobachtungen der letzten Jahre stützen genau dieses Bild in vielen Landregionen der Erde. Dabei ist zu beachten, dass neuere Studien andeuten, dass sich gerade die heftigen kurzen, stündlichen oder noch kürzeren, Regenfälle ganz besonders stark intensivieren könnten.[58]

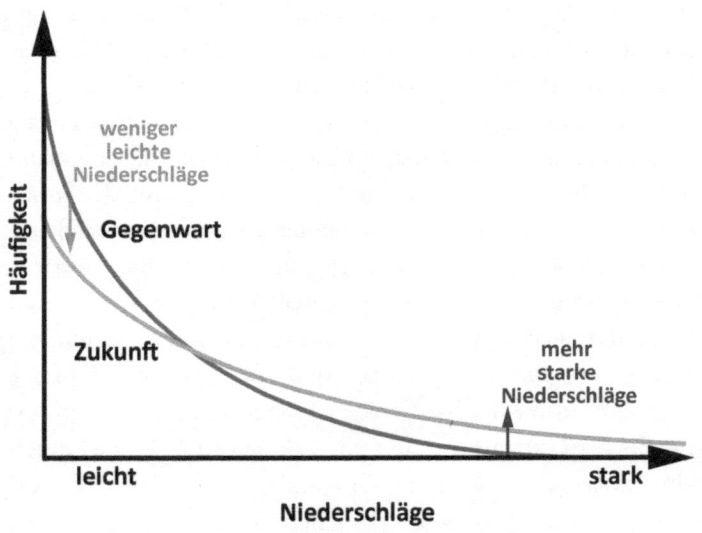

Abbildung 4: Schematische Darstellung der Änderung der Verteilung der Niederschläge infolge einer Erwärmung der Atmosphäre. Nach Fischer und Knutti (2016).

Die Ursache für die schon vor Jahrzehnten vorhergesagte Zunahme von Starkregenereignissen ist hauptsächlich der erhöhte Wasserdampfgehalt der Atmosphäre in einem wärmeren Klima, ein Mechanismus, der außerdem, wie oben dargelegt, die globale Erwärmung durch die von der Menschheit emittierten Treibhausgase wie Kohlendioxid oder Methan in einem beträchtlichen Maße verstärkt. Der Zusammenhang zwischen der Lufttemperatur und dem Wasserdampfgehalt der Atmosphäre ist, wie wir inzwischen auch wissen, ein exponentieller. 1 Grad Celsius Erwärmung führt zu etwa sieben Prozent mehr Wasserdampf in der Luft. Das Mehr an Wasserdampf kann dann im Prinzip bei entsprechender Wetterlage als zusätzlicher Regen auf die Erde niederprasseln.

Hinzu kommen dynamische Effekte, weil mehr Wasserdampf in der Luft auch gleichzeitig mehr Energie bedeutet. Wenn es mehr Wasserdampf in der Luft gibt, kann beim Kondensationsprozess, wenn also das gasförmige Wasser wieder zu flüssigem Wasser wird, prinzipiell auch mehr „latente Wärme"[59] frei werden, die Energie, die bei der Verdunstung der Erdoberfläche entzogen worden war. Wir sprechen in der Wissenschaft von der „diabatischen Heizung" der Atmosphäre, wenn die latente Energie in der Luftsäule wieder freigesetzt wird. Die diabatische Heizung ist ein wichtiger Antrieb für atmosphärische Zirkulationssysteme der verschiedensten Art. So spielt sie beispielsweise in der Entwicklung von Tiefdruckgebieten oder Hurrikanen eine prominente Rolle.

Die stärkere diabatische Heizung in einer wärmeren Atmosphäre würde die regenbringenden Wettersysteme mit zusätzlicher Energie versorgen. Dadurch können sich die mit den Wettersystemen einhergehenden Windsysteme verstärken. Insbesondere können sich die Aufwinde in den Wolken intensivieren. Es gibt durch das Freiwerden der latenten Wärme sozusagen noch einmal einen kräftigen Schub, wodurch sich die Winde verstärken und noch mehr Feuchtigkeit in das System pumpen. In der Folge können sich dann auch die Regenfälle verstärken, wobei eine Reihe von mikrophysikalischen Prozessen in der Luftsäule durchlaufen werden, die bei der Niederschlagsbildung eine wichtige Rolle spielen.[60] In der Tat simulieren räumlich und zeitlich sehr hochauflösende Computermodelle der Atmosphäre für die kurzfristigen und sehr heftigen Regenfälle sogar eine Intensivierung von deutlich mehr als sieben Prozent pro Grad Celsius Erwärmung, die wir aus rein thermodynamischen Überlegungen nicht erwarten würden.

In der Wissenschaft gilt es heute als sicher, dass es bei weiter voranschreitender globaler Erwärmung in vielen Regionen der Erde zu mehr Starkniederschlagsereignissen kommen wird. Das hat der Weltklimarat in dem letzten Bericht der Arbeitsgruppe I aus dem Jahr 2021 noch einmal dargelegt. Es verbleibt jedoch eine beträchtliche Unsicherheit bezüglich des Maßes der Intensivierung der Regenfälle und darüber, welche Regionen ganz besonders betroffen sein werden. Nichtsdestoweniger sind wir als Gesellschaft gut beraten, uns darüber Gedanken zu machen, wie wir uns besser auf Starkregen vorbereiten wollen. Sonst würden wir immer wieder von der Heftigkeit der Regenfälle überrascht werden. Dabei sollten wir sowohl die Infrastruktur kritisch hinterfragen als auch die Warnsysteme und grundsätzlich von einem Extremszenario ausgehen, das so bisher noch nicht eingetreten ist.

Dürre

Nicht nur Starkniederschläge, sondern auch Dürren können sich infolge der globalen Erwärmung häufen. Das kann sogar in ein und derselben Region der Fall sein, was zunächst etwas widersprüchlich klingen mag. Im vorangehenden Kapitel haben wir uns mit den Gründen für die Zunahme von Extremniederschlägen beschäftigt. Jetzt wollen wir der Frage nachgehen, warum es in einer wärmeren Welt auch mehr Dürrephasen geben könnte. Dabei spielen zwei Faktoren eine fundamentale Rolle. Erstens: Steigende Temperaturen führen im Allgemeinen zu einer erhöhten Verdunstungsrate, was die Böden schneller austrocknen lässt. Dieser Prozess würde schon für sich allein

Dürresituationen wahrscheinlicher machen, ohne dass sich die Niederschläge selbst verändern müssten. Und zweitens können sich die Niederschläge selbst verändern, entweder im Langzeitmittel und/oder ihrer statistischen Verteilung. Die Veränderung der Niederschläge ist allerdings ein hochkomplexes Problem und hängt von lokalen und nichtlokalen Faktoren ab, vor allem auch davon, wie sich die globalen Windsysteme entwickeln werden. Aus diesem Grund können wir an dieser Stelle nur einige grundsätzliche Überlegungen anstellen. Den Aspekt „Jetstream", der für das Auftreten von lang anhaltenden Regenfällen oder Dürren ebenfalls eine Rolle spielen könnte, werde ich im nächsten Kapitel behandeln.

Die mittleren Hoch- und Tiefdruckgebiete, so wie wir sie aus Atlanten kennen, können sich durch den Klimawandel in ihrer Stärke verändern oder auch in ihrer flächenhaften Ausdehnung. So wäre eine Intensivierung und Ausweitung der Subtropenhochs in die Richtung der mittleren Bereiten denkbar. Die Ausdehnung der Subtropenhochs würde einige ohnehin schon recht niederschlagsarme Regionen der Erde wie etwa den Mittelmeerraum oder das amerikanische Kalifornien noch stärker unter Hochdruckeinfluss geraten lassen und im Mittel für noch weniger Niederschläge sorgen, was dann zu mehr Dürre und in der Folge auch zu einer Neigung zu häufigeren Waldbränden oder Staubstürmen führen würde.

In Deutschland erwarten wir sowohl mehr Starkregen- als auch mehr Dürreereignisse, wobei es innerhalb des Landes große Unterschiede geben wird. Mehr Dürrephasen könnten in Deutschland schon in den kommenden Jahren zu einem erheblichen Problem werden. Einen Vorgeschmack darauf haben wir bereits in den letzten Jahren bekommen, insbesondere während des nicht enden wollenden Sommers 2018, der mit großem Abstand der bisher wärmste und zugleich trockenste Sommer seit Beginn der Aufzeichnungen war, wenn man die Kalendermonate April bis November zugrunde legt. Die Sommerniederschläge in Deutschland sind während der letzten Jahrzehnte im Gebietsmittel allerdings nur leicht zurückgegangen, wobei es ein deutliches Nord-Süd-Gefälle gegeben hat: Kaum Veränderungen hat es bisher im Norden der Republik gegeben, die größten im Südteil. Auch wenn es bislang keinen eindeutigen Nachweis dafür gibt, dass die verminderten Sommerniederschläge in Deutschland schon mit dem Klimawandel zusammenhängen, ist es trotzdem erwähnenswert, dass die sehr trockenen Sommer 2018, 2019 und 2020 beispiellos in den vergangenen 250 Jahren sind. Mehr als 50 Prozent des Ackerlandes bei uns waren in diesen drei Jahren von der Trockenheit betroffen. Seit 1766 hat es in Mitteleuropa keine dreijährige Sommerdürre dieses Ausmaßes gegeben.[61] Einige Klimamodelle der neusten Generation simulieren unter Vorgabe der beobachteten Treibhausgasgehalte der Atmosphäre in Europa für die letzten Jahrzehnte ähnliche Rückgänge in der Bodenfeuchte wie die beobachteten, was auch darauf hinweist, dass die globale Erwärmung bereits Dürrephasen bei uns begünstigt haben könnte.[62]

Schließlich ist eine zunehmende „Desertifikation" zu beobachten, d.h. mehr Zerstörung fruchtbaren Bodens in den Trockengebieten der Erde durch die Menschen. Der Klimawandel spielt hierbei eine gewisse Rolle, mit Sicherheit jedoch nicht die alleinige. Der Weltklimarat schreibt 2019 in seinem Sonderbericht *Klimawandel und Landsysteme* (SRCCL):[63] „Seit der vorindustriellen Zeit ist die Lufttemperatur über der Landoberfläche beinahe doppelt so stark angestiegen wie die globale Durchschnittstemperatur … Der Klimawandel, einschließlich Zunahmen in Häufigkeit und Intensität von Extremereignissen, hat sowohl negative Folgen für die Ernährungssicherheit und terrestrische Ökosysteme gehabt als auch zu Desertifikation und Landdegradierung in vielen Regionen beigetragen." Weitere Ursachen für die zunehmende Desertifikation sind die Überweidung von Flächen, die Übernutzung von Böden, die Zerstörung von Wäldern oder der übermäßige Verbrauch und die Verschwendung von Wasser. Im Deutschen wird der Begriff Desertifikation häufig mit Wüstenbildung gleichgesetzt, was aber der Vielschichtigkeit der beteiligten Prozesse nicht gerecht wird.

Jetstream

In den letzten Jahren ist in der öffentlichen Debatte um die Auswirkungen der globalen Erwärmung oft der Begriff „Jetstream" zu hören gewesen. Der Jetstream, auf Deutsch Strahlstrom, ist ein schmales Band von Starkwinden in der oberen Troposphäre[64] der mittleren Breiten, in etwa fünf bis zehn Kilometern Höhe. Wir müssen den Jetstream mit in Betracht ziehen, wenn wir über die Veränderung von Wetterextremen in der Zukunft sprechen, weil deren Häufung und Intensivierung auch mit dem Jetstream in Zusammenhang stehen könnte. Theoretische Überlegungen und Computersimulationen, durchgeführt unter ansteigenden atmosphärischen Treibhausgaskonzentrationen, zeigen einen Anstieg von Wetterlagen, bei denen die wellenartigen Strukturen des Jetstream für Wochen eingefroren zu sein scheinen, sich also nur noch sehr langsam bewegen oder ganz verschwinden. Normalerweise bewegen sich die Wellen schnell von Westen nach Osten und sind damit für unser wechselhaftes Wetter verantwortlich. Der Jetstream ist gewissermaßen die Autobahn, auf der sich die Wettersysteme in den unteren Schichten der Atmosphäre bewegen. Durch das Einfrieren der Wellen des Jetstream können prinzipiell auch Extremwettersituationen heftiger ausfallen, weil die Wettersysteme ortsfest werden und sich kaum noch von der Stelle rühren. Aus ein paar sonnigen Sommertagen kann auf diese Weise eine langanhaltende Hitzewelle mit extremer Trockenheit werden.[65] In den letzten Jahren hat man in der Tat mehrere ungewöhnlich lang anhaltende Wetterlagen beobachtet wie zum Beispiel im

Juli 2021 während der Flut bei uns in Deutschland, als das Tief „Bernd" nicht von der Stelle weichen wollte und es deswegen über längere Zeit die feuchtwarme Mittelmeerluft anzapfen konnte und seine enorme Regenfracht über ein recht begrenztes Gebiet niederprasseln ließ. Ein stotternder Jetstream mit eingefrorener Wellenstruktur würde ebenfalls die in den letzten Jahren aufgetretenen außergewöhnlichen winterlichen Kältephasen in den USA, Europa und Asien erklären und in keiner Weise der Klimaerwärmung widersprechen, sondern vielmehr auch eine der vielfältigen Folgen des menschengemachten Klimawandels sein.

Hierbei ist allerdings zu bemerken, dass der analysierte Beobachtungszeitraum von wenigen Jahrzehnten viel zu kurz ist, um Veränderungen des Jetstream zuverlässig nachweisen zu können. Die Atmosphäre weist gerade in den mittleren Breiten ein hohes Maß an natürlicher Variabilität auf. Ausschließen sollte man derartige Veränderungen im Wettergeschehen als Folge der globalen Erwärmung aber keineswegs, weil sie zumindest aus wissenschaftlicher Sicht nicht unplausibel sind.[66] Der Grund für die verlangsamten Höhenwinde könnte die besonders starke Erwärmung der Arktis an der Erdoberfläche und in den unteren Luftschichten im Vergleich zum Rest der Nordhalbkugel sein, wodurch sich der Temperaturunterschied in Nord-Süd-Richtung abschwächt. Dieser sogenannte meridionale Temperaturgradient stellt einen wichtigen Antrieb für den Jetstream dar.[67] Sichtbares Zeichen für die besonders starke Erwärmung der Arktis an der Erdoberfläche ist der schnelle Rückgang des Meereises in der Region, der seinerseits für die außergewöhnlich schnelle Erwärmung in den unteren Luftschichten der Nordpolarregion mitverantwortlich ist.

Ein Problem an der Jetstream-Theorie besteht allerdings darin, dass es einen mächtigen Gegenspieler der Arktis gibt, über den in der Öffentlichkeit aber kaum gesprochen wird. Gemeint ist die außergewöhnliche Erwärmung der höheren

Luftschichten in den Tropen. Dort, in ungefähr fünf bis zehn Kilometern Höhe, gibt es einen beträchtlichen Temperaturanstieg, über der Nordpolarregion in diesen Höhen jedoch nicht. Dadurch verstärkt sich in den oberen Stockwerken der Troposphäre der Temperaturunterschied zwischen Arktis und Tropen. Der Jetstream würde damit tendenziell nicht schwächer, sondern sogar stärker. Und welcher Effekt dominiert nun – die Veränderungen an der Erdoberfläche oder in der Höhe? Wir wissen es nicht. Der Jetstream ist nach wie vor ein aktueller Forschungsgegenstand, über dessen Veränderungen durch den Klimawandel es keinen wissenschaftlichen Konsens gibt. Gerade die Diskussion um den Jetstream zeigt aber, dass die globale Erwärmung unterschiedliche und miteinander in Konkurrenz stehende Prozesse verursachen kann, weswegen wir die Auswirkungen der steigenden Temperaturen nicht monokausal betrachten können. Gleichwohl sollten wir eine mögliche Veränderung der Höhenwinde bei der Diskussion über die Begrenzung der globalen Erwärmung und bei den Strategien zur Klimaanpassung miteinbeziehen, weil wir sonst eine böse Überraschung erleben könnten.

Zusammengesetzte Ereignisse (Compound Events)

Extreme Überschwemmungen, Waldbrände, Hitzewellen oder Dürren sind oftmals das Ergebnis einer Kombination sich überlagernder oder interagierender physikalischer Prozesse oder Phänomene, die auf verschiedenen räumlichen und zeitlichen Skalen ablaufen. Häufig wird dann in der Öffentlichkeit von einer Verkettung unglücklicher Ereignisse gesprochen. Das Zusammenwirken von Prozessen und Phänomenen, die zu Extremereignissen führt, wird im Englischen als „Compound Event" bezeichnet, übersetzt: zusammengesetztes Ereignis. Dieser Begriff findet inzwischen auch im deutschen Sprachgebrauch Verwendung, weswegen ich ihn hier nicht unerwähnt lassen möchte und im Folgenden auch verwenden werde. Es müssen nicht unbedingt die Extreme in den einzelnen Variablen sein wie Niederschlag oder Lufttemperatur, die die stärksten Ereignisse hervorrufen. Oft kommt es auf die Konstellation der Variablen zueinander an. Wenn zum Beispiel relativ lang-anhaltende Niederschläge auf einen schon durchnässten Boden fallen, kann es zu Hangrutschungen mit katastrophalen Ereignissen kommen wie Schlammlawinen, die ganze Ortschaften unter sich begraben. Besonders gefährlich aber kann es in Situationen werden, in denen verschiedene Variablen gleichzeitig extreme Werte annehmen oder verschiedene Arten von Extremereignissen zeitlich dicht aufeinanderfolgen. Dann ist mit den schlimmsten Auswirkungen zu rechnen. Der Klimawandel erhöht die Wahrscheinlichkeit für das Auftreten von „Compound Events". Die Arbeitsgruppe II des Weltklimarats, die sich mit *Folgen, Anpassung und Verwundbarkeit* beschäftigt, schreibt im 6. Sachstandsbericht des IPCC vom Februar 2022: „Die Folgen und Risiken des Klimawandels werden immer komplexer und schwieriger zu bewältigen. Vielfältige Klimagefahren werden gleichzeitig auftreten, und vielfältige klimatische und nicht-klimatische Risiken werden wechselwirken, was zu zusammengesetzten Gesamtrisiken und Risikokaskaden über Sektoren und Regionen hinweg führt. Einige Maßnahmen in Reaktion auf den Klimawandel führen zu neuen Folgen und Risiken."[68]

Ein Beispiel: Hurrikane, die auf Land treffen, gehen typischerweise mit Starkwinden und einer Sturmflut einher. Kommen noch Starkniederschläge hinzu, kann es in der Kombination zu katastrophalen Überschwemmungen kommen wie 2005 in New Orleans durch den Hurrikan Katrina. Falls die Wirbelstürme in der Zukunft wegen der oben angesprochenen möglichen Veränderung in der Dynamik des Jetstream langsamer weiterziehen, würde das die Auswirkungen über den Landregionen noch einmal verschärfen, weil der Hurrikan länger über einer Region toben würde. So eine Situation konnte man 2017 beim Hurrikan Harvey beobachten, der nach seiner Abschwächung als Tropensturm über den südlichen USA praktisch stehengeblieben war, Rekordregenfälle gebracht und die texanische Millionenstadt Houston buchstäblich unter Wasser gesetzt hatte. Der amerikanische Wetterdienst twitterte damals: „Dieses Ereignis ist beispiellos, alle Auswirkungen sind beispiellos und übersteigen alles bisher Dagewesene." Die US-Katastrophenbehörde FEMA (Federal Emergency Management Agency) nannte Harvey ein „historisches Ereignis". Harvey war der regenreichste tropische Wirbelsturm, der je über die USA zog, mit Regenfällen an einigen Orten von mehr als 1000 Millimeter, mehr als bei uns in einem Jahr fällt.

Der Sturm bescherte nach Angaben der Münchener Rückversicherung Teilen von Texas ein Hochwasser, wie es sich „statistisch nur einmal in 1000 Jahren ereignet".[69] Aber auch die örtlichen Gegebenheiten hätten zu der Katastrophe beigetragen, wie die Münchener Rückversicherung hervorhebt: „Das von Harvey getroffene texanische Küstengebiet ist sehr flach … Die Flüsse in der Gegend um Houston haben nur ein schwaches Gefälle und eine geringe Abflusskapazität. Zudem liegt Houston auf Schwemmland, im Zuge von Grundwasserentnahmen senkt sich dort der Boden – stellenweise um bis zu sechs Zentimeter pro Jahr." Außerdem spielte die großflächige Versiegelung der Stadt eine Rolle. Hier sehen wir einmal mehr, wie wichtig die Klimaanpassung ist. Was in der Vergangenheit noch sicher gewesen sein mag, kann bei einem sich verändernden Klima keine Sicherheit mehr bieten.

Ein weiteres zusammengesetztes Ereignis ist während Hitzewellen möglich. Hitzewellen sind Hochdruckwetterlagen geschuldet, während derer so gut wie keine Niederschläge fallen. Unter diesen Bedingungen können die Temperaturen besonderes stark ansteigen, weil die Böden bei hohen Temperaturen wegen der steigenden Verdunstungsrate schneller austrocknen, sodass der kühlende Einfluss der Verdunstung ab einem bestimmten Punkt nicht mehr stattfinden kann. Halten dann die Hitzewellen auch noch besonders lange an, sind katastrophale Auswirkungen in Form von Feuersbrünsten programmiert, wie sie in Australien und dem westlichen Nordamerika in den letzten Jahren mehrfach aufgetreten sind. Die globale Erwärmung fördert häufigere und intensivere Phasen von Trockenheit und Dürre, was besonders günstige Bedingungen für die Feuer schafft. Brandkatastrophen wie 2019 in Australien könnten bis 2050 um ein Drittel häufiger werden. Noch verheerender können die Brände durch ein schlechtes Forstmanagement oder eine falsche Bewirtschaftung der Böden werden. Deswegen sind Präventionsmaßnahmen das Gebot der Stunde.

Ein letztes Beispiel für ein zusammengesetztes Ereignis: Trockenheit mit Starkwind im Bunde mit großflächigen Monokulturen fördert die Entstehung von plötzlich auftretenden Staubwolken. Die Flächen sind einfach zu groß, und es fehlen Windschutzstreifen, um dem Wind etwas entgegenzusetzen. Der Sturm beispielsweise, der im April 2011 über Mecklenburg-Vorpommern hinwegfegte, hatte das ausgetrocknete Erdreich aufgewirbelt und die Fahrbahn der A19 bei Rostock vernebelt. Die Bilanz: acht Tote und 130 Verletzte – einer der schwersten Autobahnunfälle seit vielen Jahren in Deutschland.

Der Rekordsommer 2018 war sowohl durch die außergewöhnlichen Temperaturen als auch durch die außergewöhnliche Trockenheit geprägt, die über viele Monate anhielten, mit katastrophalen Folgen für die Land- und Forstwirtschaft. Ohne dass viele ähnliche Wetterlagen aufeinander gefolgt wären, hätte es die dramatischen Auswirkungen nicht geben können. Ob diese langanhaltende Großwetterlage eine Folge der globalen Erwärmung war, sei dahingestellt. Klar ist, dass mehrere außergewöhnliche Ereignisse zu einem verheerenden Extremereignis werden können, wenn sie zusammentreffen. Zukünftige wissenschaftliche Studien müssen mehr in die Richtung der „Compund Events" arbeiten. Ein besseres Verständnis solcher Ereignisse würde die Vorhersage potenziell folgenschwerer Situationen verbessern und eine Brücke zwischen Klimawissenschaftlern, Ingenieuren, Sozialwissenschaftlern, Modellierern und Entscheidungsträgern schlagen, die eng zusammenarbeiten müssen, um diese komplexen Ereignisse zu verstehen.

Kipppunkte

Ab bestimmten Temperaturen könnten – zumindest theoretisch – kritische Werte, die sogenannten Kipppunkte,[70] überschritten werden, wodurch sich die globale Erwärmung und der Anstieg der Meeresspiegel beschleunigen oder Ökosysteme kollabieren könnten. Ein Kipppunkt in einem komplexen System ist ganz allgemein ein Punkt, an dem eine kleine Veränderung einen großen Unterschied macht und den Zustand oder das Schicksal des Systems radikal verändert.

Kennen Sie das Gesellschaftsspiel Jenga? Bei diesem Spiel stapeln Sie zu Beginn je nach Variante bis zu 60 Holzklötze zu einem stabilen Turm und ziehen dann abwechselnd einen Klotz nach dem anderen heraus und setzen ihn oben auf den Turm. Das Procedere wird so lange wiederholt, bis der ganze Stapel zusammenbricht. Mein britischer Kollege Tim Lenton, ein Pionier der Forschung zu den Kipppunkten, hat eine Analogie zum Jenga-Spiel hergestellt, um abrupte Klimaänderungen zu verdeutlichen, die durch das Überschreiten von Kipppunkten infolge der globalen Erwärmung verursacht werden könnten.[71] Die Analogie besteht darin, dass eine bestimmte Komponente des Erdsystems wie zum Beispiel ein kontinentaler Eisschild wie der auf Grönland, ein Zirkulationsmuster in der Atmosphäre oder im Ozean oder auch ein Ökosystem durch einen Turm aus Klötzen dargestellt wird. Der allmähliche Anstieg der globalen

Temperatur wird dadurch simuliert, dass ein Block nach dem anderen aus dem Turm entfernt und oben auf den Turm gesetzt wird. Mit der Zeit wird der Turm immer unförmiger und instabiler. Irgendwann kann sich der Turm nicht mehr selbst tragen und kippt um. So kann man sich das Überschreiten eines Kipppunkts bildlich vorstellen.

Beim Jenga-Spiel fällt der Turm im Bruchteil einer Sekunde in sich zusammen. Das ist im Erdsystem nicht notwendigerweise so, wenn ein Kipppunkt überschritten sein sollte. Beim Grönländischen Eisschild beispielsweise kann das komplette Abschmelzen nach Überschreitung des Kipppunkts noch Jahrtausende dauern. Bei Ökosystemen kann es deutlich schneller gehen, innerhalb von einigen wenigen Jahrzehnten wie etwa beim Amazonas-Regenwald oder den tropischen Korallenriffen. Gemeinsam ist ihnen jedoch, dass der „Einsturz", wenn er einmal begonnen hat, nicht mehr aufzuhalten ist. Im Falle des Grönlandeises würde dies einen Meeresspiegelanstieg von global sieben Metern bedeuten.

Vielleicht sind schon einige der Kipppunkte bei der heutigen globalen Erwärmung überschritten, was allerdings in der Wissenschaft kontrovers diskutiert wird. So gibt es zum Beispiel eine Debatte darüber, ob die kontinentalen Eisschilde Grönlands und der Westantarktis schon unwiderruflich verloren sind, was in den kommenden Jahrhunderten einen deutlich schnelleren Meeresspiegelanstieg als bisher zur Folge hätte. Das Wesen von Kipppunkten ist es, dass bei der Überschreitung der Temperaturschwelle Prozesse in Gang gesetzt werden, die nicht mehr zu stoppen sind, selbst wenn die Menschheit dann keine Treibhausgase mehr ausstoßen sollte. Im Falle von Grönland und der Westantarktis würde das bedeuten, dass die Meeresspiegel so lange weiter steigen, bis deren Eismassen als Schmelzwasser komplett im Meer verschwunden wären. Da dieser Prozess sehr langsam ist und das komplette Abschmelzen Jahrtausende dauern würde, wird man anhand der Beobachtungen in den kommenden Jahren nicht beurteilen können, ob die diesbezüglichen kritischen Temperaturen bereits überschritten sind.

Ob das Überschreiten von Kipppunkten tatsächlich wie ein Schalter wirkt, ist auch nicht klar. Anhand einfacher Klimamodelle entwickelte Theorien zeigen, dass ein Kipppunkt möglicherweise vorübergehend überschritten werden kann, ohne eine Änderung des Systemzustands auszulösen, wenn die Überschreitungszeit im Vergleich zur internen Zeitskala des Systems kurz ist.[72] Dies könnte vielleicht für die kontinentalen Eisschilde gelten, die mit ihren internen Zeitskalen von Jahrhunderten bis Jahrtausenden nur äußerst träge reagieren. Verlassen sollten wir uns aber besser nicht darauf, dass es so eine Reserve wirklich gibt. Und noch eines: Kontinentale Eisschilde könnten sich nur unter viele Jahrtausende anhaltenden eiszeitlichen Klimabedingungen erneut bilden, weswegen der Verlust der Eisschilde über geologische Zeiträume, also über Jahrzehntausende, unumkehrbar sein wird und damit auch die sehr hohen Meeresspiegel, selbst wenn die Temperatur irgendwann wieder unter den Schwellenwert sinken sollte.

Das Auftauen der Permafrostböden wäre ebenfalls möglich, wenn die Temperaturen zu stark ansteigen. Dadurch könnten große Mengen zusätzlicher Treibhausgase in die Atmosphäre gelangen, die die globale Erwärmung beschleunigten. Der Amazonas-Regenwald zählt ebenfalls zu den möglichen Kipppunkten, die im Zusammenhang mit der globalen Erwärmung diskutiert werden. Ein Grund für das Sterben des Regenwaldes könnten veränderte Meeresströmungen und damit in Zusammenhang stehende besonders stark steigende Oberflächentemperaturen im tropischen Ostpazifik sein, wie man sie heute während des Klimaphänomens El Niño beobachtet. Eine Art Dauer-El-Niño, wie von einigen Klimamodellen simuliert, würde zu einer großen Trockenheit über der Amazonas-Region führen und damit zum Sterben des Regenwaldes.[73] Die Region würde dann von einer Senke zu einer Quelle für CO_2 werden und die globale Erwärmung zusätzlich verstärken.

Und schließlich könnten auch noch Kaskadeneffekte einsetzen, wenn das Überschreiten eines Kipppunkts in einer Region wiederum zum Überschreiten von Kipppunkten in anderen Regionen führen würde und sich deren Auswirkungen überlagern. Sie alle kennen den Dominoeffekt, bei dem ein Stein den nächsten umwirft, bis alle Steine liegen.

Solche Kettenreaktionen können für die Menschheit nicht mehr beherrschbare Auswirkungen innerhalb einer recht kurzen Zeitspanne zur Folge haben. Viele von uns spüren bereits, dass das Klima und mit ihm das Wettergeschehen aus dem Takt geraten ist. Allein schon wegen der immer häufiger auftretenden Hitzewellen und Starkniederschläge sind viele Menschen besorgt, was ich aus vielen Gesprächen mit und Zuschriften von Bürgerinnen und Bürgern weiß. Ich als Wissenschaftler bin ohnehin in Sorge, wissend, dass komplexe Systeme wie das Erdsystem im wahrsten Sinne des Wortes ein Stück weit unberechenbar sind und so manche Überraschung bereithalten können, wenn man sie zu schnell und zu stark aus dem Gleichgewicht bringt.

Obwohl die globale Erwärmung ihren Ursprung in der Atmosphäre hat, in der sich die von der Menschheit emittierten Treibhausgase sammeln, betrifft sie doch alle Komponenten des Erdsystems. Die Ozeane, das Eis und das Land sind betroffen und auch die Ökosysteme. Eine harte Anpassung der Menschheit an einen ungebremsten Klimawandel wäre selbstverständlich möglich. Die Welt würde nicht untergehen, Leben würde es auf dem Planeten auch noch geben. Das wäre allerdings eine andere Erde als diejenige, die wir kennen, und in dieser anderen Welt dürfte es die Menschheit schwer haben, wie es der SPD-Politiker Erhard Eppler vor einigen Jahren formuliert hatte. Eppler sagte in einem Interview mit der *Tageszeitung* anlässlich des 150. Jahrestags der Gründung der SPD: „Meine jüngsten

Urenkel werden im Jahr 2100 so alt sein, wie ich es jetzt bin. Wenn der CO_2-Anteil in der Atmosphäre weiter so steigt wie derzeit, werden sie es schwer haben."[74] Eine weiche Anpassung wäre vorzuziehen. Diese würde beinhalten, dass wir einerseits die weltweiten Treibhausgasemissionen schnell verringern und uns andererseits so gut es geht an die Klimaveränderungen anpassen sollten, die unvermeidbar sind.

Pariser Klimaabkommen

An dieser Stelle möchte ich das Pariser Klimaabkommen aus dem Jahr 2015 erwähnen, von dem im Folgenden noch des Öfteren die Rede sein wird. Dieses Abkommen sieht vor, dass die globale Erwärmung auf deutlich unter 2 Grad Celsius gegenüber der vorindustriellen Zeit begrenzt werden soll, besser auf 1,5 Grad Celsius.[75] Als vorindustrielle Zeit wählt man, wie oben erwähnt, den Zeitraum von 1850 bis 1900. Wir stehen jetzt bereits bei einer globalen Erwärmung von etwa 1,1 Grad Celsius, wobei eine weitere Erwärmung um ein paar Zehntel Grad unausweichlich ist, auch deswegen, weil die Menschheit nicht sofort aufhören wird und kann, Treibhausgase in die Atmosphäre auszustoßen, sodass ihr Anteil in der Luft und damit ihre Klimawirkung in den kommenden Jahrzehnten noch weiter ansteigen werden. Der Weltklimarat stellte 2018 in seinem Sonderbericht *1,5 Grad globale Erwärmung* fest, dass nur noch sehr schnelle und tiefgreifende systemische Maßnahmen helfen werden,[76] um die im Pariser Klimaabkommen vereinbarten Ziele einzuhalten. Es seien „beispiellose" Maßnahmen nötig, um unkalkulierbare Klimarisiken noch abwenden zu können. Das erfordere, wie der Weltklimarat feststellte, eine drastische Senkung der weltweiten Treibhausgasemissionen, die sofort beginnen müsste.

Es sei erwähnt, dass die im Pariser Klimaabkommen genannten Grenzen für die globale Erwärmung nicht willkürlich gewählt worden sind. Anhand der wissenschaftlichen Literatur besteht die begründete Hoffnung, dass man das Überschreiten von Kipppunkten oder das Einsetzen von katastrophalen Kettenreaktionen vermeiden könnte, würde man die globale Erwärmung auf deutlich unter 2 Grad Celsius begrenzen. Dabei gibt es allerdings wegen der Komplexität des Erdsystems eine große Unsicherheit darüber, ob und ab welcher Erwärmung solche Ereignisse eintreten werden, die gar nicht oder für sehr lange Zeit nicht rückgängig gemacht werden könnten, selbst wenn die Menschen keine Treibhausgase mehr ausstoßen würden.

Unter Umständen sind schon einige kritische Schwellen überschritten. Es geht bei den Auswirkungen der globalen Erwärmung immer um Wahrscheinlichkeiten, eine absolute Sicherheit gibt es in der Wissenschaft nicht. Bliebe die globale Erwärmung deutlich unter 2 Grad Celsius, wäre die Wahrscheinlicht relativ groß, dass Kipppunkte nicht überschritten werden. Zu 100 Prozent sicher sein kann man sich jedoch nicht, was in der Natur der Sache liegt. Wegen der Unsicherheit bezüglich der kritischen Erwärmungen, bei denen bestimmte nicht mehr zu kontrollierende Prozesse einsetzen, wie etwa das Absterben des Amazonas-Regenwaldes, das Auftauen der arktischen Permafrostböden mit dem Freisetzen großer Mengen von Treibhausgasen, das unwiderrufliche Abschmelzen des Grönlandeises oder der Westantarktis, sollte die Staatengemeinschaft alle Anstrengungen unternehmen, die Ziele des Pariser Klimaabkommens einzuhalten und zu versuchen, jedes Zehntel Grad zusätzlichen Temperaturanstiegs zu vermeiden, selbst wenn man die 2-Grad-Grenze nicht halten kann. Das eine Zehntel Grad könnte der Tropfen sein, der das Fass zum Überlaufen bringt, wie es sprichwörtlich heißt.

Womit wir es zu tun haben – Kohlendioxid und die Grenzen der Menschheit

Lassen Sie uns noch etwas eingehender mit dem wichtigsten Verursacher der globalen Erwärmung beschäftigen, dem Kohlendioxid. Nur wenn wir verstehen, was die Quellen und Senken des CO_2 sind und wie unglaublich lang die Verweildauer des Gases in der Atmosphäre ist, werden wir begreifen, warum der Zeitdruck so enorm ist. Und nur dann wird uns klar werden, wie gigantisch die Herausforderung ist, das Pariser Klimaabkommen umzusetzen. Lassen Sie uns zunächst die CO_2-Bilanz anschauen, also die anthropogenen CO_2-Quellen und was mit dem emittierten Gas geschieht. Eines ist von vornherein klar: Ein beträchtlicher Teil der anthropogenen Emissionen muss für sehr lange Zeit in der Atmosphäre verbleiben. Sonst würde ihr CO_2-Gehalt nicht so unfassbar schnell ansteigen. Der CO_2-Gehalt der Atmosphäre betrug 2021 im Jahresmittel 416 ppm,[77] was einen Anstieg von etwa 50 Prozent gegenüber der vorindustriellen Zeit bedeutet, als der Gehalt noch zwischen 260 ppm und 270 ppm gelegen und sich auch in den 10 000 Jahren zuvor auf einem ähnlichen Niveau bewegt hatte. Einen solch hohen CO_2-Gehalt wie heute hat es wahrscheinlich seit drei Millionen Jahren nicht mehr gegeben. Vor diesem Hintergrund ist es einleuchtend, dass der extrem schnelle CO_2-Anstieg seit Beginn der Industrialisierung kein Zufall mehr sein kann, und dass der Mensch die Ursache sein muss. Behauptungen, das CO_2 sei von den Ozeanen freigesetzt worden, kann man nur als lächerlich bezeichnen. Wir kennen die Richtung des CO_2-Flusses zwischen den Ozeanen und der Atmosphäre aus den seit vielen Jahren weltweit durchgeführten Messungen. Fakt ist, dass die Ozeane einen beträchtlichen Teil des von den Menschen ausgestoßenen CO_2 aufgenommen haben. Bisher sind es zwischen 30 und 40 Prozent der gesamten historischen Emissionen.

Schauen wir uns das letzte Jahrzehnt an, wobei dies aber eine Momentaufnahme ist. Der allergrößte Teil, knapp 90 Prozent, des über den Zeitraum 2011 bis 2020 gemittelten CO_2-Ausstoßes von weltweit knapp 40 Milliarden Tonnen jährlich entstand durch die Verbrennung der fossilen Brennstoffe – Kohle, Öl und Erdgas – zur Energiegewinnung. Etwas mehr als zehn Prozent des CO_2-Ausstoßes in der Höhe von jährlich gut vier Milliarden Tonnen entfielen auf die sogenannten Landnutzungsänderungen und gelangten zum Beispiel durch die Rodungen der tropischen Regenwälder oder die Trockenlegung von Mooren in die Atmosphäre. „Nur" knapp die Hälfte des im letzten Jahrzehnt in die Atmosphäre emittierten CO_2 verblieb dort. Der restliche Teil der CO_2-Emissionen wurde von den Landregionen und den Ozeanen aufgenommen, in etwa zu gleichen Teilen, wobei die Landregionen in den letzten Jahren etwas mehr absorbiert haben als die Ozeane. Während es global betrachtet auf den Landregionen immer noch einen sogenannten Düngeeffekt gibt, durch den die Pflanzen infolge der höheren atmosphärischen CO_2-Werte besser wachsen, leiden die Ozeane durch die CO_2-Aufnahme unter der Versauerung des Meerwassers, weil sich das CO_2 im Wasser zu Kohlensäure löst, wodurch Meereslebewesen geschädigt werden können. In diesem Zusammenhang spricht man auch von dem anderen CO_2-Problem.[78] Die Meeresversauerung ist neben der Klimaveränderung ein weiterer wichtiger Grund dafür, die anthropogenen CO_2-Emissionen schnellstmöglich zu senken.

Auf der Erde gibt es noch jede Menge Reserven an fossilen Brennstoffen. Der Großteil der Reserven müsste allerdings in der Erde verbleiben, wenn die Menschen eine übermäßige globale Erwärmung vermeiden wollen. Allein die Kohle, bei deren Verbrennung von allen fossilen Brennstoffen am meisten CO_2 pro Energieeinheit entsteht, würde noch bis ins 22. Jahrhundert reichen. Es stimmt in diesem Zusammenhang wenig hoffnungsfroh, dass Länder wie China, Indien oder Australien kein Interesse daran haben, schnell aus der Kohle auszusteigen, was auf der Weltklimakonferenz 2021 in Glasgow noch einmal überdeutlich wurde. In letzter Sekunde schwächten Indien und China die ohnehin windelweiche Erklärung zum Kohleausstieg so weit ab, dass es dem Konferenzpräsidenten die Stimme verschlug und er den Tränen nahe war. Auf der anderen Seite versuchen Länder wie Saudi-Arabien alles, um nicht die Förderung und den Export von Erdöl herunterfahren zu müssen, was auch für Russland gilt. Aus volkswirtschaftlichen Erwägungen mag das Verhalten dieser Länder nachvollziehbar sein, nicht aber, wenn man die langfristigen Interessen der Welt und auch die seines eigenen Landes im Blick hat.

Das CO_2 besitzt eine sehr lange Verweildauer in der Atmosphäre. Selbst wenn wir heute alle Emissionen stoppen würden, dauerte es Jahrtausende, bis der CO_2-Gehalt der Luft in etwa wieder auf das vorindustrielle Niveau sinken würde. Allein die sehr lange Verweilzeit des CO_2 in der Atmosphäre verdeutlicht die Langfristigkeit des Klimaproblems. Dabei ist die Trägheit einiger Klimasystemkomponenten wie die der Ozeane oder der kontinentalen Eisschilde hier noch gar nicht berücksichtigt. Diese Trägheit wird dazu führen, dass sich einige Größen nach dem Stopp der Treibhausgasemissionen noch jahrtausendelang weiter ändern werden. So werden sich zum Beispiel die Meeresspiegel in jedem Fall noch weit über dieses Jahrtausend hinaus erhöhen. Die Menschen können nur noch beeinflussen, wie schnell und um viele Meter die Pegel ansteigen werden.

Globales CO_2-Budget

In der öffentlichen Debatte über die Notwendigkeit von Klimaschutzmaßnahmen ist häufig vom verbleibenden CO_2-Budget die Rede, das den Menschen noch zur Verfügung stehe, um die Ziele des Pariser Klimaabkommens einzuhalten. Was hat es mit diesem Budget auf sich? Dieser Frage wollen wir jetzt nachgehen. Zunächst einmal gilt es festzustellen, dass das CO_2-Budget nur global definiert ist. Es gibt an, wie viel CO_2 die Menschen ausstoßen können, um unter einer bestimmten globalen Erwärmung zu bleiben, zum Beispiel unter einer globalen Erwärmung von 1,5 oder 2 Grad Celsius – die Werte, die im Pariser Klimaabkommen genannt werden. Das Konzept des CO_2-Budgets beruht auf einem *empirischen* Zusammenhang, nämlich auf einer nahezu linearen Beziehung zwischen den kumulierten, d. h. den seit Beginn der Industrialisierung aufsummierten, anthropogenen CO_2-Emissionen einerseits und dem Anstieg der globalen Temperatur während desselben Zeitraums andererseits. Dabei ist der Zusammenhang zwischen den kumulierten historischen Emissionen und dem Temperaturanstieg nicht nur in den Beobachtungen zu finden, sondern auch in Simulationen mit Klimamodellen. Die Existenz des Zusammenhangs ermöglicht die Berechnung des noch zulässigen CO_2-Ausstoßes aus den historischen Daten, damit die Welt unter einer festgelegten globalen Erwärmung bleiben kann. Außerdem impliziert der Zusammenhang zwischen den kumulierten Emissionen und dem Temperaturanstieg, dass die Stabilisierung des Temperaturanstiegs auf einem beliebigen Niveau voraussetzt, dass die anthropogenen Netto-CO_2-Emissionen auf null sinken müssen. Netto-null bedeutet, dass CO_2-Emissionen, die über das Budget hinausgehen, durch andere Maßnahmen kompensiert werden müssen.

Moment mal, werden Sie, liebe Leserinnen und Leser, jetzt vielleicht denken. Kommen Sie gerade ins Stutzen, wie so viele andere Leute auch, wenn Sie über das CO_2-Budget nachdenken? Die Frage, die sich Ihnen berechtigterweise stellen mag, ist die, warum auf einmal nur noch die menschlichen CO_2-Emissionen für die Temperaturentwicklung eine Rolle spielen. Was ist mit den anderen anthropogenen Emissionen wie etwa dem Ausstoß der Treibhausgase Methan oder Lachgas, auf deren Bedeutung ich oben bereits hingewiesen habe und die ebenfalls zur globalen Erwärmung beigetragen haben, wenngleich deutlich weniger als das CO_2? Und außerdem, was ist mit dem Ausstoß von Schwefelgasen durch die Verfeuerung von Kohle, aus denen sich Schwefelaerosole bilden, die einen kühlenden Einfluss auf die Temperatur an der Erdoberfläche ausüben, weil sie das einfallende Sonnenlicht schwächen?

Das globale CO_2-Budget gilt, wie es der Name zum Ausdruck bringt, tatsächlich nur für den CO_2-Ausstoß, ohne dass die anderen anthropogenen Faktoren explizit Berücksichtigung finden. Zwei Punkte sind zum Verständnis des CO_2-Budgets wichtig. Erstens: Wegen der sehr langen Verweildauer des CO_2 in der Atmosphäre wird sein Gehalt in der Luft und somit der Einfluss auf die globale Temperatur durch die kumulierten Emissionen bestimmt, weil sich das neu ausgestoßene CO_2 zu dem bereits in der Luft vorhandenen addiert. Zweitens: Es gibt eine Kompensation von erwärmenden und abkühlenden anthropogenen Faktoren. So ist der Beitrag des Methans zur bisherigen globalen Erwärmung betragsmäßig in etwa so groß wie der kühlende Einfluss der Schwefelaerosole, sodass sich ihre Effekte auf die globale Temperatur nahezu gegenseitig aufgehoben haben. Die Nicht-CO_2-Gase und die Aerosole würden das CO_2-Budget zwar verändern, allerdings nicht in einem so dramatischen Ausmaß, dass das Budget nutzlos wäre. Das werde ich unten noch ausführen. Wegen der zahlreichen Unsicherheiten kann das CO_2-Budget ohnehin nur als grobe Richtschnur dafür angesehen werden, wo die Welt beim Klimaschutz gerade steht und wann eine bestimmte Temperatur überschritten wird. So spielt für den genauen Zeitpunkt des Überschreitens einer Temperaturmarke auch die natürliche Klimavariabilität eine Rolle. Die natürlichen Temperaturschwankungen können den Zeitpunkt ein paar Jahre nach vorne oder nach hinten verschieben. Die obigen Ausführungen erklären auch, zumindest qualitativ, warum die langfristige

Entwicklung der globalen Temperatur dem atmosphärischen CO_2-Gehalt folgt, der wiederum das Resultat der kumulierten historischen Emissionen ist. Dabei gibt es nur einen kurzen Zeitversatz von einigen Jahren zwischen dem CO_2-Gehalt der Atmosphäre und der Temperatur an der Erdoberfläche, die, im Gegensatz zum Meeresspiegel beispielsweise, recht schnell auf externe Einflüsse reagiert.

Die äußerst lange Verweildauer des CO_2 in der Atmosphäre ist die eigentliche Krux bei der Begrenzung der globalen Erwärmung und der Grund dafür, dass uns die Zeit davonläuft. Das lange Verweilen führt dazu, dass der CO_2-Gehalt der Luft selbst dann weiter ansteigt, wenn sich die weltweiten Emissionen verringern, weswegen die Emissionen auf null sinken müssen, um einen weiteren Temperaturanstieg zu vermeiden. Es ist verständlich, dass null Netto-Emissionen nicht trivial zu erreichen sind, weil praktisch alles, was wir tun, direkt oder indirekt mit Energie und damit auch mit CO_2-Ausstoß verbunden ist. Die lange Verweilzeit von CO_2 in der Atmosphäre ist während der Corona-Krise offensichtlich geworden, in der die Welt immer noch steckt. Sowohl 2020 als auch 2021 wurden historische Höchstwerte des atmosphärischen CO_2-Gehalts an der Station Mauna Loa auf Hawaii gemessen, die 1958 in Betrieb genommen worden ist.[79] Ein Corona-Effekt ist in den Daten mit bloßem Auge nicht zu erkennen. Dabei hatte sich 2020 der CO_2-Ausstoß global um ungefähr sieben Prozent verringert, was den stärksten jährlichen Rückgang seit Ende des Zweiten Weltkriegs bedeutet hatte. Im Jahr 2021 war der CO_2-Ausstoß infolge der weltwirtschaftlichen Erholung erneut angestiegen, womit der Corona-Effekt verpufft war, was nichts Gutes für den Klimaschutz in den kommenden Jahren verheißt. Es bestand schließlich die Hoffnung, dass die Corona-Krise zu einem Umdenken im Verhalten der Menschen in vielen Lebensbereichen führen würde, nach dem Motto „Weniger ist mehr", was sich in einer kontinuierlichen Senkung der Treibhausgasemissionen manifestiert hätte. Diese Hoffnung hat sich bisher jedenfalls nicht erfüllt – auch 2022 gab es übrigens einen neuen Höchstwert beim CO_2-Gehalt, sodass das Zeitfenster immer kleiner wird, um die Pariser Klimaziele noch einzuhalten.

Und da kommt wieder das CO_2-Budget ins Spiel. Man kann nämlich den Zeitdruck mithilfe des CO_2-Budgets veranschaulichen. Beim CO_2-Budget handelt es sich um eine Art Konto mit einem anfänglichen Guthaben, wobei das Guthaben so gewählt ist, dass man eine festgelegte globale Erwärmung nicht überschreitet. Die Menschen haben seit Beginn der Industrialisierung jedes Jahr einen ihrem CO_2-Ausstoß entsprechenden Betrag von dem Konto abgehoben. Eine Überziehung des Kontos ist beim CO_2-Budget nicht möglich. Der Kontostand könnte sich aber erhöhen, wenn die Welt Verfahren zur Hand hätte, mit denen sie CO_2 aus der Luft entfernen könnte, was einer Einzahlung gleichkäme. Diese Verfahren sollten selbstverständlich nachhaltig sein und nicht zu neuen Problemen führen. Aufforstung wäre eine vernünftige Möglichkeit, um den Kontostand zu erhöhen. Die verfügbaren Flächen reichen aber bei weitem nicht aus, und der Effekt durch die Aufforstung wäre auch zu langsam, um die Emissionen in der heutigen Höhe auch nur annähernd kompensieren zu können. Kurzfristig sind keine anderen Optionen in Sicht, die das CO_2-Budget deutlich erhöhen können.

Insgesamt verfügt die Menschheit über ein Gesamtbudget von ungefähr 2800 Milliarden Tonnen CO_2-Ausstoß, um eine globale Erwärmung von 1,5 Grad Celsius gegenüber der vorindustriellen Zeit nicht zu überschreiten. Von diesem Budget sind schon ein Großteil, etwa 2400 Milliarden Tonnen, aufgebraucht. Weil das CO_2-Budget nicht überzogen werden kann, bedeutet ein Verschieben von Emissionsminderungen in die Zukunft, dass man die Emissionen umso schneller senken muss, wenn sich das CO_2-Budget dem Ende zuneigt. Das ist die wissenschaftliche Begründung dafür, dass das Bundesverfassungsgericht 2021

Teile des deutschen Klimaschutzgesetzes für verfassungswidrig erklärt hatte, weil die Verzögerung von tiefgreifenden Emissionsminderungen „unzumutbare Grundrechtsbeeinträchtigungen" für die junge Generation bedeuten würde, denn die müsste dann innerhalb kürzester Zeit die Emissionen auf fast null bringen. Wörtlich heißt es in der Pressemitteilung des Bundesverfassungsgerichts: „Die nach 2030 verfassungsrechtlich gebotene Treibhausgasminderungslast wird erheblich sein. Ob sie so einschneidend ausfällt, dass damit aus heutiger Sicht unzumutbare Grundrechtsbeeinträchtigungen verbunden wären, lässt sich zwar nicht feststellen. Das Risiko gravierender Belastungen ist jedoch hoch und kann mit den künftig betroffenen Freiheitsgrundrechten nur in Einklang gebracht werden, wenn dies mit Vorkehrungen zur grundrechtsschonenden Bewältigung der nach 2030 drohenden Reduktionslast verbunden ist. Das verlangt auch, den Übergang zu Klimaneutralität rechtzeitig einzuleiten."[80] Das Urteil ist meiner Meinung nach ein Wendepunkt in der Rechtsprechung, zeigt es doch, dass das Prinzip der Generationengerechtigkeit einklagbar ist.

Gerechnet ab 2020 können die Menschen noch ungefähr 400 Milliarden Tonnen CO_2 in die Atmosphäre ausstoßen, um mit einer Wahrscheinlichkeit von 67 Prozent die 1,5 Grad-Grenze nicht zu überschreiten. Zugleich wird der jährliche CO_2-Ausstoß global auf derzeit etwa 40 Milliarden Tonnen geschätzt. Unter der Annahme gleichbleibender Emissionen wäre das CO_2-Budget, von 2020 beginnend gerechnet, in ungefähr zehn Jahren aufgebraucht, also schon um das Jahr 2030 herum. Das Restbudget von knapp 1200 Milliarden Tonnen für die Einhaltung der Zwei-Grad Grenze wäre in etwa 30 Jahren erschöpft, um das Jahr 2050 herum, wenn man wiederum eine Wahrscheinlichkeit von 67 Prozent zugrunde legt. Die begleitenden Nicht-CO_2-Emissionen können die Werte um mindestens 220 Milliarden Tonnen CO_2 erhöhen oder verringern, was aber nichts an der Dringlichkeit des Handels ändert.

Als Faustregel können wir festhalten, dass sich der Planet pro 1000 Milliarden Tonnen CO_2-Ausstoß um ein knappes halbes Grad Celsius erwärmt.[81] Noch einmal: Man sollte die Zahlen, die sich aus dem globalen CO_2-Budget ergeben, nicht auf die Goldwaage legen, sondern nur als ungefähre Richtschnur begreifen, weil es beträchtliche Unsicherheiten in der Berechnung des noch verbleibenden Budgets gibt. Es gibt Unwägbarkeiten, die mit der Nichtlinearität des Klimasystems zusammenhängen, etwa mit dem Auftauen der Permafrostböden und dem Ausstoß zusätzlicher Treibhausgase, und die dazu führen könnten, dass sich das verbleibende CO_2-Budget entsprechend verkleinert. Deswegen sind die noch zulässigen Emissionen für die Einhaltung der 1,5-Grad- oder der 2-Grad-Grenze vom Weltklimarat mit Wahrscheinlichkeiten belegt. Geht man ein größeres Risiko ein, die Temperaturobergrenze zu verfehlen, erhöht sich das Budget. So hätten die Menschen noch 650 Milliarden Tonnen CO_2-Ausstoß zur Verfügung anstatt 400 Milliarden Tonnen, wenn die Wahrscheinlichkeit nur 33 Prozent anstatt 67 Prozent beträgt, dass die globale Erwärmung auf 1,5 Grad Celsius begrenzt werden kann.

Um Missverständnissen vorzubeugen, wenn man über Wahrscheinlichkeiten schreibt: Es gibt in der Wissenschaft einen Konsens dahingehend, dass die Staatengemeinschaft die Pariser Klimaziele nur einhalten können wird, wenn die CO_2-Emissionen in den 2020er Jahren erheblich zu fallen beginnen und um die Mitte des Jahrhunderts herum auf null sinken. Ich möchte zur Veranschaulichung mit Ihnen zwei Gedankenexperimente anstellen. Erstens: Würde die Menschheit ab heute überhaupt kein CO_2 mehr ausstoßen, würde sie die Pariser Klimaziele mit nahezu hundertprozentiger Wahrscheinlichkeit einhalten können. Allerdings – und das sei nur am Rande erwähnt – würde der CO_2-Gehalt der Atmosphäre, wie oben beschrieben, während dieses Jahrtausends nur ganz allmählich sinken, weswegen auch die globale Temperatur in etwa auf dem heutigen Niveau verharren würde. Das wäre also das „Beste", was wir jetzt noch rein theoretisch erreichen könnten. Zweitens: Bei gleichbleibenden CO_2-Emissionen auf dem heutigen Stand wäre die Wahrscheinlichkeit hingegen gleich null, die Pariser Klimaziele einzuhalten, weil der CO_2-Gehalt der Luft weiterhin rasant ansteigen würde. Es ist vor diesem Hintergrund selbstredend, dass weiterwachsende Emissionen überhaupt keine Option sind.

Legt man zugrunde, was die Politik in den einzelnen Ländern bisher an Maßnahmen ergriffen hat, steuert die Menschheit auf eine globale Erwärmung von 2,7 Grad Celsius bis zum Ende des Jahrhunderts zu.[82] Wenn alle bis 2030 gemachten Zusagen eingehalten werden, läge die Erwärmung bei 2,4 Grad Celsius, wobei ich allerdings nicht davon ausgehe, dass es sich hierbei um eine realistische Annahme handelt. Selbst Deutschland wird sehr große Schwierigkeiten haben, seine Klimaziele einzuhalten. Hierzulande sind wir 2021 wieder unter das selbstgesteckte 40-Prozent-Ziel für 2020 gefallen, das ohnehin nur mit Ach und Krach wegen des Corona-Lockdowns erreicht werden konnte. Skepsis ist also angebracht, dass Deutschland seine Klimaziele erreichen wird. Ende 2021 hatte Vizekanzler Robert Habeck von den Grünen, der zugleich Bundeswirtschafts- und Klimaminister ist, vorsorglich darauf hingewiesen, dass die Einhaltung der Klimaziele in den folgenden zwei Jahren wohl nicht gelingen werde.[83] Deutschland will seine Emissionen bis 2030 um 65 Prozent gegenüber 1990 senken. Die erreichte Reduktion bis Ende 2021 liegt bei etwa 37 Prozent.[84] Es fehlen also, Stand Anfang 2022, fast 30 Prozent Emissionsminderung zur Einhaltung des Klimaschutzziels 2030 von 65 Prozent, und diese müssten wir in den verbleibenden nur knapp neun Jahren schaffen. Ich werde den Hut ziehen, wenn Deutschland tatsächlich sein Klimaziel für 2030 erreichen sollte.

Das sich zu Ende neigende CO_2-Budget ist der Grund dafür, warum die Menschheit bei der Begrenzung der globalen

Erwärmung schon fast zu spät dran ist. Nur noch sehr schnelle und drastische Senkungen des weltweiten CO_2-Ausstoßes würden es überhaupt noch ermöglichen, das Pariser Klimaabkommen einzuhalten. Reißt die Menschheit die Pariser Klimaziele – und danach sieht es im Moment jedenfalls aus –, steigt die Wahrscheinlichkeit für das Überschreiten von kritischen Schwellen, mit möglicherweise unabsehbaren Folgen. Trotzdem haben sich seit der Unterzeichnung des Pariser Klimaabkommens 2015 die weltweiten CO_2-Emissionen weiter erhöht. Die Menschheit spielt russisches Roulette, wenn man ihren Umgang mit dem Klimaproblem aus wissenschaftlicher Sicht betrachtet.

Die Uhr tickt – das habe ich in diesem Kapitel anhand des verbleibenden CO_2-Budgets deutlich zu machen versucht – und deswegen heißt dieses Buch *Countdown*. Die Zeit zum Handeln läuft ab. Sie kennen sicherlich die Schuldenuhr des Bundes für Steuerzahler,[85] die angibt, wie der aktuelle Stand der Staatsverschuldung in Deutschland ist. Das Berliner Mercator Research Institute on Global Commons and Climate Change (MCC) hat in ähnlicher Weise das aktuell verbleibende CO_2-Budget visuell umgesetzt und zeigt auf seiner Internetseite eine CO_2-Uhr,[86] die veranschaulicht, wie viel Zeit der Menschheit noch bleibt, um die globale Erwärmung auf 1,5 Grad Celsius oder 2 Grad Celsius zu begrenzen[87] – unter der Annahme, dass die Emissionen auf dem heutigen Niveau stagnieren. Als ich am 1. Januar 2022 die Seite des MCC aufgerufen habe, verblieben nur noch knapp 320 Milliarden Tonnen CO_2 für die Einhaltung der 1,5-Grad-Grenze. Die CO_2-Uhr tickt gnadenlos. An ihr können wir nicht drehen, es sei denn, wir wollen uns auf unsichere Pfade begeben und uns ganz auf das Climate Engineering, sprich auf technische Lösungen zur Begrenzung der globalen Erwärmung, fokussieren. Das würde mich angesichts der Komplexität des Erdsystems an Goethes *Zauberlehrling*[88] erinnern. In diesem Bild wäre die Natur der Meister und wir Menschen der Lehrling.

Das große Versagen

Was wir jetzt an Klimaveränderungen beobachten, ist erst der Beginn einer Entwicklung, die schon vor Jahrzehnten korrekt vorhergesagt worden war. Der Klimawandel wird mit an Sicherheit grenzender Wahrscheinlichkeit in den kommenden Jahrzehnten weiter fortschreiten, weil zumindest aus heutiger Perspektive eine schnelle Trendumkehr bei den weltweiten Treibhausgasemissionen immer noch in weiter Ferne zu liegen scheint, obwohl sie unbedingt notwendig wäre, um ein Desaster für den Planeten zu verhindern, wie es der Weltklimarat in seinen Berichten aus den letzten Jahren in aller Deutlichkeit beschrieben hat. Dabei sehen wir immer wieder dasselbe Muster. Während Krisen globalen Ausmaßes sinken die weltweiten CO_2-Emissionen für kurze Zeit, um nach Ende der Krisen wieder anzusteigen. Deswegen kennt der weltweite CO_2-Ausstoß, von kurzfristigen Rückgängen abgesehen, über die Jahrzehnte betrachtet nur einen Weg, den Weg nach oben.

So führten die beiden Ölkrisen in 1970er Jahren zu Rückgängen im weltweiten CO_2-Ausstoß, die nur zwei beziehungsweise drei Jahre anhielten. Die Älteren von Ihnen werden sich an die vier autofreien Sonntage während der ersten Ölkrise 1973 und an die für ein halbes Jahr verhängten Geschwindigkeitsbegrenzungen erinnern. So galt zum Beispiel auf den deutschen Autobahnen eine Höchstgeschwindigkeit von 100 km/h. Als rechtliche Grundlage galt das Energiesicherungsgesetz, das als direkte Folge auf den Anstieg des Ölpreises erlassen wurde. Auslöser der Ölkrise 1973 war, dass die arabischen Erdölexporteure aufgrund des israelisch-arabischen Jom-Kippur-Kriegs den Ölhahn zugedreht hatten. Ich kann mich nicht erinnern, dass damals die Welt in Deutschland untergegangen wäre, weil es ein Tempolimit gegeben hatte. Die heutige politische Diskussion um das Tempolimit kann ich nur als absurd bezeichnen. Jedes einzelne Menschenleben, das man durch ein Tempolimit retten könnte, wäre es wert, auf den Autobahnen etwas gesitteter zu fahren. Das Einsparen von Energie käme hinzu und damit eine Verringerung des CO_2-Ausstoßes. Energiesparen durch ein Tempolimit gilt natürlich auch für die Autos, die keinen Verbrennungsmotor besitzen. So verbrauchen Elektroautos bei Tempo 100 erheblich weniger Strom als etwa bei Tempo 160, wodurch die Reichweite erheblich verlängert werden kann, bei einigen Modellen um fast das Doppelte.

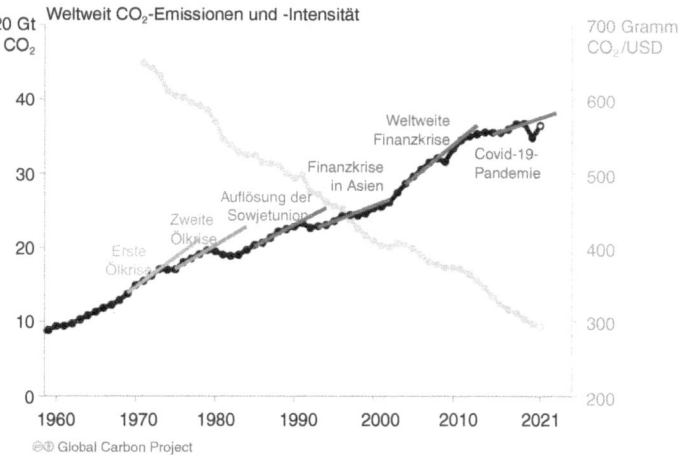

Abbildung 5: Weltweite CO_2-Emissionen – seit 1960. Eingezeichnet sind die Krisen globalen Ausmaßes, während der die Emissionen leicht gesunken sind. Der Rückgang in 2020 ist dem Corona-Lockdown geschuldet. Außerdem ist die CO_2-Intensität der Produktion in Gramm CO_2 pro US Dollar gezeigt, die kontinuierlich gesunken ist, allerdings nicht genügend, um das Wirtschaftswachstum zu kompensieren. © Friedlingstein et al 2021 – Global Carbon Project 2021; Used with permission of the Global Carbon Project under the Creative Commons Attribution 4.0 International license

Die letzte große globale Finanzkrise 2008 und 2009 sorgte gerade mal im Jahr 2010 für eine leichte Verringerung der weltweiten CO_2-Emissonen. Der Ausstoß stieg dann für einige Jahre umso schneller wieder an und erreichte schließlich ein etwas moderateres Anstiegsniveau. Zuletzt war es die Corona-Krise, die 2020 für einen Rückgang der weltweiten CO_2-Emissionen sorgte. Doch 2021 stiegen sie wieder an.

Was lernen wir aus der Entwicklung der weltweiten CO_2-Emissionen während der letzten Jahrzehnte? Globale Krisen, seien sie politischen, ökonomischen oder anderen Ursprungs, führen nicht zu einem Wandel in der Weltwirtschaft. Das Wirtschaftswachstum ohne Rücksicht auf Verluste, will heißen durch den übermäßigen Verbrauch von nichterneuerbaren Ressourcen und zu Lasten der Umwelt wie auch vieler Menschen, bestimmt immer noch den Lauf der Welt. Kurzum: Geld regiert die Welt.

CO_2-Senken

Falls die weltweiten Treibhausgasemissionen nicht sinken sollten und die Temperaturen weiter ansteigen, könnte sich der gesamte CO_2-Kreislauf verändern, was wiederum Auswirkungen auf das verbleibende CO_2-Budget hätte. Man diskutiert in der Wissenschaft, dass die beiden natürlichen CO_2-Senken, die Land- und die Ozeansenke, in der Zukunft bei anhaltend hohen CO_2-Emissionen und voranschreitender globaler Erwärmung an Effizienz verlieren könnten. Das Land, weil das extremer werdende Wetter mit mehr Hitze und Trockenheit den Pflanzen immer stärker zusetzen wird, und die Ozeane sowohl wegen der Erwärmung als auch der Versauerung des Meerwassers.[89] Zum einen löst warmes Wasser Gase schlechter als kaltes, was die CO_2-Aufnahme aus der Atmosphäre und somit die sogenannte chemische Pumpe behindert. Außerdem nehmen die ozeanischen Vermischungsprozesse in der Vertikalen wegen der starken oberflächennahen Erwärmung ab, was den Abtransport des CO_2 in die Tiefsee verlangsamt. Die tiefen Meeresschichten besitzen ein großes Aufnahmepotenzial für Kohlendioxid. Und zudem würde sich sowohl durch die Erwärmung als auch Versauerung des Meerwassers die biologische Produktivität in den oberen Schichten verringern und damit die sogenannte biologische Pumpe verlangsamen, es würde also weniger organisches Material nach dem Absterben der Lebewesen aus den oberflächennahen Schichten in die Tiefsee sinken. Eine nachlassende Effizienz der natürlichen CO_2-Senken würde bedeuten, dass die Menschheit die CO_2-Emissionen in der Zukunft noch stärker senken müsste, wenn sie eine bestimmte globale Erwärmung nicht überschreiten will.

Diese Gefahr wurde nicht erst in den letzten Jahren beschrieben, sondern beispielsweise auch schon 1977 in dem oben erwähnten Buch von Richard Scherhag und Kollegen thematisiert. Ich zitiere daraus: „Nach neuesten Berechnungen ist zwar der CO_2-Gehalt in der Atmosphäre zurzeit noch wenig gefahrvoll, doch werden dann kritische Werte erreicht, wenn das Pufferungsvermögen der Ozeane für Kohlendioxyd erschöpft ist und infolge der Vegetationszerstörung die CO_2-Assimilationsrate weltweit sinken sollte.“ Eigentlich ist es nicht zu fassen, wie lange die Menschen die Ergebnisse aus der Klimaforschung nicht ernst genommen und sich irgendwie auf ihr Glück verlassen haben. Das Glück kann uns sehr schnell abhandenkommen, falls uns die Helfer verlassen sollten, die bisher gewaltige Mengen von CO_2 aufgenommen haben. Allein deswegen wäre es so wichtig, die noch intakten Land- und Meeresregionen in Ruhe zu lassen, anstatt sie weiter zu stressen.

Nationales CO_2-Budget

Es ist wichtig, darauf hinzuweisen, dass aus dem globalen Restbudget nicht direkt auf das verbleibende CO_2-Budget eines einzelnen Landes geschlossen werden kann. Das globale

CO_2-Budget ist aus wissenschaftlichen Überlegungen herzuleiten, was bei den nationalen Budgets nicht mehr der Fall ist. Bei der Festlegung der nationalen Budgets werden auch normative Aspekte Berücksichtigung finden müssen wie zum Beispiel Gerechtigkeitsaspekte. Ein Gesichtspunkt in diesem Zusammenhang ist die historische Verantwortung, die sich aus den kumulierten historischen Emissionen eines Landes ergibt. Europa und Nordamerika haben mit zusammen ungefähr 50 Prozent den größten Anteil an den kumulierten Emissionen seit 1850 und tragen somit die größte Verantwortung für die bisherige globale Erwärmung. Danach folgt Asien, wobei dessen Anteil schnell wächst. Auf China, dem im Jahr 2020 mit 31 Prozent Anteil an den weltweiten Emissionen größten CO_2-Verursacher, entfallen ungefähr 13 Prozent der historischen Emissionen, während Indien nur einen Anteil von etwa drei Prozent besitzt. Die restlichen Weltregionen spielen noch keine Rolle.

Der Hauptteil der historischen Verantwortung für den gestiegenen CO_2-Gehalt der Atmosphäre und damit für die bisherige globale Erwärmung liegt demnach bei den Industrieländern. Deswegen würde es dem Prinzip der Klimagerechtigkeit widersprechen, wenn man das verbleibende Restbudget auf die Länder aufteilen würde, ohne dass man die historischen CO_2-Emissionen berücksichtigen würde. Die Hauptverursacher des Klimawandels, die Industrieländer, kämen dann zu glimpflich davon. Ginge es allein nach Gerechtigkeitsgesichtspunkten, hätten die USA als erstes großes Industrieland bereits seit Beginn des Jahres 2022 ihr CO_2-Budget aufgebraucht, das ihnen theoretisch zur Verfügung stünde, würde man wiederum eine Wahrscheinlichkeit von 67 Prozent für die Einhaltung der 1,5-Grad-Grenze zugrunde legen.[90]

Bei der Berechnung der nationalen Budgets steckt der Teufel im Detail. Ich möchte an dieser Stelle auf eine eingehende Diskussion des Restbudgets für die ganze Welt, für Europa und

Deutschland unter Berücksichtigung der Kompatibilität mit dem Pariser Klimaabkommen verweisen, die der Sachverständigenrat für Umweltfragen (SRU) der Bundesregierung vorgelegt hat.[91] Jedes Land definiert sein Restbudget nach anderen Kriterien, und jedes Land tut es so, dass ihm ein möglichst großes Restbudget verbleibt. So wird man beim Klimaschutz nicht vorankommen. Deswegen ist die Welt immer noch weit davon entfernt, auf einem mit dem Pariser Klimaabkommen kompatiblen Kurs zu sein.

Auch Deutschland ist nicht auf Paris-Kurs. Selbst wenn man die historischen Emissionen Deutschlands nicht berücksichtigen würde, hätte es entsprechend seinem Anteil an der Weltbevölkerung von 1,1 Prozent nur noch ein Restbudget von etwa 4,4 Milliarden Tonnen CO_2 zur Verfügung, beginnend mit 2020, wenn man die 1,5-Grad-Grenze und eine Wahrscheinlichkeit von 67 Prozent zugrunde legt. Damit hätte Deutschland sein verbleibendes CO_2-Budget in weniger als zehn Jahren ausgeschöpft, wenn wir annehmen, dass die heutigen CO_2-Emissionen in der Höhe von jährlich ungefähr 700 Millionen Tonnen gleich bleiben. Es versteht sich von selbst, dass das eigentliche Restbudget Deutschlands kleiner sein müsste, wenn man Gerechtigkeitsaspekte miteinbeziehen würde.

Erdüberhitzung

Ohne schnelle und tiefgreifende Klimaschutzmaßnahmen droht die Erde zu überhitzen. Diese Bezeichnung ist durchaus angemessen, wenn man sich die Konsequenzen vergegenwärtigt, die das Festhalten an den fossilen Energien und damit weiter ansteigende atmosphärische CO_2-Konzentrationen nach sich ziehen würden. Allein die steigenden Temperaturen mit den immer neuen Hitzerekorden wären ein Desaster für Mensch und Natur. Hält der Erwärmungstrend der letzten 50 Jahre an, würde sich bei einer linearen Extrapolation die Erde innerhalb der nächsten 100 Jahre um weitere knapp 2 Grad Celsius erwärmen. Insgesamt beliefe sich die globale Erwärmung dann auf ungefähr 3 Grad Celsius gegenüber der vorindustriellen Zeit. Nach allem, was wir in der Wissenschaft wissen, würden sich in diesem Fall die Lebensbedingungen auf der Erde extrem verschlechtern.

Selbst die lineare Extrapolation des globalen Temperaturanstiegs könnte immer noch eine konservative Betrachtung sein, wenn man sich den unglaublich rasanten Anstieg der weltweiten Treibhausgasemissionen während der letzten Jahrzehnte vergegenwärtigt. Die CO_2-Emissionen sind seit 1990 global um ungefähr 60 Prozent angestiegen, und es sieht so aus, dass sich die Emissionen auch in den kommenden Jahren weiter erhöhen werden. China, der weltweit größte Verursacher von CO_2, will beispielsweise den Höhepunkt seiner Emissionen erst 2030 erreichen und baut jetzt noch jede Menge neue Kohlekraftwerke. Viele Länder Afrikas haben noch gar nicht begonnen, sich zu industrialisieren. Ich gehe aber davon aus, dass sich der Anstieg des weltweiten CO_2-Ausstoßes in den nächsten Jahrzehnten zumindest etwas abflachen wird, weil die neuen Technologien auf der Basis der Erneuerbaren Energien eine immer größere Rolle spielen werden. Aber auch in diesem Fall würde sich der atmosphärische CO_2-Gehalt stark erhöhen. Damit wächst die Gefahr, dass weitere verstärkende Prozesse ins Spiel kommen und sich die Erwärmungsrate sogar noch beschleunigt, etwa durch das Auftauen des Permafrosts auf den Landregionen mit der Freisetzung zusätzlicher großer Mengen Treibhausgase oder durch eine signifikante Abnahme der Effizienz der natürlichen CO_2-Senken.

Die Arbeitsgruppe I des Weltklimarats hat 2021 die neuesten Berechnungen zur künftigen Klimaentwicklung vorgestellt, wobei verschiedene denkbare Szenarien angenommen wurden. In einem „Weiter so wie bisher"-Szenario (SSP5-8.5),[92] das man als den „Worst Case"[93] verstehen kann, wird angenommen, dass sich die CO_2-Emissionen bis zum Ende des Jahrhunderts gegenüber heute noch einmal in etwa verdreifachen. Die Methan- und die Lachgasemissionen würden ebenfalls ansteigen, wenngleich mit einer relativ geringen Rate, während aus Gründen der Luftreinhaltung der Ausstoß der kühlenden Schwefelaerosole deutlich zurückgehen würde.[94] Es wurden allerdings auch optimistische Szenarien mit ab jetzt schnell sinkenden CO_2-Emissionen durchgespielt.

Die Schlussfolgerung aus den Simulationen des Weltklimarats ist eindeutig: Das Einhalten der Pariser Klimaziele wäre nur noch durch drastische Senkungen des weltweiten CO_2-Ausstoßes zu gewährleisten, die umgehend eingeleitet werden müssten. Um die Temperatur auf deutlich unter 2 Grad Celsius oder sogar auf 1,5 Grad Celsius zu begrenzen, wie es in dem Abkommen heißt, müssten die CO_2-Emissionen bis zur Mitte des Jahrhunderts auf null sinken und danach sogar negativ werden, man müsste also mehr CO_2 aus der Atmosphäre entfernen, als man in sie ausstößt – man spricht hier von negativen Emissionen. Die von den Klimamodellen gegen Ende des 21. Jahrhunderts simulierten globalen Erwärmungen, gemittelt über die Jahre 2080 bis 2100, liegen unter Annahme des „Worst Case" im Bereich von 3,3 bis 5,7 Grad Celsius über denen von 1850 bis 1900. Das wäre ein Temperaturanstieg, der in etwa dem von der letzten Eiszeit vor etwa 20 000 Jahren in die gegenwärtige Warmzeit entspricht oder mehr, und dies in nur rund einem Jahrhundert. So ein Anstieg würde das Klima auf der Erde radikal verändern und die Natur unter einen Anpassungsdruck setzen, dem viele Ökosysteme kaum standhalten dürften. So würden wir ein nie dagewesenes Wald- oder Korallensterben erleben.

Gestatten Sie mir eine Bemerkung zu den negativen Emissionen. Die Simulationen mögen den Eindruck erwecken, als ob das 2-Grad-Ziel leicht zu erreichen sei. Doch das wäre ein großes Missverständnis. Denn in den entsprechenden Szenarien sind bereits negative Emissionen enthalten. Damit wird implizit davon ausgegangen, dass in einigen Jahrzehnten technologische Möglichkeiten zur Verfügung stehen, um große Mengen an Treibhausgasen wieder aus der Atmosphäre zurückholen, und zwar mehr, als in sie emittiert wird. Nur gibt es diese Technologien bislang gar nicht. Ohne die negativen Emissionen ist die Welt tatsächlich auf einem Kurs, der eine globale Erwärmung von etwa 3 Grad Celsius bedeuten würde. Die Menschen sind also schon längst eine Wette auf die Zukunft eingegangen. Außerdem könnten die Verfahren zur Entfernung von CO_2 aus der Atmosphäre andere gewaltige Umweltprobleme verursachen.

Schauen wir uns die möglichen Anstiege der Meeresspiegel bis zum Jahr 2300 an. Wählt man ein sehr optimistisches Szenario (SSP1-2.6), bei dem die globale Erwärmung unter 2 Grad Celsius bleibt, würde das bis 2300 eine Erhöhung der Meeresspiegel in der Größenordnung von „nur" etwa zwei Metern zur Folge haben. Im „Worst Case"-Szenario, bei dem die globale Temperatur auf mehr als 5 Grad Celsius anwachsen könnte, stiegen die Meeresspiegel bis 2300 global um etwa vier Meter, wobei in beiden Szenarien die größten Anstiege erst nach 2100 stattfinden würden. Erwähnenswert sind die großen Unsicherheitsbereiche. So kann die Wissenschaft nicht ausschließen, dass sich die Meeresspiegel im schlimmsten Fall sogar um bis zu 15 Meter bis 2300 erhöhen könnten. Selbst bis 2100 wären Anstiege von fast zwei Metern möglich.

Die kontinentalen Eismassen ragen an einigen Stellen ins Meer. Ziehen sich diese sogenannten Schelfeise zurück, kann sich der Eisabfluss ins Meer beschleunigen und mit ihm der Meeresspiegelanstieg. Besonders große Beiträge zum Meeresspiegelanstieg wären durch die marine Eisschildinstabilität möglich. Vielleicht hat dieser Vorgang schon eingesetzt, etwa in der Westantarktis. In großen Teilen der Westantarktis befindet sich der Boden, auf dem die Eismassen liegen, unterhalb des

Meeresspiegels, und der Boden ist zum Inneren des Kontinents hin abschüssig. Beginnt die sogenannte Aufsetzlinie, d.h. die Stelle, ab der das Gletschereis ins Meer ragt und aufschwimmt, infolge von Schmelzprozessen an der Aufsetzlinie oder eines Anstiegs des Meeresspiegels nach hinten zu wandern, setzt ein Teufelskreis ein. Durch den zum Landesinneren hin abschüssigen Boden wird das auf dem Wasser aufliegende Eis dicker. Dadurch ist mehr Eis dem warmen Meerwasser ausgesetzt, es wird unterspült und kann abbrechen. Damit kann sich die Aufsetzlinie noch weiter nach hinten verschieben, und ein sich selbst verstärkender Prozess kommt in Gang.

Abschließend noch ein Wort zur Trägheit des Klimasystems, das aus ganz unterschiedlichen Komponenten besteht. Der langsame Transport von Wärme in die Ozeane und die trägen kontinentalen Eisschilde bedeuten, dass sehr lange Zeiträume erforderlich sind, um ein neues Gleichgewicht des Klimasystems zu erreichen. Gerade die Meeresspiegel sind ein Beispiel dafür. Sie verdeutlichen auch, wie sich einige Klimaparameter zunächst nur ganz allmählich verändern – die derzeitige Anstiegsrate der Meeresspiegel beträgt global ungefähr 3,5 Millimeter pro Jahr – und sich dann die Veränderungen enorm beschleunigen können. Ohne Klimaschutz würde der Anstieg der Meeresspiegel innerhalb der nächsten Jahrhunderte noch dramatische Ausmaße annehmen und viele Küstenstädte überschwemmen sowie ganze Inselstaaten von der Landkarte verschwinden lassen, was Hunderte Millionen Menschen betreffen würde. Ein anderes Wort als „Katastrophe" will mir hierfür nicht einfallen.

Die Grenzen der Vorhersagbarkeit

Die Fachwelt ist sich einig, es muss schnell und radikal gehandelt werden, damit das Klima nicht vollends außer Rand und Band gerät, was uns vor kaum lösbare Probleme stellen würde.

Das wird vielleicht nicht überall so gesehen, viele Akteure in Politik und Wirtschaft glauben in der Tat, dass wir noch Zeit haben. Wir sollten bei der Debatte über die Notwendigkeit von schnellen Klimaschutzmaßnahmen drei Punkte auf keinen Fall außer Acht lassen. Es gibt Grenzen der Vorhersagbarkeit, Grenzen der Anpassungsfähigkeit und Grenzen der Finanzierbarkeit.

Beginnen wir mit den Grenzen der Vorhersagbarkeit. Obwohl die Klimaforschung in den letzten Jahrzehnten erhebliche Fortschritte gemacht und die großräumige dreidimensionale und jahreszeitliche Entwicklung des Temperaturanstiegs in der Atmosphäre und in den Ozeanen schon vor über 30 Jahren korrekt vorhergesagt hat, wofür zwei Klimaforscher mit dem Physiknobelpreis 2021 ausgezeichnet wurden,[95] kann die Wissenschaft trotz alledem nicht mit großer Sicherheit prognostizieren, wie die Welt in allen Einzelheiten aussehen würde, wenn die Menschen eine ungebremste globale Erwärmung zuließen. Es wird Überraschungen geben, Veränderungen, mit denen man in der Wissenschaft nicht gerechnet hat, so wie das Ozonloch über der Antarktis. Das Erdsystem ist einfach viel zu komplex. Es gibt uns immer wieder neue Rätsel auf. Insofern führen die Menschen in gewisser Weise ein Experiment planetaren Ausmaßes aus, von dem sie nicht genau wissen, wie es ausgehen wird. Die Menschheit spielt mit dem Feuer, wenn sie alles so wie bisher weiterlaufen lässt, sprich den Ausstoß von Treibhausgasen, die die Erdoberfläche und die unteren Luftschichten erwärmen,[96] allen voran die Emissionen von CO_2, in den kommenden Jahren nicht stark verringert. Die globale Erwärmung an der Erdoberfläche hat wegen des unglaublich schnellen Anstiegs des CO_2-Gehalts der Atmosphäre, der seit Jahrmillionen einmalig ist, inzwischen eine Dynamik entwickelt, die eine schnelle Rückführung der weltweiten Treibhausgasemissionen zwingend erforderlich macht, um eine Überhitzung der Erde zu vermeiden.

Ich vermute, ohne es allerdings beweisen zu können, dass wir uns immer noch im linearen Bereich befinden, in dem die klimatischen Veränderungen einigermaßen gut vorhersagbar sind. So erwarte ich, dass die globale Temperatur in den nächsten zwei bis drei Jahrzehnten mit einer Rate steigen wird, die in etwa derjenigen der letzten Jahrzehnte entspricht. Andererseits gehe ich aber auch davon aus, dass wir bei gleichbleibenden oder gar steigenden Treibhausgasemissionen noch in diesem Jahrhundert, vielleicht schon gegen dessen Mitte, in den nichtlinearen Bereich vordingen werden, in dem Entwicklungen nur noch recht schwer oder gar nicht mehr vorherzusagen sind, selbst über vergleichsweise kurze Zeiträume. Eine deutlich höhere Erwärmungsrate, abrupte regionale Klimaveränderungen oder der Kollaps von Ökosystemen, ausgelöst durch das Überschreiten von Kipppunkten, wären wahrscheinlich; es könnten aber auch Ereignisse eintreten, über die wir überhaupt noch nicht nachgedacht haben.

Eventuell würden Extremereignisse auftreten, deren Intensität und Dauer man sich heute überhaupt nicht vorstellen kann. Ich denke hier zum Beispiel an sich verstärkende Hurrikane, mit Windstärken und Niederschlägen, die weit über die bisherigen Maximalwerte hinausgehen. Ob und wenn ja wann dies der Fall wäre, also bei welcher globalen Erwärmung solche Extremereignisse eintreten würden, kann die Wissenschaft nicht beantworten. Das sind aber gerade die Fragen, die für die Gesellschaften von elementarer Bedeutung sind. Hatten wir nicht im Februar 2022 auf der Isle of Wight mit 196 km/h die höchste jemals gemessene Windgeschwindigkeit in Großbritannien? Ob das Ereignis mit der globalen Erwärmung in Zusammenhang steht, kann heute noch nicht beantwortet werden. Wenn es um Wetterphänomene und deren Veränderungen geht, werden wir immer ein Stück weit an die Grenzen der Vorhersagbarkeit stoßen.

Das gilt auch für andere Bereiche wie etwa den zukünftigen Anstieg der Meeresspiegel. Die Rate des Anstiegs in diesem und in den darauffolgenden Jahrhunderten kann nicht sicher vorausberechnet werden, selbst wenn wir wüssten, wie sich die Treibhausgasemissionen entwickeln, wie wir oben gesehen haben. In der Tat gibt es bezüglich der Meeresspiegel eine sehr große Unsicherheit, was den globalen Mittelwert angeht und vor allem die Unterschiede zwischen den Küsten. Wir müssen mit der Unsicherheit leben. Dass es Grenzen der Vorhersagbarkeit gibt, kann aber kein Grund dafür sein, nicht alle Anstrengungen zu unternehmen, um die globale Erwärmung auf niedrigem Niveau zu begrenzen. Ganz im Gegenteil! Wir müssen das Undenkbare denken und danach handeln. Das lehren uns die letzten Jahre, wo wir immer wieder von extremen Wetterereignissen überrascht worden sind.

An dieser Stelle möchte ich mit Ihnen eine Beobachtung teilen, die mich etwas beunruhigt. 2021 hatte sich wie auch schon 2020 überraschenderweise über der Antarktis ein außergewöhnlich großes Ozonloch aufgetan. Mitte September 2021 war das Ozonloch bereits größer als der gesamte antarktische Kontinent und hatte die Größe von 75 Prozent aller seit 1979 gemessenen Ozonlöcher übertroffen.[97] Das Montrealer Protokoll zum Schutz der Ozonschicht, das 1987 von der Staatengemeinschaft beschlossen wurde, wird häufig als große Erfolgsgeschichte im Kampf gegen die vom Menschen verursachte Umweltzerstörung bezeichnet.[98] Das Abkommen verbietet die schädlichen Fluorchlorkohlenwasserstoffe (FCKW) und andere Stoffe, die dafür bekannt sind, die schützende Ozonschicht in der Stratosphäre zu zerstören. Die Ozonschicht absorbiert die für Lebewesen schädliche ultraviolette (UV) Strahlung der Sonne, weswegen ihr Schutz so fundamental ist. Seit Inkrafttreten des Protokolls haben sich die Konzentrationen der ozonzerstörenden Stoffe in der Stratosphäre stabilisiert und gehen langsam zurück, was die Grundlage für eine allmähliche Erholung der Ozonschicht bildet. Es sah alles danach aus, als würde das Ozonloch seit dem Beginn dieses Jahrhunderts kontinuierlich kleiner werden.

Haben wir die Rechnung ohne den Wirt gemacht? Wegen ihrer langen Verweildauer werden FCKWs noch für Jahrzehnte in der Atmosphäre bleiben. Der sich verschärfende Klimawandel könnte die Erholung der Ozonschicht bremsen. Das liegt daran, dass sich die Stratosphäre durch den Anstieg der Treibhausgase abkühlt, während sich die Erdoberfläche und die unteren Luftschichten erwärmen, ein Sachverhalt, der von den Klimamodellen seit vielen Jahren vorhersagt worden ist und von den Satellitenbeobachtungen während der letzten Jahrzehnte bestätigt wird. Kältere Temperaturen in der Stratosphäre begünstigen den Ozonabbau, wenn sich dort noch FCKWs befinden. Kühlt sich die Stratosphäre weiter ab, weil sich mehr Treibhausgase in der Atmosphäre befinden, wovon in den kommenden Jahren auszugehen ist, würde dies also der Erholung der Ozonschicht entgegenwirken. Alleine wegen der potenziellen Gefährdung der Ozonschicht wäre eine Begrenzung der globalen Erwärmung dringend geboten. Ob die besonders großen Ozonlöcher 2020 und 2021 tatsächlich schon auf die Abkühlung der Stratosphäre zurückgehen, bleibt vor dem Hintergrund der großen zwischenjährlichen natürlichen Variabilität der Atmosphäre abzuwarten. Aus zwei Jahren kann man nicht auf einen langfristigen Trend schließen, was sich von selbst versteht. Trotzdem, Vorsicht ist die Mutter der Porzellankiste.

Die Grenzen der Anpassungsfähigkeit

Zweitens: Es gibt Grenzen der Anpassungsfähigkeit. Dazu ist eigentlich nicht mehr viel zu sagen. Wir erleben immer häufiger extreme Wetterereignisse, denen wir praktisch hilflos ausgeliefert sind. Schon längst sind die Gesellschaften nicht mehr an das sich rasch verändernde Klima angepasst, was sich in den nächsten Jahren und Jahrzehnten noch viel deutlicher zeigen wird, denn die globale Erwärmung wird weiter voranschreiten und sich auch beschleunigen, wenn nicht schnell gehandelt wird. Infrastruktur wie Gebäude, Straßen, Bahngleise, Brücken oder Leitungen werden in diesem Fall noch häufiger zum Spielball der entfesselten Naturgewalten, als es ohnehin schon der Fall ist. Die Natur wird sich in irgendeiner Art und Weise an ein wilderes Klima anpassen können, auch wenn der Planet dann wohl ziemlich anders aussehen dürfte. Die Menschen aber werden Probleme bekommen, weil sie sich in einem relativ stabilen Klima eingerichtet haben.

Wenn ich mir anschaue, mit welchen extremen Wettersituationen wir es in den letzten Jahren schon zu tun gehabt haben, frage ich mich, wie sich die Menschheit überhaupt an einen immer weiter fortschreitenden Klimawandel anpassen will. Ich werde oft danach gefragt, welche Vorsorgemaßnahmen wir jetzt einleiten sollten, falls wir es nicht schaffen, die Pariser Klimaziele einzuhalten. Aus meiner Sicht ist eine Anpassung zumindest in einigen Teilen der Erde kaum oder überhaupt nicht möglich. Wie soll eine ertragreiche Landwirtschaft funktionieren, wenn es in der Region während der Wachstumsperiode so gut wie nicht mehr regnet? Wie will man sich an langanhaltende Hitzewellen mit einer extremen Trockenheit anpassen, die Brände außer Kontrolle geraten lassen wie die Brände im Juli und August 2021 im Mittelmeerraum? Vielleicht erinnern Sie sich noch an die schrecklichen Bilder aus der Türkei, aus Griechenland und Algerien. Bei extrem heißen Temperaturen erhöht sich die Verdunstung sprunghaft. Das kann die Böden so weit austrocknen lassen, dass sie gar kein Wasser mehr in den oberen Schichten führen, was die Temperaturen noch mehr steigen lässt und wie ein Brandbeschleuniger wirkt. Unter solchen Bedingungen genügt jeder Funke, einen Brand zu entfachen, der sich rasend schnell ausbreiten kann.

Und nach den Bränden im Mittelmeerraum dauerte es nicht lange bis zum nächsten extremen Wetterereignis. Anfang Oktober desselben Jahres führten die historischen Regenmengen in den Südalpen zu katastrophalen Verhältnissen. Spitzenreiter war die Station Rossoglione nördlich von Genua, an der innerhalb von 24 Stunden sage und schreibe 848 Liter auf den Quadratmeter gemessen wurden, davon allein 700 Liter auf den Quadratmeter innerhalb von nur zwölf Stunden. Das entspricht in etwa der Regenmenge, die in Deutschland durchschnittlich in einem ganzen Jahr fällt. Eine Anpassung an derartige Regenmassen stellt eine riesengroße Herausforderung dar und ist kaum möglich. Bitte verstehen Sie mich aber bitte nicht falsch. Klimaanpassung muss sein, darüber kann es keinen Dissens geben. Ich gehe aber davon aus, dass eine Anpassung nur zu einem bestimmten Grad möglich sein wird und wir bei einer zu starken globalen Erwärmung an die Grenzen der Anpassungsfähigkeit stoßen werden.

Und auch der menschliche Körper kann sich nicht an ein extrem warmes Klima anpassen. Wie will man sich, frage ich Sie, an Temperaturen von weit über 40 Grad Celsius anpassen, die an die 50 Grad Celsius heranreichen oder in den nächsten Jahren vielleicht noch über die 50-Grad-Marke steigen? Der menschliche Körper ist dafür nicht geschaffen. Der Klimawandel ist zuallererst eben auch ein enormes Gesundheitsrisiko, worin ein bisher wenig beachteter Aspekt in der Debatte über die globale Erwärmung besteht. Schon länger warnt die Weltgesundheitsorganisation (WHO) vor einer medizinischen Katastrophe durch den Klimawandel. In einem offenen Brief, der kurz vor Beginn der 26. Weltklimakonferenz veröffentlicht wurde, die in Glasgow im Herbst 2021 stattgefunden hat, heißt es: „Die Verbrennung fossiler Brennstoffe bringt uns um. Der Klimawandel ist die größte Gesundheitsbedrohung für die Menschheit. Niemand ist vor den gesundheitlichen Auswirkungen des Klimawandels sicher, aber die Schwächsten und Benachteiligten sind unverhältnismäßig stark betroffen." Der Klimawandel ist aus diesem Grund auch eine Frage der Gerechtigkeit. Und weiter heißt es in dem offenen Brief: „Wetter- und Klimaveränderungen bedrohen die Ernährungssicherheit und treiben durch Lebensmittel, Wasser und Vektoren[99] übertragene Krankheiten wie Malaria in die Höhe, wobei sich die Klimafolgen auch negativ auf die psychische Gesundheit auswirken."[100] Die Folgen auf die Psyche kann man kaum ermessen, etwa das Leid der Menschen im Ahrtal, die durch die Rekordflut im Juli 2021 ganz besonders betroffen waren, Verwandte, Freunde oder Bekannte wie auch ihr ganzes Hab und Gut verloren haben und jetzt vor dem Nichts stehen, was für diese Menschen eine unglaubliche Belastung bedeuten muss.

Die Grenzen der Finanzierbarkeit

Und schließlich, drittens: Es gibt Grenzen der Finanzierbarkeit. Die immensen wirtschaftlichen Schäden durch den Klimawandel und die jährlichen finanziellen Aufwendungen für Anpassungsmaßnahmen wie den Hochwasserschutz im Binnenland oder den Deichbau an den Küsten gehen bei uns in Deutschland schon in die Milliarden, und sie werden weiter steigen. Der *Stern Report*[101] hat dazu 2006 neue Erkenntnisse geliefert und der Weltpolitik die ökonomische Dimension des Klimawandels deutlich gemacht, auch wenn die zukünftigen Klimaschäden nicht sicher zu kalkulieren sind. Dazu kommen die finanziellen Hilfen, um zum Beispiel wetterbedingte Ausfälle in der Land- oder Forstwirtschaft abzumildern, oder für Wiederaufbaumaßnahmen nach Extremwetterereignissen. Ich fürchte, dass der Staat die Kosten durch die Klimaschäden sehr bald nicht mehr schultern können wird, und ich mag mir nicht ausmalen, was das für die Stabilität unserer Gesellschaft bedeutet. Noch können sich die Menschen in Deutschland darauf verlassen, dass der Staat ihnen im Katastrophenfall hilft. Die wirtschaftlichen Schäden durch den Klimawandel sind immens und steigen Jahr für Jahr. Allein der Aufbaufonds der Bundesregierung nach der Flutkatastrophe 2021 beläuft sich auf 30 Milliarden Euro.

Wobei sich Deutschland immer noch in einer recht komfortablen Lage befindet. Denn trotz der vielen Extremwetterereignisse und der gewaltigen Schäden können die Menschen zumindest gegenwärtig darauf vertrauen, dass ihnen finanziell geholfen wird. Aber wie lange werden hierzulande die staatlichen Hilfen nach Wetterkatastrophen noch fließen? Ich weiß es nicht. Vielleicht gar nicht mehr so lange. In Großbritannien hat man unlängst die Konsequenzen aus dem klimabedingten Anstieg der Meeresspiegel gezogen. Das Dorf Fairbourne an der walisischen Küste ist eine von den steigenden Pegeln am meisten bedrohte Gemeinde im Vereinigten Königreich. In 30 Jahren werde der Schutz des Dorfes zu teuer, heißt es nun gegenüber der Gemeinde von staatlicher Stelle. Die Menschen sollten sich frühzeitig nach einer neuen Heimat umsehen. Damit werden die 1200 Einwohner von Fairbourne in den kommenden Jahren ebenfalls zu den Klimaflüchtlingen gehören, so wie viele Millionen Menschen in anderen Gegenden der Welt, die ebenfalls ihr Zuhause verlassen werden müssen oder schon verlassen haben. Es wird, fürchte ich, neben der Klimakrise in naher Zukunft weitere Krisen wegen des Mangels an Nachhaltigkeit geben, die uns recht schnell an die Grenzen der Finanzierbarkeit führen. Wie die anhaltende Corona-Pandemie. Die Pandemie und die globalen Umweltveränderungen sind auf mehreren Ebenen eng miteinander verwoben, wobei der Klimawandel sicherlich auch eine Rolle spielt.[102]

Deswegen ärgere ich mich maßlos, wenn in der Diskussion über die Notwendigkeit von Klimaschutzmaßnahmen immer wieder Stimmen laut werden, nach denen es doch „vernünftiger" wäre, weil weniger teuer, sich einfach anzupassen, anstatt die notwendigen Schritte zur Begrenzung der globalen Erwärmung zu gehen, sprich die Treibhausgasemissionen zu senken. Das kommt einer Verhöhnung der bisherigen Opfer des Klimawandels gleich und ist respektlos gegenüber den armen Ländern, die am stärksten unter der globalen Erwärmung leiden und kaum die Möglichkeiten zu einer Anpassung haben, weder finanziell noch technologisch. Die globale Erwärmung weiterlaufen zu lassen, ohne sich gegen sie zu stemmen, wäre gegenüber den zukünftigen Generationen ohnehin nicht zulässig, weil deren Einverständnis nicht eingeholt werden kann. Sie werden mir sicherlich zustimmen, dass die Menschen, die noch nicht geboren sind, mit Sicherheit mit einem „Weiter so wie bisher" nicht einverstanden wären. Die Klimafrage ist deswegen zuallererst auch eine Frage der Gerechtigkeit, zwischen den Ländern, zwischen Arm und Reich und zwischen den Generationen.

Wohin wir steuern – Die kulturelle Revolution

Warnsignale

Die Warnsignale für eine nahende Klimakatastrophe sind unübersehbar, was auch ein Land wie Deutschland zu spüren bekommt. Inzwischen sehen wir uns hierzulande mit Extremwettersituationen konfrontiert, die noch vor ein paar Jahren als undenkbar galten. Der Hitzesommer 2018, der Allzeitrekord der Temperatur 2019 mit 41,2 Grad Celsius oder die Flutkatastrophe im Juli 2021 im Westen und Südwesten mit mehr als 180 Todesopfern und all die anderen Hitzewellen und Flutkatastrophen in unserem Land während der letzten Jahrzehnte zeigen, dass der Klimawandel mit seinen negativen Auswirkungen auf das Wettergeschehen auch bei uns in Deutschland längst angekommen ist. Die Zerstörungen durch die Extremwetterereignisse werden zusehends größer und mit ihnen die finanziellen Aufwendungen zur Abmilderung oder Beseitigung der Schäden wie auch die Mittel für die Anpassungsmaßnahmen an das, was an klimatischen Veränderungen gar nicht mehr zu vermeiden ist, wie die steigenden Meeresspiegel, die alle Küsten der Welt bedrohen und uns in Deutschland dazu zwingen, die Deiche an Nord- und Ostsee zu erhöhen.

Wir hatten in den letzten Jahren schon mit so vielen extremen Wetterereignissen zu kämpfen, wo immer sie auch aufgetreten sein mögen, die darauf hingedeutet haben, dass sich die Menschheit mit ihrer Art und Weise, auf der Erde zu leben, in die Irre begeben hat. Sicher, Naturkatastrophen wie Hurrikane, Erdbeben oder Vulkanausbrüche gehören zu unserem rastlosen Planeten dazu, der ständig in Bewegung ist. Nicht alles, was auf der Erde geschieht, kann von uns Menschen beeinflusst werden. Wer wollte das bestreiten? So sind Vulkanausbrüche oder

Erdbeben natürliche Ereignisse, mit denen wir leben müssen, wie uns 2021 der Ausbruch des Vulkans Cumbre Vieja auf der Kanareninsel La Palma vor Augen führte, der monatelang Lava gespien hatte. Die Zunahme von wetterbedingten Katastrophen während der letzten Jahrzehnte allerdings ist eindeutig auf die Menschen zurückzuführen. Darin ist sich die Wissenschaft einig. Und auch darin, dass die Extremwetterereignisse in der Zukunft bei weiter steigenden Temperaturen noch häufiger auftreten und einige sich auch intensivieren werden.

Das Tragische an der Klimakrise ist, dass es das Basiswissen über die naturwissenschaftlichen Zusammenhänge rund um die globale Erwärmung seit langer Zeit gibt. Deswegen hätte es gar nicht so weit kommen müssen, dass wir uns heute ernsthaft Gedanken über den Zustand des Weltklimas und damit über unsere Zukunft machen müssen. Wenn wir schon vor Jahrzenten damit begonnen hätten, die Treibhausgase zu verringern, sagen wir 1990 mit dem Erscheinen des ersten Sachstandsberichts des Weltklimarats,[103] wäre die Herausforderung wesentlich kleiner als diejenige, vor der wir heute stehen, um das Klima nicht gänzlich aus dem Ruder laufen zu lassen. Die Menschheit steht jetzt schon in Bezug auf das Klima dicht am Abgrund, auch wenn dies nicht überall so gesehen werden mag, schon gar nicht auf den alljährlich stattfindenden Weltklimakonferenzen oder in Kreisen der Wirtschaft, wenn man die bisherigen Ergebnisse betrachtet. Denn global steigen die Treibhausgasemissionen unvermindert. Nur an den Emissionen kann man die Anstrengungen zum Klimaschutz objektiv bewerten. Worte zählen nicht.

Verdrängung

Scheinbar zu große Probleme werden von den Menschen gerne verdrängt. Und beim Klimaproblem ist die Verdrängung so offensichtlich wie bei kaum einem anderen globalen Umweltproblem. Seit Jahrzehnten, genau genommen seit mehr als 100 Jahren, verschließt die Welt die Augen vor dem Problem und versucht es irgendwie auszusitzen. Die sich während der letzten Jahre häufenden und auch intensivierenden extremen Wetterereignisse sind, wie ich oben beschrieben habe, nicht plötzlich über uns hereingebrochen. Forschende auf der ganzen Welt haben das Unheil durch Starkregen, Hitzewellen oder Trockenheit seit vielen Jahren kommen sehen. Sie haben es die Welt auch wissen lassen, was anhand der zahlreichen Medienberichte über die einschlägigen wissenschaftlichen Studien belegt ist, nicht zuletzt durch die regelmäßigen Berichte des Weltklimarats.

Die deutsche Politik war sich schon vor ungefähr drei Jahrzehnten der ungeheuren Bedrohung durch den Klimawandel bewusst.[104] Im Vorwort des Abschlussberichts der Enquete-Kommission *Schutz der Erdatmosphäre* des Deutschen Bundestages aus dem Jahr 1994 ist zu lesen: „Setzen sich sowohl diese CO_2-Emissionen als auch die Emissionen der anderen klimarelevanten Spurengase ungebrochen fort, so wird im globalen Mittel die Temperatur bis zum Ende des nächsten Jahrhunderts um 3 ± 1,5 °C steigen. Dies wird in der internationalen Wissenschaft nicht mehr in Frage gestellt. Ebenso sicher sind sich die Wissenschaftler darüber, daß eine Temperaturerhöhung Klimaveränderungen nach sich ziehen wird. Zu erwarten sind hierbei Änderungen der Niederschlagsverteilung, Verschiebung von Klima- und Vegetationszonen, Degradationserscheinungen von Böden und die Verschlechterung der Welternährung, um hier nur einige Beispiele zu nennen."

Politikerinnen und Politiker weltweit haben die ihnen seit nunmehr Jahrzehnten vorliegenden Erkenntnisse der Klimawissenschaften entweder ignoriert, nicht ernst genommen oder aus ihnen nicht die nötigen Schlüsse gezogen. Nach wie vor verweigern sie sich einem ambitionierten Klimaschutz und sind bestenfalls zu einer Light-Version bereit. Es ist jedoch nicht die Politik allein, die sich dem Klimaschutz entgegenstellt. Wir Menschen insgesamt verhalten uns in gewisser Weise wie die berühmten drei Affen: „Nichts sehen, nichts hören, nichts sagen." Das gilt jedenfalls für große Teile der Gesellschaften. Und darum steigen die weltweiten Treibhausgasemissionen immer noch. Das wird nicht mehr lange so weitergehen können. Die Menschheit wird durch den voranschreitenden Klimawandel von einer Krise in die nächste stürzen. Wie verletzlich die menschliche Zivilisation ist, zeigt uns gerade die Corona-Krise. Die Klimakrise ist viel größer, nur verdrängen wir diesen Sachverhalt. Der *Global Risks Report* untersucht die Wahrnehmung globaler Risiken durch Risikoexperten und weltweit führende Vertreter aus Wirtschaft, Regierungen und Zivilgesellschaft. Im *Global Risks Report 2022* heißt es: „Langfristig (5–10 Jahre) bleibt das Scheitern von Klimamaßnahmen das größte Problem, gefolgt von extremen Wetterbedingungen und dem Verlust der biologischen Vielfalt."[105]

In Deutschland haben wir uns sehr lange vor den Folgen des Klimawandels in Sicherheit gewähnt. Katastrophale Auswirkungen von Unwettern mit vielen Todesopfern würden nur weit von uns entfernt stattfinden, etwa dort, wo die zerstörerischen tropischen Wirbelstürme auftreten, die man je nach Region als Hurrikane, Taifune oder Zyklone bezeichnet. So hatte der Hurrikan Katrina 2005 im amerikanischen New Orleans mehr als 1800 Menschenleben gekostet. Die Flut in Pakistan 2010 kostete fast ebenso vielen Menschen das Leben. Jetzt müssen wir feststellen, dass verheerende Unwetter mit Zerstörungen ungekannten Ausmaßes und mit vielen Toten auch Deutschland treffen können. Der Klimawandel besitzt ein enormes Gefahrenpotenzial, und dies überall auf der Welt. Er darf in keiner Weise verharmlost werden. Sicher, man kann trefflich darüber streiten, welchen Anteil die globale Erwärmung im Einzelfall an einem Extremwetterereignis gehabt haben mag. Doch solche Diskussion sind sinnlos, sie werden nie zu einem abschließenden Ergebnis führen und dürfen kein Grund dafür sein, Klimaschutz auf die lange Bank zu schieben. Tatsache ist, dass die Wahrscheinlichkeit für das Auftreten extremer Wetterereignisse in einer wärmeren Welt steigt. Die letzten Jahre haben uns gelehrt, dass wir davor nicht länger die Augen verschließen können.

Deutschland ist nicht erst seit der Juli-Flut 2021 von extremen Wetterereignissen betroffen. Erinnern Sie sich noch an den Hitzesommer 2018? Der früh im Jahr begonnen hatte, nicht enden wollte und mit einer noch nie dagewesenen Trockenheit einherging. Der Sommer 2018 war Teil einer längerfristigen Entwicklung. In den letzten Jahrzehnten haben in Deutschland vierzehntägige Hitzewellen mit einer mittleren Tageshöchsttemperatur von mindestens 30 Grad Celsius, die man als markante Hitzewellen[106] bezeichnet, erheblich zugenommen. In Hamburg hat es diese Ereignisse vor den 1990er Jahren überhaupt nicht gegeben, in München nicht vor den 1980er Jahren, und in anderen deutschen Großstädten wie Berlin oder Frankfurt am Main haben sie deutlich zugenommen. Im Juli 2019 gab es in Deutschland mit 41,2 Grad Celsius einen neuen Allzeittemperaturrekord, der an den Wetterstationen Duisburg-Baerl und Tönisvorst des Deutschen Wetterdiensts im Westen der Republik gemessen wurde. So hoch war die Temperatur in Deutschland seit Beginn der Messungen 1881 noch nie gestiegen.[107] Die sehr unterschiedlichen Wetterextreme der letzten Jahre, die von Hitzewellen mit großer Trockenheit bis Starkregen reichen, werden von nicht wenigen Menschen als widersprüchlich wahrgenommen, weswegen sie den Ergebnissen der Klimaforschung nicht trauen.

Für uns Wissenschaftler ist das alles logisch, wie ich oben ausgeführt habe, als wir uns eingehend mit dem Einfluss der globalen Erwärmung auf die Wetterextreme beschäftigt haben. Die einzelnen Puzzleteile fügen sich zu einem Bild zusammen. Extrem hohe Temperaturen mit Dürre und Rekordniederschläge sind zwei Seiten ein und derselben Medaille, und diese Medaille heißt globale Erwärmung. Der Titel meines ersten Buches aus dem Jahr 2003 lautete *Hitzerekorde und Jahrhundertflut*.[108] Schon damals war es in der Wissenschaft völlig klar, dass sich die Wetterextreme in allen Regionen der Erde wegen der globalen Erwärmung häufen werden. Im Klappentext des Buches heißt es: „Die radikalste Klimaveränderung der Menschheitsgeschichte naht … Flutkatastrophen, heftige Gewitter und tropische Temperaturen in Deutschland – die jüngsten Wetterextreme haben uns nachdrücklich vor Augen geführt, dass wir rund um den Globus mit den Auswirkungen eines weitgehend vom Menschen verursachten Klimawandels konfrontiert werden. Und die Wetterprognosen für die Zukunft verheißen nichts Gutes."

Bitte verstehen Sie es nicht als Eigenlob, liebe Leserinnen und Leser, wenn ich an mein Buch von 2003 erinnere. Mit dem Hinweis möchte ich nur verdeutlichen, dass wir schon lange kein Erkenntnisproblem mehr haben, nicht in der Politik, nicht in der Wirtschaft und schon gar nicht in der Wissenschaft. Wir wissen seit vielen Jahren, dass die globale Erwärmung das Entstehen von Wetterextremen fördert, weswegen sie in jüngerer Zeit häufiger aufgetreten sind als noch beispielsweise Mitte des letzten Jahrhunderts. Zudem besitzt die globale Erwärmung das Potenzial, neue Wetterrekorde hervorzubringen, die die zuvor bestehenden um Längen übertreffen können, was man an den unglaublichen Temperaturrekorden der letzten Jahre ablesen kann. Und dies bedeutet wiederum, dass die Welt und selbstverständlich auch wir in Deutschland endlich Strategien entwickeln müssen, wie man sich auf die immer heftiger ausfallenden Auswirkungen des Klimawandels vorbereiten will, sofern dies im Einzelfall überhaupt möglich ist. Man muss es so deutlich sagen: Deutschland hat bisher so gut wie keine Vorkehrungen für die Anpassung an mehr und heftigere Wetterextreme getroffen. Wir zeigen uns immer wieder überrascht, wenn derlei Ereignisse eintreten, und hoffen insgeheim, dass wir von weiterem Unheil verschont bleiben.

Es gab die Hoffnung, dass Deutschland Wetterkatastrophen biblischen Ausmaßes erspart bleiben, wie sie in anderen Ländern vorher schon aufgetreten sind. Verhältnisse wie die im Ahrtal im Südwesten Deutschlands, das ganz besonders von der Flut im Juli 2021 betroffen war, schienen undenkbar. Dieses Denken war fahrlässig, wie wir jetzt feststellen müssen. Ein Beleg für unsere Sorglosigkeit zeigt sich darin, dass vielerorts die Sirenen abgebaut oder nicht instandgehalten wurden, was sich bitter gerächt hat. Die Erwärmung des Planeten wird in den nächsten Jahrzehnten weiter voranschreiten, und damit steigt auch das Risiko, von extremen Wetterereignissen heimgesucht zu werden. Komplett verhindern kann die Menschheit einen weiteren signifikanten Temperaturanstieg nicht mehr, es sei denn, sie würde ab sofort überhaupt keine Treibhausgase mehr ausstoßen, was natürlich rein hypothetisch ist. Die Menschheit kann die globale Erwärmung aber immer noch auf das im Pariser Klimaabkommen vereinbarte Maß von deutlich unter 2 Grad Celsius begrenzen und dadurch Schadensbegrenzung betreiben, so gut es eben geht. Das wäre unbedingt erforderlich, damit das Klima nicht völlig aus dem Ruder läuft und die Kosten für Klimaschäden nicht explodieren, die heute ohnehin schon immens hoch sind und in Deutschland jährlich in die Milliarden gehen.

Hand aufs Herz, liebe Leserinnen und Leser: Wer von Ihnen hat noch die schrecklichen Bilder aus Australien in Erinnerung? Als Koalas aus den lodernden Flammen gerettet werden mussten und die Millionenmetropole Sydney unter einer gigantischen Rauchwolke litt. Hunderte von Menschen starben dort allein durch eine Rauchvergiftung. Die Feuersbrunst ist noch gar nicht so lange her. Erst am 3. März 2020 waren die Buschbrände im australischen Bundesstaat New South Wales nach sage und schreibe 240 Tagen Inferno komplett gelöscht worden.[109] Anfang Februar 2020 hatte heftiger Regen eingesetzt, was der Brandbekämpfung einerseits sehr zugutegekommen war, andererseits aber zusätzliche weitreichende Schäden verursacht hatte, weil zum Beispiel Dämme ihre Kapazitätsgrenzen erreichten, überflutet wurden und in der Folge große Flächen unter Wasser gesetzt wurden. Die Bilanz des Höllenfeuers im Osten Australien, das im Juli 2019 begonnen hatte und den extrem hohen Temperaturen von bis an die 50 Grad Celsius, gepaart mit einer nie dagewesenen Trockenheit, geschuldet war: Eine Fläche halb so groß wie Deutschland war verbrannt, schätzungsweise vier Milliarden Tiere waren verendet, tausende von Häusern zerstört und unzählige Menschen traumatisiert. Und im Januar 2022 kam schon der nächste Hitzeschock, dieses Mal in Westaustralien mit einer Temperatur von 50,7 Grad Celsius.

Ein Jahrhundertereignis reiht sich ans andere, ein Wetterrekord jagt den nächsten. Braucht es noch mehr Belege dafür, dass wir heute schon mitten in der von der Menschheit verursachten globalen Erwärmung stecken, dass sie sich in den letzten Jahrzehnten gegenüber den Jahrzehnten zuvor beschleunigt hat und dass der Klimawandel gefährlich ist? Keineswegs! „Der menschliche Einfluss auf das Klimasystem ist klar", so formulierte es der Weltklimarat vor fast einem Jahrzehnt in seinem fünften Sachstandsbericht aus dem Jahr 2013.[110] In den vorangehenden Berichten hatte man es noch etwas vorsichtiger formuliert, aber die Botschaft war klar und gut zu verstehen gewesen. Im letzten, sechsten, Sachstandsbericht der Arbeitsgruppe I des Weltklimarats vom August 2021 heißt es nun: „Es ist unbestreitbar, dass der Mensch die Atmosphäre, die Ozeane und das Land erwärmt hat. Weitreichende und schnelle Veränderungen in der Atmosphäre, den Ozeanen, der Kryosphäre[111] und der Biosphäre sind eingetreten."[112] Dass Wetterextreme durch die globale Erwärmung zunehmen, ist aus wissenschaftlicher Sicht zu erwarten, anhand der Beobachtungen dokumentiert und von den Klimamodellen seit langem für den Fall steigender atmosphärischer

Treibhausgaskonzentrationen und der damit in Zusammenhang stehenden höheren Lufttemperaturen vorhergesagt worden. Im Sechsten Sachstandsbericht der Arbeitsgruppe I heißt es dazu: „Der vom Menschen verursachte Klimawandel hat bereits Auswirkungen auf viele Wetter- und Klimaextreme in allen Regionen der Welt." Man kann es nicht oft genug wiederholen: Die Menschen müssen endlich aus ihrem Winterschlaf erwachen und die Existenz des Klimawandels realisieren. Mit Verdrängung löst man keine Probleme.

Energiesysteme

Das recht kleine noch verbleibende globale CO_2-Budget für die Einhaltung der Pariser Klimaziele zeigt uns eines ganz deutlich: Etwas Kosmetik beim internationalen Klimaschutz wird bei Weitem nicht mehr ausreichen, um eine Klimakatastrophe zu verhindern. Es braucht sehr schnelle systemische Veränderungen, die beispiellos wären, wie es der Weltklimarat formuliert hat. Das dickste Brett, das die Menschen zu bohren haben, ist die Transformation der Energiesysteme. Die Nutzung der fossilen Brennstoffe zur Energiegewinnung müsste überall auf der Welt schleunigst, innerhalb weniger Jahrzehnte beendet werden. An deren Stelle sollten die Erneuerbaren Energien treten, hauptsächlich die Sonnen- und Windenergie, die auf der Erde im Überfluss vorhanden sind. Es sei an dieser Stelle ausdrücklich angemerkt, dass eine nachhaltige Energieversorgung der Welt auch ohne die Kernenergie möglich ist, auf die ich unten noch eingehen werde. Allerdings sind die Erneuerbaren Energien regional sehr unterschiedlich verteilt und zeitlich äußerst volatil. Sie so nutzbar zu machen, dass sie überall auf der Erde und zu jeder Zeit den Energiebedarf decken können, ist eine gewaltige technologische Herausforderung. Der Umbau der weltweiten Energiesysteme in die Richtung der Erneuerbaren

Energien innerhalb kurzer Zeit wäre aber sehr wohl machbar und wirtschaftlich dazu, wie schon der Wissenschaftliche Beirat der Bundesregierung Globale Umweltänderungen (WBGU) in einer Studie aus dem Jahr 2011 gezeigt hatte.[113]

Oftmals wird ins Feld geführt, dass technische Maßnahmen zur Lösung des Klimaproblems unumgänglich sind, weil die Herausforderung der Transformation des Energiesystems innerhalb weniger Jahrzehnte zu groß sei. So wird die Abscheidung von CO_2 aus Kohlekraftwerken und die anschließende Speicherung unter der Erde oder im Meeresboden diskutiert. Über diese Brücke möchte ich nicht gehen. Einerseits gibt es die technischen Lösungen noch gar nicht, in dem Sinne, dass sie wirklich sofort und im globalen Maßstab einsatzbar wären, andererseits sind die Risiken der Technologien nur unzureichend erforscht. Außerdem müsste eine völlig neue Infrastruktur geschaffen werden, die enorme Geldmengen verschlingen würde. Ich finde, das Geld wäre besser in den Wandel investiert und nicht in das Beibehalten des Status quo. Will man wirklich eine nichtzukunftsfähige Energiegewinnung künstlich am Leben erhalten und heute vielleicht noch gar nicht identifizierte Probleme, die die technischen Lösungen mit sich bringen könnten, den jungen Menschen überlassen? Die Vernunft spricht dagegen. Die Generation, die heute die Geschicke der Welt lenkt, sollte ihren Egoismus überwinden und nicht so tun, als ginge sie das Morgen nichts an.

Es führt kein Weg daran vorbei, die Verfeuerung der fossilen Brennstoffe zur Energiegewinnung zu stoppen. Nur dann werden die Menschen das noch verbleibende CO_2-Budget nicht überschreiten. Deutschland kann die CO_2-Neutralität bis zur Mitte des Jahrhunderts schaffen und sollte im Bunde mit anderen Ländern, die mitmachen möchten, vorangehen. Das wird zunächst nur ein Tropfen auf den heißen Stein sein. Die Geschichte hat aber immer wieder gezeigt, wie schnell Umbrüche erfolgen können, wenn die Dinge erst einmal ins

Rollen gekommen sind. Das erste Windrad, der Growian – der Name ist die Abkürzung für Große Windenergieanlage – ging 1983 im Dithmarscher Kaiser-Wilhelm-Koog in Betrieb.[114] Klar, damals ist vieles bei der Anlage schiefgegangen. Inzwischen gibt es aber große Fortschritte in der Nutzung der Windkraft, und heute würden wir über den Growian lachen. Die Windkraft hatte 2021 einen Anteil von 23 Prozent am deutschen Strommix, die Erneuerbaren Energien insgesamt einen Anteil von knapp 46 Prozent. Das zeigt deutlich, dass man, will man Erfolge erzielen, erst einmal mit der Umsetzung von Ideen beginnen muss.

Man kann die Erneuerbaren Energien auch später nutzen und zunächst zwischenspeichern. Unter „Power-to-X" versteht man alle Verfahren, die Grünen Strom aus Erneuerbaren Energien in chemische Energieträger zur Stromspeicherung, in strombasierte Kraftstoffe für den Verkehrssektor, in Rohstoffe für die Chemieindustrie oder in Wärme umwandeln. Power bezeichnet die über dem aktuellen Bedarf liegenden Stromüberschüsse, während X für die Energieform oder den Verwendungszweck steht. „Power-to-Gas"-Technologien sind Verfahren, um aus Strom Brenngase herzustellen wie Wasserstoff (H) oder Methan (CH_4). Als grüner Wasserstoff wird Wasserstoff bezeichnet, der durch die Elektrolyse von Wasser (H_2O) CO_2-neutral hergestellt wird. Wasserstoff ist gut speicherbar und kann über größere Entfernungen transportiert werden. Als Energieträger ist Wasserstoff vielfältig anwendbar, etwa in der Industrie bei der Stahlproduktion oder im Schwerlastverkehr, langfristig vielleicht auch im Flugverkehr.

In einem zweiten Schritt, der sogenannten Methanisierung, kann dem Wasserstoff Kohlendioxid zugeführt werden. Methan würde entstehen, also synthetisches Erdgas. So wie Wasserstoff ist auch Methan gut speicher- und transportierbar. Perfekt wäre es, wenn man das benötigte CO_2 für die Methanherstellung aus der Luft gewinnen würde oder aus Kraftwerken, bevor das Gas in die Luft entweicht. Das synthetische Methan kann wie

Wasserstoff vielseitig eingesetzt werden, etwa zur Wärmeerzeugung oder bei Bedarf wieder zur Stromerzeugung. Das Methan wäre als erneuerbares Erdgas anzusehen, wenn seine Herstellung ebenfalls CO_2-neutral erfolgte. Erneuerbares Methan hätte den Vorteil, dass es in der bereits vorhandenen Gasinfrastruktur zwischengespeichert und zur späteren Rückverstromung in Gaskraftwerken verwendet werden kann. Es würde am Ende Strom aus Erneuerbaren Energien bleiben, sofern die benötigte Prozessenergie ebenfalls aus erneuerbaren Quellen stammt. Grüner Strom kann auch dazu genutzt werden, um flüssige Kraftstoffe herzustellen, wobei man dann von „Power-to-Fuel" spricht. Diese sogenannten synthetischen Kraftstoffe kann man für Antriebe einsetzen, etwa für Schiffe oder Flugzeuge, die nicht vollständig elektrisch betrieben werden können. Überschüssiger Grüner Strom kann weiterhin zur Herstellung chemischer Rohstoffe dienen, was man üblicherweise als „Power-to-Chemicals" bezeichnet. „Power-to-Heat" steht schließlich für die Umwandlung von Strom in Wärme. Für die Energiewende werden „Power-to-X"-Technologien eine fundamental wichtige Rolle spielen, etwa bei der Sektorenkopplung, die die Energiesektoren Strom, Wärme und Mobilität mit den Verbrauchssektoren Haushalt, Gewerbe und Industrie verbindet. Elektromobilität beispielsweise stellt wortwörtlich eine solche Verbindung dar, wenngleich eine sehr einfache, und verbindet Strom mit Mobilität.

Bei all den Möglichkeiten, die einheimischer Grüner Strom bietet, wird Deutschland wohl ein Energieimportland bleiben, weil es selbst nicht ausreichend Erneuerbare Energie zur Verfügung hat, jedenfalls nicht auf kurze Sicht gesehen. Nicht genutzte Flächen innerhalb Europas würden sich für die Produktion von Grünem Strom anbieten. Dieser Strom könnte einem europäischen Stromverbund zur Verfügung gestellt oder zur Herstellung von Wasserstoff und Methan genutzt werden. Die Wüstenflächen Nordafrikas oder des Nahen und Mittleren

Ostens, wo sowohl Sonnen- als auch Windenergie im Überfluss zur Verfügung stünden, wären darüber hinaus außerordentlich gut geeignet. Das würde voraussetzen, dass die Energiewende nicht rein national, sondern multinational gedacht wird. Was den zusätzlichen Vorteil hätte, dass Länder an der Energiewende profitierten, die es bislang nicht tun, weil sie ihnen eine wirtschaftliche Perspektive bietet, was sicherlich auch noch einen demokratiefördernden Einfluss hätte.

„Power-to-X"-Technologien können auch bei der Stabilisierung der Stromnetze helfen. Auf der Internetseite des Bundeswirtschaftsministeriums heißt es dazu: „Wind- oder Solaranlagen liefern mal mehr und mal weniger Strom. Inzwischen produzieren sie aber so viel, dass eine Überlastung der Stromnetze droht. Um das zu verhindern, müssen einige sogar zeitweise abgeschaltet werden. Nicht genutzte Energie bedeutet jedoch verschenkte Energie."[115] Fahrzeugbatterien wären auch als mobile Speicher nutzbar und könnten Strom in beide Richtungen fließen lassen. Nachts würden die Batterien geladen, wenn der Energiebedarf eher gering ist, und tagsüber würden sie wieder entladen. Fehlt also Strom im Netz, speisen sie Saft aus ihren Akkus ein. Ist zu viel Strom vorhanden, laden sie ihre Akkus wieder auf. Damit würden weitere Voraussetzungen dafür geschaffen, die Stromnetze in Spitzenzeiten zu entlasten.

Die Energiewende ist alles andere als einfach. Wir müssen aber trotzdem in den nächsten Jahren viel schneller werden, auch wenn wir in Deutschland bei den Erneuerbaren Energien schon relativ weit vorangekommen sind und es auch vielversprechende Konzepte für den weiteren Ausbau des nachhaltigen Energiesystems gibt. Eines muss uns aber klar sein, wenn wir nicht zügig Abschied von der konventionellen Energieerzeugung nehmen. Das zu lange Festhalten an den nichtnachhaltigen Energiesystemen, ob nuklear oder fossil, würde in unserer kurzatmigen Welt die globalen Finanzströme daran hindern, in nachhaltige Investments zu fließen, sprich in den Ausbau

der Erneuerbaren Energien, in die Entwicklung von Speicher-
technologien, wie „Power-to-X", oder von engmaschigen und
intelligenten Stromnetzen, die mit den stark fluktuierenden
Erneuerbaren Energien besser umgehen können als die alte
zentralistische Netzstruktur.

Alles andere als der in den nächsten Jahrzehnten beschleu-
nigte Umbau der Energiesysteme wäre meiner Meinung nach
ein riesiger Fehler, auch im Hinblick auf die Energiesicherheit
Deutschlands. Das hat uns zuletzt der unsägliche Ukraine-Krieg
gelehrt, den Russland im Februar 2022 vom Zaune brach. Dieser
Krieg hat noch einmal verdeutlicht, wie abhängig Deutschland
von Energieimporten ist, insbesondere aus Russland – und damit
erpressbar. Deutschland sollte aus diesem Grund so viel Energie
wie möglich im eigenen Land regenerativ erzeugen, auch wenn es
auf absehbare Zeit nicht zu 100 Prozent möglich sein wird.

Die Befürworter des Festhaltens an den konventionellen
Energien gaukeln uns vor, dass es Lösungen für die gewaltigen
Probleme gibt, die gerade diese konventionellen Energien verursachen. Globale Erwärmung und die ungelöste Entsorgung der
nuklearen Abfälle sind zwei Beispiele von Problemen, die uns
noch jahrtausendelang begleiten werden. Die Befürworter der
konventionellen Energien suchen nur einen Vorwand, um noch
so lange wie möglich Gewinne aus den nichtnachhaltigen Technologien zu Lasten der Gesundheit der Menschen, der Umwelt
und der nachfolgenden Generationen abschöpfen zu können.
Ich frage mich: Wer heimst eigentlich die Gewinne ein? Warum
wird Energie immer teurer? Warum wird der Strom selbst dann
teurer, wenn die Abgabe aus dem Erneuerbaren Energiegesetz
(EEG) nicht mehr erhoben wird? Es ist eine Legende, dass der
Ausbau der Erneuerbaren Energien die Energiepreise in die Höhe
treibt. Das Gegenteil sollte eigentlich der Fall sein. Grüner Strom
wird doch immer billiger und ist schon günstiger als Kohle- oder
Atomstrom. Ich fürchte, dass zu viele Marktteilnehmer formidable Gewinne abzwacken, bis der Strom endlich beim Verbrau-

cher angekommen ist. Zu denen gehört übrigens auch der Staat. Der Strompreis in Deutschland lag Anfang 2022 bei 34,6 Cent pro Kilowattstunde. Dabei entfielen 41 Prozent auf staatlich veranlasste Steuern, Abgaben und Umlagen, 23,4 Prozent auf die Nutzung der Stromnetze, die der Netzbetreiber bekommt, und 35,6 Prozent auf die Stromerzeugung und den Vertrieb, die der Stromanbieter erhält.[116] Zur Erinnerung: Die Entstehungskosten liegen typischerweise deutlich unter 10 Cent für die Kilowattstunde, für Solarstrom teilweise sogar unter 5 Cent.

Effizienz

Neben der Energiewende muss es auch eine Effizienzoffensive geben, weil Energie immer noch im großen Maßstab verschwendet wird. Dabei kommen insbesondere auf den Gebäudesektor wie auch auf die Industrie große Aufgaben zu. Der Anteil des Gebäudesektors am Energieverbrauch in Deutschland beträgt etwa 35 Prozent, wobei gerade der Altbestand einen überproportional großen Anteil besitzt. Damit birgt der Gebäudebereich ein großes Potenzial für Energieeinsparungen. Das gilt auch für die Industrie mit einem Anteil von ungefähr 30 Prozent am Energieverbrauch. Effizienzsteigerungen im Energiebereich senken die Nebenkosten in Gebäuden und erhöhen die Wettbewerbsfähigkeit von Unternehmen. Die Industrie könnte im Durchschnitt etwa 20 Prozent Energie sparen – vor allem bei Heizwärme und Strom.

Bei der Effizienzoffensive kann aber auch jeder und jede von Ihnen mitmachen, liebe Leserinnen und Leser. „Die beste Kilowattstunde ist die, die man nicht verbraucht", so heißt es. Nehmen wir die Standbyeinrichtungen an einem PC, Monitor oder Drucker. Ein einziges Gerät verbraucht im Standby Modus ungefähr 10 Watt. Eine Kilowattstunde verursacht in Deutschland in etwa 0,4 kg CO_2. Dann kommen wir für ein einzelnes

Gerät auf jährlich 35 Kilogramm CO_2. Wenn alle der gut 40 Millionen Haushalte in Deutschland nur einen PC, Monitor oder Drucker nicht im Standbymodus laufen hätten, kämen wir auf eine Ersparnis von ungefähr 1,4 Millionen Tonnen CO_2. Nun gibt es natürlich nicht in jedem Haushalt einen PC, Monitor oder Drucker, aber vielleicht eine Stereoanlage. Auch diese Geräte verbrauchen etwa 10 Watt im Standbymodus. Zur Erinnerung: Deutschland stößt jährlich etwa 700 Millionen Tonnen CO_2 aus. Kleinvieh macht eben doch Mist. Außerdem würde ein Haushalt durch das Abschalten der Standbyfunktion Geld sparen können. Wenn wir einen Preis von 34,6 Cent pro Kilowattstunde ansetzen, läge die jährliche finanzielle Ersparnis für nur ein einziges Gerät bei ungefähr 30 Euro.

In Analogie zum Stromverbrauch könnte man auch sagen: „Der billigste Liter Benzin ist der, der nicht durch den Auspuff gejagt wird." Zum Benzinverbrauch ebenfalls ein Beispiel: Es gibt ungefähr 46 Millionen Autos mit Verbrennungsmotor in Deutschland inklusive der Dieselfahrzeuge. Angenommen, jedes Auto verbraucht einen Liter Kraftstoff auf 100 Kilometer weniger, entspräche dies bei der mittleren Fahrleistung in Deutschland von jährlich etwa 10 000 Kilometer und einem Ausstoß von 2,4 kg CO_2 pro Liter Benzin einer Ersparnis von ungefähr 4,6 Milliarden Liter Benzin – oder in CO_2 ausgedrückt: rund elf Millionen Tonnen. Das sind ungefähr 1,5 Prozent des derzeitigen jährlichen deutschen CO_2-Ausstoßes. So etwas wäre leicht zu realisieren – durch ein kleineres Auto, durch vorausschauendes Fahren im Stadtverkehr oder weniger Bleifuß auf der Autobahn. Ich behaupte, das würde niemandem wehtun und hätte eigentlich nur Vorteile, auch was den Geldbeutel anbelangt. Im Schnitt könnte man unter Annahme eines Preises von 1,80 Euro für einen Liter Benzin jährlich ungefähr 180 Euro sparen. Man kann sich leicht vorstellen, dass im Mobilitätssektor wie auch in den privaten Haushalten noch sehr viel mehr an Effizienzgewinnen herauszuholen wäre. Ich sage nicht, dass wir Deutsche die Welt retten können, wohl aber, dass wir unserer Verantwortung im Hinblick auf den Klimaschutz im Sinne der Klimagerechtigkeit ein Stück näher kommen könnten, wenn alle gesellschaftlichen Gruppen ihren Beitrag leisten. Und das fängt bei jedem und jeder Einzelnen an. Es geht auch um Glaubwürdigkeit.

Kooperation

Wegen der globalen Erwärmung stößt die Menschheit an Grenzen, was immer deutlicher zutage tritt. Egal, ob es die zunehmenden Hitzewellen, mehr Starkniederschläge oder die steigenden Meeresspiegel sind, wir nähern uns den Belastungsgrenzen. Gesellschaften können sich nicht an immer weiter steigende Temperaturen und deren Folgen anpassen. Diese Botschaft kommt allmählich auch bei Politik und Wirtschaft an. In den Köpfen vieler Akteure hat ein Umdenken eingesetzt. In Parteiprogrammen hat Klimaschutz inzwischen einen hohen Stellenwert, und Entscheidungsträger in der Wirtschaft beginnen zu ahnen, was da ohne Klimaschutz auf die Menschheit zukommen könnte. Es wächst die Einsicht, dass die Ökonomie in einem überhitzten Klima nicht florieren kann, in dem die Zerstörung von Infrastruktur und die Unterbrechung von Lieferketten an der Tagesordnung wären und politisch instabile Verhältnisse ob der chaotischen Verhältnisse herrschten. Außerdem beginnt man in den Parteizentralen und Chefetagen von Unternehmen zu begreifen, dass das fossile Zeitalter schneller zu Ende gehen wird, als man noch vor ein paar Jahren gedacht hat. Die entsprechenden Statements seitens der Wirtschaftsverbände sind eindeutig. So erklärte der Bundesverband der Deutschen Industrie (BDI) im Oktober 2021, kurz vor Beginn der Koalitionsverhandlungen über eine neue Bundesregierung: „Die kommende Regierung müsse rasch klare Weichenstellungen für den Klimaschutz und die Infrastrukturoffensive setzen."[117] Das zeigt, wie sehr auch die Wettbewerbsfähigkeit der deutschen Wirtschaft vom Klimaschutz abhängt, der alles andere als wirtschaftsfeindlich ist, neue Zukunftsperspektiven eröffnet und unseren Wohlstand sichert.

Jahrzehntelang haben wir die wissenschaftlichen Ergebnisse und das extremer werdende Wettergeschehen nicht ernst genommen. Die Länder sind das Klimaproblem einfach nicht angegangen. Zum Teil hat man mit nicht akzeptablen Mitteln wie dem Leugnen von Fakten versucht, den Menschen Sand in die Augen streuen. Wie wir heute wissen, haben sich gerade einige Energiekonzerne hier unrühmlich hervorgetan. Das Aussitzen oder in Abrede stellen von Problemen funktioniert mit der Natur nicht. Das müssen wir endlich begreifen. Die sich beschleunigende globale Erwärmung setzt die Menschheit unter einen enormen Handlungsdruck. Das ist unter allen Beteiligten inzwischen zwar Konsens, jedoch kann die Staatengemeinschaft die Einsicht nicht in Maßnahmen umsetzen. Sie scheint alle Zeit der Welt zu haben, wenn man es von außen betrachtet, obwohl eigentlich kaum noch Zeit verbleibt. Das liegt an den Interessen der Länder, die unterschiedlicher nicht sein könnten. Diese widerstrebenden Interessen muss man aber zusammenbringen, wenn man das Klimaproblem lösen will. Und genau das erscheint als unlösbar. So ist 2021 die Weltklimakonferenz in Glasgow, die sechsundzwanzigste ihrer Art, wie die 25 Konferenzen zuvor ohne nennenswerte Ergebnisse zu Ende gegangen. Ja, es hat wieder jede Menge Appelle und Versprechungen gegeben. Das war es dann aber auch wieder gewesen. Doch mit einem „gefühlten" Klimaschutz ist der Menschheit nicht geholfen. Mit Worten allein – das muss ich Ihnen nicht sagen – wird man die Klimakrise nicht meistern können.

Was die Welt dringend benötigt, ist eine starke internationale Zusammenarbeit, politisch und wirtschaftlich. Die Klimakrise stellt sowohl die Weltpolitik als auch die Weltwirtschaft vor eine ganz neue Herausforderung. Denn es zählt nur der *weltweite* Ausstoß von Treibhausgasen. Wo auf der Erde Treibhausgase in die Atmosphäre ausgestoßen werden, ist irrelevant, weil sich die Gase wegen ihrer langen Verweildauer in der Atmosphäre um den Globus verteilen und aus diesem Grund überall wirken. National kann man dem Problem nicht beikommen. Der Klimawandel geht alle Länder an; einerseits, weil seine Auswirkungen sie alle betreffen, und andererseits, weil die Staaten ihn nur gemeinsam aufhalten können. Der politische Wille zum Handeln in Sachen Klimaschutz fehlt allerdings immer noch in zu vielen Ländern. Rational ist das nicht. Schließlich gibt es seit vielen Jahren das Wissen aus den unterschiedlichsten Forschungsdisziplinen, seien es die physikalischen, chemischen oder biologischen Wissenschaften, die Medizinforschung oder die Wirtschafts- und Sozialwissenschaften. Und dieses geballte Wissen sagt uns, dass es keine Gewinner auf der Erde geben kann, sollten es die Staaten nicht fertigbringen, zusammenzuarbeiten und eine Überhitzung der Erde zu vermeiden. Wer heute die Dringlichkeit von Klimaschutzmaßnahmen in Abrede stellt, versündigt sich an der Zukunft.

Es geht nicht nur beim Klimaschutz, sondern auch an anderer Stelle beim Umweltschutz nicht voran. So ist die 40. Konferenz der Antarktis-Kommission im australischen Hobart, die 2021 kurz vor der Klimakonferenz in Glasgow stattgefunden hatte, erneut ohne eine Einigung zu Ende gegangen. China und Russland verhinderten, dass Gebiete der Südpolarregion als Meeresschutzgebiete ausgewiesen werden.[118] Ich finde, wir sollten begreifen, dass der bisherige Kuschelkurs gegenüber autokratischen Ländern wie China und Russland von diesen als Schwäche ausgelegt wird und sie nur darin bestärkt, allein ihren kurzfristigen Vorteil zu verfolgen. Hier hilft nur klare Kante, auch wenn es uns wehtun sollte. Ein Land wie China beispielsweise kann seine CO_2-Emissionen nicht noch jahrelang weiter steigern, denn China trägt schon heute fast ein Drittel zum globalen CO_2-Ausstoß bei.

Eines sei an dieser Stelle jedoch festgehalten: Das Kalkül der Bremser und Blockierer beim internationalen Klimaschutz wird langfristig nicht aufgehen. Auch diese Länder werden unter den Klimaveränderungen extrem zu leiden haben – oder sie tun es schon längst. Nur werden die jetzt dort Regierenden nicht mehr an der Macht sein, wenn die Erde von einer Katastrophe nach der anderen heimgesucht wird. Das ist zwar verantwortungslos von den jetzigen Machthabern, aber leider die Realität.

Ohne internationale Kooperation geht beim Klimaschutz gar nichts. Deswegen braucht es Vorreiter, die neuen Schwung in die Verhandlungen bringen. Ein Vorreiter beim Klimaschutz zu sein – und diesen Anspruch hat Deutschland –, bedeutet auch, seine Außen- und Wirtschaftspolitik so anzupassen, dass ein Land wie China nicht einfach machen kann, was es will, soll heißen, die Umwelt nicht beliebig zu verschmutzen, um unsere Märkte dann mit „dreckigen" Produkten zu überschwemmen, zu denen ich im Übrigen auch die fossilen Brennstoffe Kohle, Erdöl und Erdgas zähle, die wir in großem Maßstab aus Russland beziehen. Deutschland täte ohnehin gut daran, die Erneuerbaren Energie stärker zu nutzen und unabhängiger von Energieimporten zu werden. Langfristig wäre das die volkswirtschaftlich vernünftigere, weil billigere Lösung. Hinzu kommen die Menschenrechte, die gerade in China und Russland nichts gelten. Ein Handel mit diesen Ländern gehört allein schon deswegen auf den Prüfstand, was der Krieg Russlands gegen die Ukraine gerade untermauert.

Globale Gerechtigkeit

Warum kommen die Länder nicht zusammen, obwohl doch alle wissen, dass es so nicht weitergehen kann. Da kommt dann auch der Aspekt der globalen Gerechtigkeit ins Spiel. Im Prinzip dürften Länder wie Deutschland kaum noch CO_2 emittieren, wenn es vorrangig nach Gerechtigkeitsgesichtspunkten ginge. Dies zu fordern, wäre allerdings völlig realitätsfremd und auch in keiner Weise umsetzbar. Wie auch? Die Schlussfolgerung, die sich aus dem verbleibenden globalen CO_2-Restbudget ergibt, muss lauten, dass die Industrieländer einerseits alles unternehmen müssen, um ihre eigenen Emissionen schnellstmöglich zu verringern. Und andererseits den nach Wohlstand strebenden Ländern die notwendigen finanziellen und technologischen Mittel zur Verfügung zu stellen, um ihnen eine nachhaltige Entwicklung zu ermöglichen. Gerade in Bezug auf die Finanzierung hapert es jedoch, worin einer der Streitpunkte zwischen den Entwicklungs- und Industrieländern auf den alljährlich stattfindenden Weltklimakonferenzen besteht. Die reichen Länder dieser Welt weigern sich beharrlich, ihren Teil der historischen Verantwortung zu übernehmen. Man muss es so deutlich sagen: Es geht den Industrieländern immer noch hauptsächlich um Profite zu Lasten der Entwicklungsländer.

Ein Blick auf die zeitlichen Verläufe der CO_2-Emissionen seit 1960, aufgeschlüsselt nach Weltregionen (Abbildung 6), verdeutlicht, dass die Emissionen gerade in Asien förmlich explodieren und dort inzwischen mit Abstand am größten sind. In Asien haben sich die Emissionen allein seit 2000 mehr als verdoppelt, während sie in Nordamerika und Europa allmählich gesunken sind. Der Grad der Industrialisierung steigt gerade in Asien außerordentlich schnell. Damit erhöht sich in den Ländern Asiens der Energiebedarf und mit ihm die Verbrennung von fossilen Brennstoffen, worin die Hauptursache für die weiter steigenden weltweiten CO_2-Emissionen auszumachen ist. Im Rest der Welt sind die Emissionen vergleichsweise gering. Darin besteht eine potenzielle Gefahr für das Weltklima, sollten sich diese Regionen mithilfe der fossilen Brennstoffe entwickeln.

Der krasse Unterschied in den CO_2-Emissionen hat auch mit der stark unterschiedlichen Bevölkerungsentwicklung zu tun. In Asien wächst die Bevölkerung mit jährlich ungefähr 0,8 Prozent deutlich schneller als beispielsweise in Europa mit jährlich etwa 0,1 Prozent. In Afrika wächst die Bevölkerung jährlich um ungefähr 2,5 Prozent und damit von allen Weltregionen am schnellsten. Ein fairer Lastenausgleich zwischen den Industrienationen und den Entwicklungsländern ist dringend erforderlich. Worte allein werden die aufstrebenden Länder nicht zu einer nachhaltigen Entwicklung bewegen können. Eigentlich ist die Situation doch ganz einfach. Die Industrienationen haben sich auf Kosten des Klimas entwickelt, weil sie einen großen Teil des CO_2-Budgets verbraucht haben. Deswegen müssen sie etwas von ihrem Reichtum an die Länder abgeben, die sich jetzt entwickeln wollen, damit sie es so umweltschonend wie möglich tun.

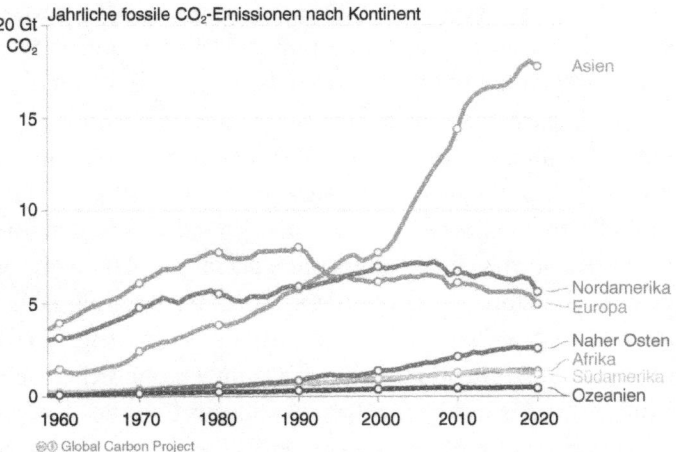

Abbildung 6: CO_2-Emissionen in Milliarden Tonnen (Gt) seit 1960 nach Kontinenten und einzelnen Weltregionen aufgeschlüsselt. © Friedlingstein et al 2021 – Global Carbon Project 2021; Used with permission of the Global Carbon Project under the Creative Commons Attribution 4.0 International license

Auch wenn ich mich wiederhole: Für das Klima ist nur der Blick auf den globalen CO_2-Ausstoß relevant. Wenn wir uns die Emissionen nach Regionen ansehen, wird sofort klar, wo man zuallererst ansetzen muss, um den weltweiten CO_2-Ausstoß zu verringern. Der Anstieg der Emissionen in Asien müsste schnellstmöglich gestoppt und zum Sinken gebracht werden. Das heißt nun aber keineswegs, dass der Rest der Welt, insbesondere Nordamerika, Europa oder Australien, aus dem Schneider wären. Ganz im Gegenteil, wie ich oben anhand der kumulierten historischen Emissionen diskutiert habe, die ein Maß für die Verantwortung sind. Es sind nun einmal eindeutig die Industrieländer, die die Hauptverantwortung für die bisherige globale Erwärmung tragen. Der Blick auf die Emissionen, aufgeschlüsselt nach Weltregionen, zeigt in aller Deutlichkeit, wie schwer es sein wird, das Pariser Klimaabkommen einzuhalten, wenn man sich das noch verbleibende globale CO_2-Budget von ungefähr 320 Milliarden Tonnen CO_2 für die Einhaltung der 1,5-Grad Grenze vor Augen führt. Allein Asien würde das verbleibende Budget in wenigen Jahrzehnten aufgebraucht haben, bliebe dessen Emissionen auf dem heutigen Stand. Und wenn der CO_2-Ausstoß in Asien weiter anwächst, wird das früher der Fall sein. Um das zu kompensieren, müssten die Industrieländer ihre Emissionen viel schneller senken. Um unter der 1,5-Grad Marke zu bleiben, wird dies allerdings nicht ausreichen. Das könnte nur noch durch technische Maßnahmen gelingen, die aber nicht in Sicht sind. Um die 2-Grad-Marke einzuhalten, braucht es auf jeden Fall eine konzertierte Aktion aller Länder, die das globale Ziel in Augenschein nehmen und entsprechend handeln.

Die Länder Asiens streben nach Wohlstand, und Afrika wird es ihnen gleichtun wollen. Wer könnte es ihnen verwehren? In diesem Zusammenhang sind die jährlichen Pro-Kopf-Emissionen erwähnenswert. Sie liegen in den Industrieländern immer noch um ein Vielfaches höher als in den Entwicklungsländern. In den USA liegt der jährliche Pro-Kopf-Ausstoß bei ungefähr 16 Tonnen CO_2, in Deutschland bei neun Tonnen, in China schon bei etwa sieben Tonnen und in Indien erst bei zwei Tonnen. Dabei ist hervorzuheben, dass Indien eine Einwohnerzahl von über 1,3 Milliarden Menschen besitzt und ein enormes Entwicklungspotenzial dazu. Hätten die Einwohner Indiens den Pro-Kopf-Ausstoß der Deutschen, betrügen Indiens CO_2-Emissionen jährlich ungefähr zwölf Milliarden Tonnen. Diese würden damit sogar den Ausstoß Chinas übertrumpfen. Der gewaltige Unterschied in den Pro-Kopf-Emissionen ist ein weiterer gewichtiger Grund dafür, dass gerade die Industrieländer ihren CO_2-Ausstoß unbedingt senken müssen, weil sie sonst auf den internationalen Konferenzen nicht glaubwürdig auftreten können. Außerdem ist das eine Frage der Gerechtigkeit. So wie niemand über dem Gesetz steht, hat auch niemand das Recht, überproportional viele Treibhausgase auszustoßen.

Und nun? Wie bekommen wir die Kuh vom Eis? Wenn die Industrieländer hierauf keine Antwort finden, ist das Pariser Klimaabkommen Makulatur. Die aus meiner Sicht vernünftigste und fairste Lösung würde darin bestehen, ein Regelwerk für eine globale Energiewende aufzustellen, die gegen Mitte des Jahrhunderts abgeschlossen sein sollte. Das Regelwerk müsste sowohl die historischen Emissionen als auch die wirtschaftlichen Belange eines jeden Landes berücksichtigen. Und die benötigten finanziellen Aufwendungen müssten hauptsächlich von den Industrienationen geschultert werden, wobei sich ein Land wie China, als zweitstärkste Wirtschaftsnation, nicht mehr mit Hinweis auf die historischen Emissionen aus dem Staub machen kann.

Man könnte sich einen zwischenstaatlichen Emissionshandel vorstellen. Die Länder mit großen historischen Emissionen würden sich Verschmutzungsrechte von den Ländern mit geringen historischen Emissionen kaufen. Dabei müssen drei Dinge sichergestellt sein. Erstens, dass das globale CO_2-Budget nicht überschritten wird, die Zertifikate müssten also nach und nach verknappt werden. Zweitens: Das eingenommene Geld muss in die nachhaltige Entwicklung fließen. Drittens: Länder mit einem hohen Pro-Kopf-Ausstoß und relativ geringen historischen Emissionen müssen auch Zertifikate kaufen. Zu diesen Ländern würde China zählen. Die Umsetzung eines solchen Vorschlags käme der Quadratur des Kreises gleich, ist aber in etwa das, was die Länder in gewisser Weise alljährlich auf den Weltklimakonferenzen versuchen. So gut und sinnvoll eine Lösung in dieser Richtung auch wäre, sie funktioniert noch nicht, weil die Interessen der Länder, die nicht notwendigerweise dem Prinzip der Nachhaltigkeit folgen, zu unterschiedlich sind. Ich sehe den einzig gangbaren Weg darin, dass Länder wie die USA im Bunde mit der Europäischen Union mit ihrer geballten Wirtschaftskraft damit beginnen, ihren gerechten Anteil zum Klimaschutz zu leisten und einem Land wie beispielsweise China auch mit harten Wirtschaftssanktionen deutlich machen, dass weiter steigende CO_2-Emissionen keine Option in einem fairen Welthandel sein können. Dazu gehört viel Mut, den die Vorreiterländer aufbringen müssen.

Klimawandel als neue Herausforderung

Probleme, die von allen Ländern gemeinsam verursacht und nur gemeinsam von ihnen gelöst werden können, stellen die Menschen auf eine ungeheure Probe. Vielleicht liegt es in der menschlichen Natur, dass sich einige Länder über andere stellen und nicht daran denken wollen, ihren Ausstoß von Treibhausgasen zu senken. Dabei ist die Begrenzung des Klimawandels vielleicht die größte Herausforderung, vor der die Menschheit jemals gestanden hat. Warum? Nicht, weil es nicht möglich wäre. Die Technologie existiert. Ich glaube, die Antwort kennen wir alle intuitiv. Sie hat mehrere Facetten. Erstens: Treibhausgase sieht man nicht. Die Bedrohung ist für viele Menschen zu abstrakt. Zweitens: Das Klimaproblem kann nur von der Staatengemeinschaft gemeinsam gelöst werden. Dazu gehört Vertrauen, das es unter den Ländern kaum gibt. Drittens: Es sind noch nicht genügend Menschen von den Auswirkungen des Klimawandels betroffen. Deswegen besteht die reale Gefahr, dass die Welt zu spät reagiert, nämlich erst dann, wenn das Kind schon in den Brunnen gefallen ist. Ist der CO_2-Gehalt zum Beispiel erst einmal doppelt so hoch wie zu Beginn der Industrialisierung, wird er viele Jahrtausende lang hoch bleiben und die globale Temperatur ebenso. Die Meeresspiegel würden im Laufe der Jahrhunderte immer höher steigen. Zehn Meter oder mehr wären wahrscheinlich. Im schlimmsten Fall könnten sogar Kipppunkte überschritten und unumkehrbare Prozesse in Gang gesetzt werden.

Der deutsche Neurowissenschaftler Henning Beck, der sich auch mit dem Klimawandel beschäftigt hat, argumentiert damit, dass man die Zukunft nicht spüren kann, und deswegen sei sie den Menschen egal. Solange dies der Fall sei, sei es schwer, diese Menschen mit rationalen Argumenten zu überzeugen.[119] Das würde auch erklären, warum man die verhältnismäßig große Zahl von Impfverweigerern in Deutschland trotz bester Argumente nicht zu einer Corona-Impfung bewegen kann. Sowohl der Umgang mit der Klima- als auch der mit der Corona-Krise scheinen für Becks Sicht der Dinge zu sprechen. Natürlich können wir nicht alle Menschen über einen Kamm scheren. Wenn man sich aber den Umgang mit der Klimakrise ansieht, dann scheint die Zukunft gerade bei den Verantwortlichen in Politik und Wirtschaft einen ziemlich geringen Stellenwert zu haben. Probleme werden nicht gelöst, sondern auf die lange Bank geschoben und den nachfolgenden Generationen aufgebürdet.

Die Zukunft würde im Gehirn einer Art „Downgrade" unterliegen, so Beck, es sei denn, man kann die Zukunft im Gehirn real werden lassen. Meine eigene Erfahrung sagt mir, dass die Zukunft zum Beispiel durch Kunst in den Köpfen erzeugt werden kann, etwa durch Musik, Theater, Malerei oder auch Bildhauerei. Oder durch spannende Filme und Erzählungen, die eine positive Zukunftsvision transportieren. Das funktioniert. Man erreicht zwar nur vergleichsweise wenige Menschen und oftmals gerade diejenigen, die man gar nicht mehr davon überzeugen muss, dass das Prinzip der Nachhaltigkeit das Leben der Menschen bestimmen sollte. Trotzdem sind diese Dinge wichtig, weil die, die man erreicht, wichtige Multiplikatoren sind.

Umgekehrt scheint es verhängnisvollerweise einfacher zu sein. Der ehemalige Präsident der USA, Donald Trump, hat es geschafft, mit Lügengeschichten Massen gegen den Klimaschutz zu mobilisieren. Wie also können wir breite Schichten der Bevölkerung dafür gewinnen, für einen Klimaschutz zu sein, der seinen Namen verdient? Beim Impfen hat bei einigen die Aussicht auf eine Bratwurst geholfen. Was aber ist das Pendant zur Bratwurst bei der Bewältigung der Klimakrise? Hierauf haben wir keine Antwort, zumindest keine, die bisher in der Praxis funktioniert hätte. Eines scheint mir jedoch glasklar zu sein: Wenn wir nicht die allermeisten Menschen für die Überwindung der Klimakrise gewinnen, indem sie merken, dass sie selbst oder die Gesellschaft von den notwendigen Veränderungen profitieren, werden wir das Problem nicht in den Griff bekommen. Ohne eine breite gesellschaftliche Akzeptanz für Klimaschutzmaßnahmen werden wir nicht weit kommen.

Das Nachhaltigkeitsproblem im Allgemeinen und das Klimaproblem im Speziellen stellen die Menschheit vor völlig neue Herausforderungen. Es gibt keine Blaupause für deren Bewältigung. Noch nie haben wir es mit Problemen globalen Ausmaßes zu tun gehabt, die auch nur global zu lösen sind. Wir müssen komplett umdenken. Alte Denk- und Verhaltensweisen funktionieren nicht mehr. Das gilt für jeden Einzelnen von uns genauso wie für große Teile der Wirtschaft und ganz besonders für die Politik. Wir müssen die Welt quasi neu erschaffen, auch in Teilen der Wissenschaft. So gibt es in gängigen Wirtschaftsmodellen auch so etwas wie einen „Downgrade" in der Art, dass zukünftige Belastungen durch den Klimawandel abgezinst werden. Durch die Abzinsung, auch Diskontierung genannt, werden Kosten in der Zukunft geringer bewertet als Kosten, die sofort entstehen. Das erklärt einiges. Solange man diesem Prinzip folgt, lohnt sich Klimaschutz nicht, weil er in die Zukunft gerichtet ist.

Es gibt unterschiedliche Meinungen in den Wirtschaftswissenschaften darüber, um wie viel die zukünftigen Klimaschäden abgezinst werden sollten. In dem berühmten *Stern-Report* von 2006 wählte dessen Autor Nicholas Stern eine sehr geringe Diskontierungsrate von 1,3 Prozent, weswegen er viel höhere Kosten durch einen fortschreitenden Klimawandel berechnete als die meisten anderen Studien.[120] Ich glaube, dass die Kosten unbezahlbar sein werden, wenn die Menschen nicht jetzt beginnen, energisch gegen den Klimawandel anzugehen. Geld kann keine Rolle spielen, es geht schließlich um unsere Lebensgrundlagen, und die sind unbezahlbar. Vielleicht bin ich naiv. Ich sehe aber nicht, dass uns in der Zukunft etwas einfallen wird, das auf einmal die Klimaschäden rückgängig oder zumindest erträglich machen würde. Natürlich kenne ich die Argumente gegen eine zu geringe Abzinsung. Ich frage mich allerdings, ob nicht die ganze Wirtschaftstheorie auf den Prüfstand gehört, wenn es sich um völlig neue Probleme handelt und unsere Lebensgrundlagen auf dem Spiel stehen. Die Wirtschaftsmodelle wurden zu einer Zeit entwickelt, als die Dramatik des Klimawandels maßlos unterschätzt wurde. Die schnelle Erwärmung des Planeten und die jüngsten Katastrophen durch extreme Wetterereignisse, auf die ich oben ausführlich eingegangen bin, stellen dieses lineare Denken mehr und mehr infrage.

Das Klimaproblem zu lösen, bedeutet in erster Linie, dass das Stillen unseres Energiehungers den Planeten nicht immer weiter aufheizen darf. Das erfordert die Umsetzung einer globalen Energiewende innerhalb weniger Jahrzehnte, hin zu einer Weltwirtschaft, die auf den Erneuerbaren Energien fußt. Die Herstellung unserer Nahrungsmittel muss ebenso umgestellt werden. Das Roden von Wäldern etwa, um Futtermittel für den überbordenden Fleischkonsum anzubauen, muss ein Ende haben. Weder die Energiewende noch eine nachhaltigere Ernährung wären unzumutbare Härten für die Menschen. Ganz im Gegenteil, die allermeisten von uns würden davon profitieren, auch gesundheitlich. Der Planet hätte viel weniger Stress und würde es den Menschen danken. Aber die Zukunft kann man ja nicht spüren, wie Henning Beck sagt. Und genau deswegen müssen wir alle zusammenarbeiten, um die zukünftige lebenswerte Welt in den Köpfen entstehen zu lassen. Das fängt zuallererst damit an, dass saubere Energie und nachhaltig hergestellte Lebensmittel weniger kosten als ihre nichtnachhaltigen Gegenspieler. Das ist heute nicht der Fall, weswegen wir so viele nicht davon zu überzeugen vermögen, umweltfreundlicher zu leben. Wer möchte es ihnen verdenken? Wenn man nur ein kleines Budget zur Verfügung hat, sind Bioprodukte unerschwinglich. Deswegen darf man auch nicht mit dem Finger auf diese Menschen zeigen. Sie haben keine Wahl.

Das Stichwort hier heißt „Externalisierung" von Umweltkosten. Externalisierte Kosten sind Kosten, die von Produzenten verursacht, aber von der Gesamtgesellschaft getragen werden. Das ist im höchsten Maße ungerecht. Nehmen wir als Beispiel den Verkehr. Er verursacht hohe Folgekosten, die auf die Allgemeinheit abgewälzt werden. Dazu gehören Schäden durch die Veränderungen des Klimas, durch die Luftverschmutzung oder auch durch Lärm und nachgelagerte Gesundheitskosten oder durch Verkehrsunfälle. Diese externen Kosten werden aber weder an der Tankstelle noch beim Kauf eines Flugtickets berücksichtigt. Nur deswegen sind Autofahren oder Fliegen oftmals so viel billiger als der öffentliche Nahverkehr oder die Bahn. Die externen Kosten auf die Allgemeinheit abzuwälzen widerspricht dem Verursacherprinzip, wonach derjenige für Schäden aufkommt, der sie verursacht. In Deutschland wurden die externalisierten Kosten im Verkehrsbereich für das Jahr 2017 auf fast 150 Milliarden Euro geschätzt. Dabei betrugen die Klimakosten rund 27 Milliarden Euro.[121] Auch die industrielle Landwirtschaft verursacht externe Kosten in Milliardenhöhe, zum Beispiel durch den Ausstoß von Treibhausgasen, den Ausstoß von Luftschadstoffen oder die Belastung von Böden und Trinkwasser.

Und schließlich: Der Mensch ist ein Gewohnheitstier und bewegt sich nur unwillig in neue Richtungen, wenn er erst einmal einen gewissen Wohlstand erreicht und es sich in seiner Komfortzone bequem gemacht hat. Umgekehrt werden diejenigen, die auf der Schattenseite des Lebens stehen, alles dafür tun, um den Wohlstand zu erlangen, den wir etwa in Deutschland genießen dürfen. Klimawandel hin, Klimawandel her. Schlussendlich geht es im weitesten Sinne um die Herstellung einer globalen Gerechtigkeit, ohne dass der Planet und mit ihm die Menschheit ein schlimmes Ende nehmen. Dabei wäre sicher auch unser Wohlstandsbegriff zu hinterfragen. Könnten wir nicht mit weniger Konsum zufrieden sein und vielleicht sogar glücklicher?

Es geht um Teilhabe. Jeder Mensch sollte von den Schätzen der Erde einen gerechten Teil abbekommen, damit allen ein menschenwürdiges Leben ermöglicht wird. Das setzt voraus, dass es keine Menschen gibt, die einen über Gebühr großen Teil der Schätze für sich in Anspruch nehmen. Ohne Genügsamkeit, Suffizienz genannt, geht es eben auch nicht. Benötigen wir in den Industrieländern wirklich all den Tand, der mit viel Energie- und Ressourcenaufwand hergestellt werden muss? Müssen wir uns mit Geld zudecken? So wie die Superreichen dieser Welt, die kein Schamgefühl zu haben scheinen und gar nicht wissen, was sie mit ihrem Geld anfangen sollen, außer es zu vermehren, was ihnen selbst in Krisenzeiten gelingt. Das Vermögen der zehn reichsten Männer der Welt hat sich seit Beginn der Corona-Pandemie verdoppelt. Auf der anderen Seite sind die Einkommen von 99 Prozent der Menschheit aufgrund von COVID-19 geschrumpft.[122] Die Schere zwischen Arm und Reich öffnet sich immer weiter, sowohl in Deutschland wie auch zwischen dem reichen globalen Norden und dem armen globalen Süden. Sind es nicht gerade die Reichen, die mit ihrer Lebensweise hauptsächlich für die Umweltzerstörung Verantwortung tragen? Wenn die Reichen dieser Welt nicht umdenken und weiter die Ressourcen der Erde aus Lustgewinn verbrauchen, anstatt sie zu schonen und auch einen angemessenen Beitrag an der Finanzierung des Gemeinwohls zu leisten, werden wir beim globalen Umwelt- und Klimaschutz nicht vorankommen.

Wir brauchen eine kulturelle Revolution

Aurelio Peccei forderte eine „kulturelle Revolution", ein neues Denken, um ein Desaster für die Menschheit abzuwenden. In *Die Grenzen des Wachstums* heißt es: „Der Mensch muss sich selbst – seine Ziele und Werte – genauso erforschen wie die Welt, die er zu verändern versucht." Nur durch dieses „Abenteuer des Geistes", wie Peccei es nannte, werden die Menschen die gewaltigen Probleme meistern können, denen sie gegenüberstehen. Das Abenteuer des Geistes selbst ist wohl die größte aller Herausforderungen und aus meiner Sicht auch sehr viel größer als die technologischen.

1975, wenige Jahre nach dem Erscheinen von *Die Grenzen des Wachstums*, schrieb der sozialdemokratische Vordenker Erhard Eppler in dem Buch *Ende oder Wende*: „In die erste Hälfte der siebziger Jahre[123] fällt eine historische Zäsur, deren Tiefe erst in einigem Abstand sichtbar werden wird. Die Menschheit ist auf Grenzen gestoßen, von denen sie zumindest in den zwei Jahrhunderten zuvor nichts wusste oder wissen wollte."[124] Die

Menschen haben es nachweislich gewusst – beim Klimaproblem seit weit mehr als 100 Jahren[125] – und sie sind trotzdem an die Wachstumsgrenzen gestoßen, so wie es der Club of Rome oder Erhard Eppler und viele andere bereits vor Jahrzenten vorausgesagt hatten, für den Fall, dass die Menschheit ihr Verhalten nicht von Grund auf ändern würde.

Eine kulturelle Revolution ist notwendiger denn je. In einigen Ländern der Erde drohen die Gesellschaften zusammenzubrechen, falls sie es nicht schon sind. Das geschieht sehenden Auges, trotz all der wissenschaftlichen Erkenntnisse und der sich offensichtlich zu unseren Ungunsten verändernden Umwelt. Der Zusammenbruch weiterer Gesellschaften ist programmiert, weil die Menschen dabei sind, ihre Lebensgrundlagen zu zerstören. Die kulturelle Revolution beinhaltet die Lösung dringender gesellschaftlicher Probleme, die man vor Jahrzehnten nicht vorhersehen konnte. Wir müssen beispielsweise erkennen, dass inzwischen viele Menschen mehr ihrem Bauchgefühl oder dubiosen Informationsquellen vertrauen als dem, was die Wissenschaft an Erkenntnissen hervorbringt. Das stellt auch die Politik vor völlig neue Herausforderungen. Wenn es dafür eines Beweises bedurft hätte, dann haben die Impfverweigerer ihn erbracht, die glauben, dass die Gefährlichkeit von Corona frei erfunden sei, um sie zu gängeln.

Dabei ist der Klimawandel „nur" ein Faktor, der unsere Lebensgrundlagen gefährdet. Andere von uns verursachte Umweltprobleme sind die Zerstörung von Lebensraum oder die Vernichtung von Arten zu Land und in den Ozeanen. Wie kann das angehen? Wir fliegen zum Mond, erkunden den Mars und die Venus, stoßen in immer fernere Welten vor. Wir entdecken die dunklen Seiten des Universums und der Tiefsee. Wir dringen immer tiefer in den Mikrokosmos vor, verstehen, wie Materie aufgebaut ist und was die Welt, physikalisch gesehen, zusammenhält. Die Menschheit macht unglaubliche Fortschritte in der Medizin. Wir haben Krankheiten besiegt, die lange Zeit als unheilbar galten, wie zum Beispiel den „Schwarzen Tod", die Pest. Wir können bakterielle Infektionen mit Penicillin kontrollieren. Das Lebensalter der Menschen hat sich durch den medizinischen Fortschritt enorm erhöht. Und schließlich hat es nur ungefähr ein Jahr gebraucht, um einen wirksamen Impfstoff gegen das Coronavirus zu entwickeln. Was für eine grandiose Leistung der Wissenschaft, mit der zumindest ich nicht so schnell gerechnet hätte.

Die Menschen könnten wegen ihrer enormen Intelligenz fast alles schaffen, wenn sie es denn wollen. Sie wissen auch, wie sie nachhaltig auf der Erde leben könnten, ohne die eigenen Lebensgrundlagen zu zerstören, und dabei trotzdem allen Menschen ein menschenwürdiges Dasein zu ermöglichen. Viele Kluge Köpfe haben sich darüber Gedanken gemacht und vernünftige und vor allem zielführende Lösungen vorgeschlagen. Und dennoch tun wir es nicht. Ganz im Gegenteil, die Menschheit sägt mit all ihrer Kraft weiter an dem Ast, auf dem sie sitzt. So zumindest hat es den Anschein, gerade beim Klimaproblem, wenn man die nackten Zahlen betrachtet.

Nach wie vor halten wir an unseren zerstörerischen und ungesunden Narrativen fest. Wir leben immer noch eine Kultur der Übergriffigkeit, gegenüber der Natur und auch gegenüber unseren Mitmenschen. Das zu ändern, erfordert die stärkere Einbeziehung der moralischen Dimension in unserem Leben. Die oft beschworene Realpolitik zum Beispiel löst keine Probleme, sondern zementiert oder verschlimmert sie. Wir können uns nicht mit Ländern arrangieren, in denen die Menschenrechte keine Rolle spielen und Umweltschutz nur ein Lippenbekenntnis ist. Moral ist ein wichtiger Ratgeber, auch für politisches und wirtschaftliches Handeln. Wäre die Sklaverei in den USA abgeschafft worden, ohne dass es in Europa weitreichende moralische Bedenken gegen sie gegeben hätte?

Kann Moral nicht auch eine ungeheure Marktmacht entfalten, etwa durch einen Konsumboykott, und systemische

Veränderungen beflügeln?[126] Wie etwa beim Ozonloch. War es nicht auch der Boykott der Verbraucherinnen und Verbraucher, der mit dafür gesorgt hatte, dass die Ozonschicht zerstörenden FCKW-haltigen Produkte vom Markt verschwanden? Heute nutzen wir wie selbstverständlich FCKW-freie Spraydosen, Kühlschränke und Gefriertruhen oder fahren Autos mit FCKW-freien Klimaanlagen. Und wir dürfen darauf hoffen, dass sich die Ozonschicht wieder erholen wird. Das Klimaproblem ist allerdings weitaus vielschichtiger. Die Herausforderung bei der Begrenzung der globalen Erwärmung ist ungleich größer, weil praktisch alles, was die Menschen in ihrem täglichen Leben tun, mit dem Ausstoß von Treibhausgasen verbunden ist. Zwei der wichtigsten Beispiele dafür, warum so viele Treibhausgase in die Atmosphäre gelangen, sind der Verbrauch von Energie, inklusive der Mobilität, oder die Art, wie wir uns ernähren und Lebensmittel herstellen. In diesen Bereichen hat jeder und jede von uns die Möglichkeit, selbst die Initiative zu ergreifen und Impulse zu setzen, um die notwendigen Veränderungen zu beschleunigen, mögen sie auch noch so klein sein.

Alle wissen, worum es geht, auf der staatlichen und auf der persönlichen Ebene wie auch in der Wirtschaft. Warum ändern wir die Dinge dann nicht? Ich bin der Meinung, dass einer der Hauptgründe darin besteht, dass die Staatenlenker schlicht Angst davor haben, ihr Land könne wirtschaftlich ins Hintertreffen geraten, wenn es sich beim Klimaschutz an die Spitze der Bewegung setzte. Es sind die kurzfristigen wirtschaftlichen Interessen insbesondere der Blockierer beim Klimaschutz wie China, Russland, Saudi-Arabien oder Australien, die eine mächtige Allianz bilden und ein weltweit koordiniertes Vorgehen verhindern. Es ist kaum zu glauben: Einige Regierungen, die selbst jetzt noch damit argumentieren, es gebe gar keinen dringenden Handlungsbedarf, haben Medienberichten zufolge versucht, den letzten Sachstandsbericht des Weltklimarats schönzufärben.[127] Diese Länder stellen ihren schnellen wirtschaftlichen Erfolg über das Wohl der gesamten Menschheit. Ihnen müssen wir energisch entgegentreten, indem wir es ihnen nicht gleichtun und unsererseits auf Geschäfte mit ihnen verzichten, wenn sie zu sehr zu Lasten der Umwelt gehen. Hier müssen wir uns in Deutschland und in den anderen Ländern, die sich dem Klimaschutz verpflichtet fühlen, ehrlich machen, sonst machen wir uns mitschuldig an der Zerstörung unserer Lebensgrundlagen.

Sollten wir uns beispielsweise nicht fragen, welchen Anteil Deutschland an der Rodung der tropischen Regenwälder oder an dem Artensterben hat? Ist unser Anteil an der Umweltzerstörung und am Klimawandel nicht sehr viel größer, als wir es uns eingestehen wollen? Auch diese Einsicht würde zu der kulturellen Revolution dazugehören.

Es heißt oft, dass moralische Kategorien in Politik und Wirtschaft nichts verloren hätten. Dem möchte ich energisch widersprechen. Unsere Werte dürfen nicht auf dem Altar des Wohlstands geopfert werden, und schon gar nicht, wenn dieser Wohlstand etwa darin besteht, dass eine gemessen an der Weltbevölkerung kleine Zahl von Menschen mit unverschämt großen Autos mal kurz um die Ecke fahren kann. Moral muss es selbstverständlich auch in Politik und Wirtschaft geben. Das erfordert viel Mut von den handelnden Akteuren und auch Einsicht seitens der Bevölkerung. Diesen Anspruch sollten wir in Deutschland haben und uns mit den Ländern zusammenschließen, die dieselben Werte teilen. Ich fordere schon lange eine Allianz der Willigen beim Umwelt- und Klimaschutz, die zugleich auch eine Wertegemeinschaft sein muss. Länder wie Deutschland dürfen nicht aus kurzfristigen wirtschaftlichen Erwägungen heraus dabei mithelfen, dass die Umwelt zerstört wird, egal, ob es intendiert ist oder nicht oder die Menschenrechte missachtet werden.

Ich sehe eine weitere Gefahr, wenn wir uns allein von wirtschaftlichen Interessen leiten lassen. Eine solche Handlungsweise wird am Ende dazu führen, dass wir in die Leibeigenschaft von Ländern wie China oder Russland geraten, die man mit Fug und Recht als lupenreine Diktaturen bezeichnen kann. In diesem Fall würde Deutschland nicht nur seine eigenen Möglichkeiten verlieren, die Welt zum Besseren zu verändern, es liefe sogar Gefahr, seine Freiheit zu verlieren. Wir beobachten schon seit einigen Jahren, wie die deutsche Wirtschaft zunehmend abhängiger von chinesischen Produkten wird. Unsere Energieversorgung darf auch nicht vom russischen Erdgas abhängig sein. Freihandel muss sein, ja, aber nicht um jeden Preis. Der russische Überfall auf die Ukraine zeigt uns jetzt in aller Deutlichkeit, wohin es führt, wenn nur wirtschaftliche Erwägungen in der Politik eine Rolle spielen. Man hätte dem russischen Präsidenten Putin viel früher die Grenzen aufzeigen müssen, auch wenn es uns vielleicht etwas Wirtschaftskraft gekostet hätte, womit wir allerdings hätten gut leben können.

Alarmstufe rot

Wir machen seit Jahren so weiter, als wenn nichts wäre. Dabei haben wir bereits die Alarmstufe rot erreicht, um es bildlich auszudrücken. Allein die unglaublichen Hitzewellen mit ihrer Gluthitze, die wir in den letzten Jahren erleben mussten, sprechen dafür, dass sich das Zeitfenster zum Handeln schließt. Hinzu kommt der sich beschleunigende Meeresspiegelanstieg, der bereits einige Küstenregionen vor unüberwindbare Probleme stellt. Wie beispielsweise das oben erwähnte walisische Dorf Fairbourne, das wegen der steigenden Pegel dem Untergang geweiht ist. Trotzdem herrscht Stillstand bei den internationalen Klimaverhandlungen. Dies liegt daran, dass wir die kulturelle Revolution eben nicht vollzogen haben. Egoismus geht vor Gemeinwohl, im Kleinen wie im Großen. Ich möchte noch einmal hervorheben, dass die Klimakrise nur von allen

Ländern gemeinsam gelöst werden kann. Wie lange aber will die Staatengemeinschaft eigentlich noch warten, bis sie wirksame Maßnahmen zur Begrenzung der globalen Erwärmung ergreift? Bis uns Menschen das Wasser bis zum Hals steht? Das tut es doch schon seit langem – buchstäblich oder zumindest im übertragenen Sinn.

Auch in Deutschland leiden wir längst unter den Auswirkungen der globalen Erwärmung, auch wenn die Lage für viele Menschen noch wenig bedrohlich erscheinen mag. Wir neigen allerdings dazu, nicht lange zurückliegende Extremereignisse zu vergessen, wenn solche Ereignisse sehr schnell aufeinanderfolgen. Ich möchte Sie noch einmal an den Hitzesommer 2018 bei uns erinnern, mit seiner Rekordtrockenheit und den katastrophalen Auswirkungen auf die Land- und Forstwirtschaft. Schäden in Milliardenhöhe waren die Folge. Ein wahrer Jahrhundertsommer. Nur drei Jahre später die Jahrhundertflut im Sommer 2021. Gab es bei uns nicht schon vor dieser bisher schlimmsten Überschwemmungskatastrophe, die Deutschland heimgesucht hat, gegen Ende des letzten Jahrhunderts und in diesem noch jungen Jahrhundert, mehrere Jahrhundertfluten?

Wir scheinen die Dramatik des Klimawandels immer noch nicht zu erkennen. Viele Menschen glauben, dass alles wieder gut wird. Doch das ist ein Trugschluss, es wird nicht wieder gut werden, es sei denn, die Menschheit handelt gemeinsam, rasch und konsequent. Die Natur schlägt nicht etwa zurück. Das wäre eine falsche Betrachtungsweise der Klimakrise. Die Natur folgt bloß den naturwissenschaftlichen Gesetzmäßigkeiten, und diese können wir Menschen nicht beeinflussen, egal wie viel wir auch jammern mögen. Aufgabe der Politik wäre es, die Bevölkerung darüber aufzuklären, wie es wirklich um das Klima steht, und, davon ausgehend, die notwendigen Maßnahmen zu treffen und vor allem auch zu erklären. Dazu fehlt den politisch Handelnden der Mut, und das nicht nur in der Klimapolitik, sondern auch in vielen anderen Politikfeldern wie zum Beispiel in der Rentenpolitik. Teil der notwendigen kulturellen Revolution wäre es, wenn Politik offensiv mit Problemen umginge und die Bevölkerung in die Problemlösung mit einbeziehen würde.

Die Worte von Aurelio Peccei, die ich an den Anfang des Buches gestellt habe, zeugen von großer Weitsicht. Die Menschheit sieht sich heute tatsächlich einer Reihe existenzgefährdender Krisen planetaren Ausmaßes gegenüber, die sie wegen ihrer Sorglosigkeit und Arroganz der Natur gegenüber selbst verschuldet hat. In all den Jahren seit der Gründung des Club of Rome vor über 50 Jahren hat es die Menschheit nicht fertiggebracht, die Erde zu schützen und so zu behandeln, wie sie es verdient hätte. Und das, obwohl genügend Wissen vorhanden gewesen ist. Jetzt bleibt der Menschheit nicht mehr viel Zeit zum Handeln, um der Klimakrise Herr zu werden. Die Auswirkungen der globalen Erwärmung betreffen immer mehr Menschen auf der Welt, insbesondere in den armen Ländern, die bisher kaum Treibhausgase ausgestoßen haben, worin eine riesengroße Ungerechtigkeit besteht.

In den kommenden Jahrzehnten wird sich die Erde weiter erwärmen, daran ist nichts mehr zu ändern, auch wenn es kurzfristige natürliche Temperaturschwankungen geben wird, die die Entwicklung scheinbar verlangsamen. UN-Generalsekretär António Guterres hatte 2021, einige Wochen vor der Weltklimakonferenz in Glasgow, die Untätigkeit der Weltpolitik gegenüber der Klimakrise und die bisher völlig unzureichenden Maßnahmen zur Begrenzung der globalen Erwärmung als „Krieg gegen den Planeten" bezeichnet.[128] Sein eindringlicher Appell verhallte ungehört. Die Klimakonferenz war mit völlig unzureichenden Beschlüssen zu Ende gegangen. So soll die Nutzung von Kohle „schrittweise verringert" werden – von Ausstieg ist nicht mehr die Rede –, und es sollen „ineffiziente" Subventionen für Öl, Gas und Kohle abgebaut werden. Was soll das denn heißen? Dass die Welt noch eine Ewigkeit auf Kohle setzen wird? Dass effiziente Subventionen für die fossile

Wirtschaft uns vor dem Klimakollaps bewahren werden? Mich verwundert es immer wieder, wie man solche Phrasen Jahr für Jahr ungeniert von sich geben kann, die dann in den Medien oft auch noch als Erfolge kommuniziert werden.

Die Zeichen für Klimaschutz stehen auch deswegen nicht gut, weil Autokraten rund um den Globus mit aller Macht die Welt zu erobern scheinen. Wenn man die Klimakrise betrachtet, erscheint die Lage als aussichtslos. Noch aber ist es nicht zu spät, das Reißen der Pariser Klimaziele zu verhindern. Mit den bisherigen Strategien jedoch werden wir nicht erfolgreich sein. So viel steht fest. Viele Menschen fragen mich, ob wir die Klimakatastrophe überhaupt noch abwenden können? Ich denke, ja. Darin sind sich die Wissenschaftlerinnen und Wissenschaftler weltweit einig. Das erfordert allerdings neben einem radikalen Politik- und Technologiewandel eben auch einen Wertewandel oder eine kulturelle Revolution, wie es Aurelio Peccei nannte.

Die Rolle Deutschlands

Es ist Zeit für wirkliche Vorreiter. Deutschland sollte auf jeden Fall zu den Ländern gehören, die beim Klimaschutz vorangehen. Wenn wir auf den Letzten warten, werden wir das Problem nicht in den Griff bekommen. Betrachtet man die Situation in Bezug auf die Begrenzung der globalen Erwärmung mit etwas Realitätssinn, wird die Menschheit das 1,5-Grad-Ziel aller Voraussicht nach verfehlen, mit oder ohne Atomkraft, auf die ich noch gesondert zu sprechen kommen werde. Selbst die Einhaltung der 2-Grad-Marke stellt eine gewaltige Herausforderung dar, weil das verbleibende CO_2-Budget schon recht klein ist. Das ist nach der Weltklimakonferenz von Glasgow 2021, auf der sich die Länder zum x-ten Mal nur auf eine windelweiche und in weiten Teilen unverbindliche Abschlusserklärung einigen konnten, noch einmal deutlich geworden. Nach Einschätzung von UN-Generalsekretär António Guterres ist die Gefahr einer Klimakatastrophe nach der Konferenz keineswegs gebannt. Die in den Beschlüssen von Glasgow erzielten Fortschritte seien „nicht genug" und voller „Widersprüche", erklärte er. Die Klimakatastrophe stehe weiter vor der Tür.[129] Wobei ich, als ein Mann der Zahlen, seit Jahren überhaupt keine Fortschritte sehe. Ich bin da bei Greta Thunberg, die die Staatenlenker während des Weltklimagipfels eindringlich zum Handeln aufgerufen hatte. „Kein Blablabla mehr!", rief sie vor Teilnehmern einer Demonstration in Glasgow.

Noch ist die Welt auf einem Kurs, der sie mehr in die Richtung von 3 Grad als 2 Grad Celsius führen wird.[130] Selbst während der Corona-Jahre 2020 und 2021 hat der CO_2-Gehalt der Atmosphäre neue Höchstwerte erreicht. Die Staaten müssen sich endlich zusammenreißen und radikale Klimaschutzmaßnahmen beschließen, was allerdings in den allermeisten Ländern nicht in Sicht zu sein scheint. Deswegen ist es höchste Zeit, dass einzelne Länder das Heft in die Hand nehmen und zeigen, wie ein zielführender Klimaschutz funktionieren kann. Zu diesen Ländern muss Deutschland gehören. Ein an den Zielen des Pariser Klimaabkommens ausgerichteter Klimaschutz impliziert allerdings, dass es mit etwas weniger Autofahren oder Fliegen bei Weitem nicht getan sein wird. Der Ball liegt im Feld der Politik. Ich halte es für völlig unangemessen, den Bürgerinnen und Bürgern einreden zu wollen, dass sie zuallererst für die Lösung des Klimaproblems verantwortlich seien und erst einmal selbst aktiv werden müssten. Die Möglichkeiten der Bevölkerung sind begrenzt. Wobei natürlich jede und jeder von uns einen Beitrag zum Klimaschutz leisten sollte.

Es bedarf „systemischer" Veränderungen, wie es der Weltklimarat 2018 in seinem Bericht *1,5 Grad globale Erwärmung* deutlich gemacht hat. Wir müssen die Welt komplett umbauen. Die Menschheit muss schnellstens das fossile Zeitalter hinter sich lassen, wenn sie eine Überhitzung der Erde vermeiden will.

Albert Einstein sagte einmal sinngemäß, dass man die Probleme niemals mit derselben Denkweise lösen könne, durch die sie entstanden sind. Und das ist der Grund, warum ich nicht viel von den vorgeschlagenen Brückentechnologien halte, egal, ob es sich um Atomkraft oder Erdgas handelt, die aus meiner Sicht, nichts anderes sind als der Versuch, nichtnachhaltiges Verhalten möglichst lange künstlich am Leben zu erhalten. Wir müssen in unserem Denken und Handeln viel radikaler werden – ich meine das im positiven Sinne, wir müssen schneller und zielgerichteter handeln. Sonst wird uns der Planet um die Ohren fliegen, um es drastisch auszudrücken.

Deutschland kann beim Klimaschutz das Maß aller Dinge sein. Dazu müssen die gesamte Energieinfrastruktur einschließlich der Versorgung von Gebäuden wie auch der Verkehrssektor schnellstens transformiert werden: weg von den fossilen und hin zu den Erneuerbaren Energien. Hierfür muss die Politik die Rahmenbedingungen setzen. Dafür ist sie schließlich da, denn *sie* ist zuständig für die Daseinsvorsorge. Nur die Politik vermag es, über die Schaffung der entsprechenden Rahmenbedingungen die wirtschaftliche Dynamik zu entfesseln, die nötig ist, um die bereits vorhandenen innovativen Lösungen zur Reduzierung der Treibhausgasemissionen schnell umzusetzen und die Entwicklung weiterer innovativer Technologien zu beschleunigen – etwa die Nutzung von CO_2 aus der Luft für die Herstellung von synthetischen Kraftstoffen für den Flugverkehr, der auf absehbare Zeit nicht elektrifiziert werden kann. Die neuen Technologien, so meine Hoffnung, können in den Industrienationen entwickelt werden und dann überall auf der Welt zum Einsatz kommen.

Hierfür hat Deutschland alle Möglichkeiten, weil es sowohl die Expertise als auch die finanziellen Mittel besitzt. Mit dem Beginn der Entwicklung der Erneuerbaren Energien hat Deutschland bereits vor Jahrzehnten einen wichtigen Impuls gesetzt und gezeigt, dass das Land imstande ist, Technologien zu entwickeln, die geeignet sind, weltweit neue Klimastandards zu setzen. Deutschland hat dadurch, dass es vor vielen Jahren in Vorleistung getreten ist, in vielen Ländern eine noch vor wenigen Jahrzehnten nicht für möglich gehaltene Dynamik in der alternativen Energieerzeugung angestoßen. Heute ist der Zubau an Stromkapazität durch die Erneuerbaren Energien global mit einem Anteil von ungefähr 70 Prozent schon sehr viel größer als der durch die konventionellen Energien, wobei sich der Aufwärtstrend der letzten Jahre mit Sicherheit in den kommenden Jahrzehnten weiter fortsetzen wird.

Wie ist die derzeitige Rolle Deutschlands beim Klima-schutz im internationalen Vergleich zu bewerten? Deutschland hat seine CO_2-Emissionen von 1990 bis einschließlich 2020 um gut 40 Prozent verringert, während die Emissionen im selben Zeitraum global um ungefähr 60 Prozent angestiegen sind. Die Verringerung in Deutschland wurde allerdings durch die Wiedervereinigung und den damit in Zusammenhang stehenden Zusammenbruch der Wirtschaft in Ostdeutsch-land begünstigt. Deutschland hätte noch viel mehr Treibhaus-gase einsparen können. Ein wesentlich schnellerer Ausbau der Erneuerbaren Energien wäre möglich gewesen. Er wurde allerdings in den letzten Jahren von Teilen der Politik systema-tisch ausgebremst, beispielsweise durch unsinnige Abstandsre-gelungen für Windkraftanalagen. Das Versagen der Politik im Verkehrssektor ist ein weiteres Beispiel dafür, dass Deutsch-land deutlich mehr Treibhausgase hätte einsparen können. Im Verkehrssektor sind die CO_2-Emissionen immer noch in etwa auf dem Stand von 1990.

Eigentlich müsste sich die deutsche Automobilindustrie dafür schämen, dass ihr erst ein Elon Musk mit seiner Elektro-automarke Tesla[131] Beine machen musste. Die DaimlerChrysler AG, heute wieder Mercedes-Benz, war jahrelang Mitglied in der Global Climate Coalition, einer Lobbyorganisation, die 1989 von Großunternehmen gegründet worden war. Diese Organisation, die 2001 aufgelöst wurde, hatte die Klimaforschung und den Klimaschutz mit allen Mitteln und großem finanziellen Aufwand bekämpft, zum Teil mit hanebüchenen Behauptungen. Die deutschen Autohersteller haben lange Zeit nur an die kurzfristigen Gewinne gedacht und wurden dabei von der deutschen Politik tatkräftig unterstützt, die auf europäischer Ebene den Bremser bei den Abgaswerten gegeben hat. Und schließlich wurde auch noch bei den Abgaswerten von Dieselfahrzeugen geschummelt. Ein solches Verhalten ist wenig innovativ und schon gar nicht zukunftsorientiert. Deutschland kann mehr!

Mut zum Aufbruch

Die Menschen brauchen viel Mut, wenn sie doch noch die Pariser Klimaziele einhalten wollen. Wir in Deutschland sollten den Mut aufbringen und vorangehen. Das schließt auch den Mut zum Scheitern ein. Kaum etwas, das man sich ausgedacht hat, funktioniert doch auf Anhieb. Man muss aber erst einmal anfangen, wenn man etwas Neues schaffen will. Die ewigen Bedenkenträger werden uns bei der Energie-, Mobilitäts- und Agrarwende nicht weiterbringen. Wie sagt ein Sprichwort: „Wer nicht wagt, der nicht gewinnt." Stillstand, also das Abwarten und Festhalten an den alten Technologien, wird uns beim Klimaschutz immer mehr in die Sackgasse führen. Auf ein Wunder können wir nicht hoffen, etwa in der Art, dass die Klimamodelle völlig danebenliegen. Darauf können wir nicht vertrauen. Die Modelle haben seit Jahrzehnten die Klimaentwicklung korrekt vorhergesagt. Und auf eine Supertechnologie, die auf einmal alle Probleme in kurzer Zeit löst, möchte ich auch nicht wetten.

Klimaschutz ist der Innovationsmotor schlechthin. Die deutsche Wirtschaft muss sich an die Spitze der Bewegung setzen. Mit einer Philosophie des „Augen zu und durch" werden sich gerade global operierende Unternehmen auf lange Sicht nicht auf dem Weltmarkt behaupten können. Die Entwicklung hin zu den Erneuerbaren Energien, nachhaltiger Produktion, neuen Antrieben oder Mobilitätskonzepten ist nicht mehr aufzuhalten, und sie wird weltweit weiter an Dynamik gewinnen. Die deutsche Politik wird zumindest Teile der Wirtschaft zum Jagen tragen und in den nächsten Jahren mehr und mehr die Zügel anziehen müssen. Sie wird nichtnachhaltiges Wirtschaften sanktionieren, womit sie schon begonnen hat, wenn auch in homöopathischen Dosen. Im Rahmen des Europäischen Emissionshandelssystems lag der Preis pro ausgestoßener Tonne CO_2 im Februar 2022 schon bei ungefähr 90 Euro, zu Beginn des Jahres 2018 war er noch bei unter 10 Euro gewesen, was in etwa einer Verzehnfachung des CO_2-Preises entspricht. Dem Europäischen Emissionshandelssystem unterliegen die Energiewirtschaft, energieintensive Industrien und der innereuropäische Luftverkehr. Es umfasst damit fast die Hälfte aller europäischen Treibhausgasemissionen.[132] Kohlekraftwerke sind durch den gestiegenen europäischen CO_2-Preis praktisch nicht mehr rentabel zu betreiben, wovon Gaskraftwerke und die erneuerbaren Energieanlagen profitieren.

Seit 2021 zahlen in Deutschland Unternehmen, die mit Heizöl, Erdgas, Benzin und Diesel handeln, auch eine CO_2-Steuer, wodurch sich in den Bereichen Verkehr und Wärme die Preise erhöht haben, was sich auch in den Geldbeuteln der Bürgerinnen und Bürgern bemerkbar macht. Die Sektoren Verkehr und Wärme sind die Bereiche, die bei der Energiewende am weitesten zurückliegen. Der Verkehrssektor ist der einzige Bereich, in dem die Emissionen bis vor Corona sogar noch angestiegen waren. Einer der Gründe hierfür ist der mangelnde Ausbau des Bahnnetzes, sowohl im Personen- als auch im Güterverkehr. Zudem mangelt es der Bahn an Qualität. Wenn man Pendler von der Straße auf die Schiene bringen möchte, dann sollten Pünktlichkeit, ein Sitzplatz und schnelles

Internet der Standard sein, so wie es in anderen Ländern längst der Fall ist. Außerdem vermag ich nicht einzusehen, warum in Zeiten des Klimawandels die Autos immer größer werden müssen, wodurch alle Effizienzgewinne beim Kraftstoffverbrauch zunichtegemacht und immer mehr Ressourcen verbraucht werden. Gerade bei diesem Thema stellt sich mir die Frage, wie lernfähig die Menschen eigentlich sind.

Der deutsche CO_2-Preis lag zu Beginn, 2021, bei 25 Euro pro Tonne, 2022 stieg er auf 30 Euro und soll schrittweise auf bis zu 55 Euro im Jahr 2025 steigen. Für das Jahr 2026 soll ein Preiskorridor von mindestens 55 Euro und höchstens 65 Euro gelten.[133] Die CO_2-Bepreisung ist ein wichtiges Signal an die Wirtschaft. Wer als Unternehmen bei den klimafreundlichen Technologien nicht vorne auf der Lokomotive sitzt, riskiert in ein paar Jahren hohe Kosten und ein Abrutschen in die Bedeutungslosigkeit. Das sollten diejenigen in der Wirtschaft erkennen, die heute die Weichen für die nächsten Jahre und Jahrzehnte stellen. Sie müssen viel schneller und zielgerichteter agieren. Die Politik muss und wird die nachhaltigen Technologien stärker unterstützen und das sinnlose Subventionieren der Technologien von gestern stoppen. Dies wird nicht nur in Deutschland der Fall sein. Das zu lange Festhalten an den fossilen Brennstoffen wird den Wirtschaftsstandort Deutschland schwächen. Hier treffen sich Klimaschutz und Wirtschaftsförderung, zum Nutzen der Umwelt und der Industrie.

Es muss genügend Risikokapital bereitstehen, um überhaupt einmal neue Ideen ausprobieren zu können. Viele deutsche Universitäten sind unterfinanziert, was sich ein Land wie Deutschland nicht leisten kann. Das Geld für die Finanzierung von riskanten Ideen wäre vorhanden, keine Frage. Dieses Geld kann aber nicht nur vom Staat, also von uns Steuerzahlerinnen und Steuerzahlern kommen. Und damit wären wir wieder bei den Reichen dieser Welt und den Konzernen mit übermäßig hohen Gewinnen. Gegen Gewinne ist prinzipiell nichts zu sagen. Gewinne sind wichtig, sonst funktioniert eine Wirtschaft nicht, Stillstand wäre programmiert. Es gibt aber auch eine gesellschaftliche Verantwortung. Einige besonders vermögende Personen nutzen windige Steuertricks und schleusen Geld am Staat vorbei, um es in Steueroasen zu transferieren. Dieses Geld kann niemals von ihnen ausgegeben werden. Was soll das? Ist Geld zu einer Religion geworden? Warum kann man nicht einen Teil des Geldes in die Entwicklung nachhaltiger Technologien investieren?

Unternehmen, die formidable Gewinne einfahren, nutzen ebenfalls die Möglichkeiten zur Steuerhinterziehung. Ob das legal oder illegal ist, kann man nicht immer klar bewerten, ethisch ist ein derartiges Verhalten auf jeden Fall nicht. Mit einem solchen Gebaren entziehen sie sich der Verantwortung für eine intakte Umwelt, die gerade sie durch ihre oftmals nicht-nachhaltigen Geschäftsmodelle besonders stark schädigen. Außerdem beteiligen sie sich nicht an der Finanzierung des Gemeinwesens, zum Beispiel an der Finanzierung der Infrastruktur, die sie selbst aber gerne in Anspruch nehmen. Das geht dann auch noch mit Lohndumping einher. Die Übernahme von Verantwortung durch das gerechte Teilen von Vermögen und Gewinnen gehört meiner Meinung nach unbedingt zu der kulturellen Revolution, die Aurelio Peccei gefordert hatte. Die Gewinnmaximierung um jeden Preis, ob zu Lasten der Umwelt oder des Staates und damit von uns allen, ist im wahrsten Sinne des Wortes asozial. Ich möchte an dieser Stelle an das Grundgesetz erinnern: „Eigentum verpflichtet. Sein Gebrauch soll zugleich dem Wohle der Allgemeinheit dienen."[134]

Die Reichen dieser Welt sind auch aus einem anderen Grund ganz besonders dazu aufgerufen, etwas für den Klimaschutz zu tun. Das hat nicht etwa mit Neid zu tun, sondern einfach damit, dass die reichsten zehn Prozent der Weltbevölkerung global mehr als ein Drittel der Treibhausgase verursachen. Die internationale Nothilfe- und Entwicklungsorganisation Oxfam veröffentlichte während der Weltklimakonferenz in Glasgow 2021 eine Studie, nach der im Jahr 2030 allein das wohlhabendste eine Prozent der Weltbevölkerung voraussichtlich für 16 Prozent des weltweiten CO_2-Ausstoßes verantwortlich sein werde.[135] Nehmen wir an, 2030 würde der weltweite CO_2-Ausstoß immer noch in etwa auf dem heutigen Niveau sein, also bei ungefähr 40 Milliarden Tonnen, und die Weltbevölkerung bliebe bei ungefähr acht Milliarden Menschen stehen. Dann läge der jährliche Pro-Kopf-Ausstoß der reichsten ein Prozent bei etwa 80 Tonnen CO_2, knapp dem Zehnfachen des gegenwärtigen Pro-Kopf-Ausstoßes in Deutschland, der ohnehin viel zu hoch und in keiner Weise kompatibel mit dem Pariser Klimaabkommen ist. Die Reichen sind gefordert, keine Frage. Ihr Treibhausgasausstoß ist nicht hinnehmbar und widerspricht in jeder Hinsicht dem Gedanken der Klimagerechtigkeit. Das müssen wir thematisieren und offen aussprechen. Eigentlich sollten doch die Reichen Vorbild sein, sie sollten für Klimaschutz stehen und ihn tatkräftig unterstützen. Aber von einigen wenigen Ausnahmen abgesehen verweigern sie sich.

Weil seit ihrer Einführung die Energiepreise stark angestiegen sind, hat die vergleichsweise geringe CO_2-Steuer in Deutschland zu allerlei Diskussionen geführt. Wobei die Teuerung aber nicht hauptsächlich am CO_2-Preis liegt, sondern vor allem an den weltpolitischen Verwerfungen, wie zum Beispiel dem Krieg in der Ukraine. Deutschland ist keineswegs das erste Land, das eine CO_2-Steuer eingeführt hat. In Schweden zum Beispiel gibt es schon seit 1991 eine CO_2-Bepreisung, die in erster Linie die Emissionen aus dem Verkehrs- und Gebäudesektor betrifft. Die Höhe dieser CO_2-Steuer betrug 2021 sage und schreibe rund 115 Euro pro Tonne. In Schweden wurde die Einführung der CO_2-Bepreisung von der Bevölkerung akzeptiert. „Das liegt daran, dass gleichzeitig eine ganze Reihe unpopulärer Steuern abgeschafft wurde", so Thomas Sterner, Professor für Umweltwirtschaft an der Universität Göteborg, in einem Interview mit dem *Tagesspiegel*.[136] Zu denen hätten unter anderem Vermögenssteuern, Kapitalsteuern und Ertragssteuern gehört. Mit den Einnahmen aus der CO_2-Steuer seien außerdem soziale Projekte finanziert worden.

Das Schwedische Modell ist, das sei auch gesagt, nicht direkt auf Deutschland übertragbar, weil Schweden ungefähr zu 40 Prozent Atomstrom nutzt, durch die Wasserkraft viel mehr Erneuerbare Energie zur Verfügung hat und nicht unseren Industrialisierungsgrad besitzt. Schweden zeigt aber eines sehr deutlich, dass man nämlich viele Politikfelder zusammendenken muss. Die Senkung der CO_2-Emissionen muss im Zusammenhang mit den wirtschaftlichen und gesellschaftlichen Erfordernissen gesehen werden. Die Menschen müssen bei der Einführung von Klimaschutzmaßnahmen wissen, dass es gerecht zugeht. Es darf nicht so sein, dass ein Teil der Gesellschaft an den Rand gedrängt wird und in die Nähe des Existenzminimums rutscht, während die Reichen die Abgabe aus der Portokasse zahlen können. Sonst rebellieren die Menschen, und das völlig zu Recht. Die Bevölkerung darf nicht das Gefühl bekommen, abgezockt zu werden. Im Moment ist es allerdings so; die Lasten trägt hauptsächlich der „kleine Mann". Das ist eine weit verbreitete Ansicht in der Bevölkerung. Nicht zu Unrecht, wie ich finde. Hier hat die Politik eine große Verantwortung. Klimaschutz darf nicht zum sozialen Sprengstoff werden. Ich bin aber fest davon überzeugt, dass eine deutlich höhere CO_2-Steuer auch in Deutschland von der Bevölkerung akzeptiert werden würde, wenn sie sozial ausgestaltet wäre und das Geld den Menschen in irgendeiner Form wieder zugutekäme. Die CO_2-Bepreisung ist Teil des Aufbruchs, den wir wagen müssen, weil sie neue Möglichkeiten eröffnet und langfristig unsere Wettbewerbsfähigkeit sichert.

Und noch ein Punkt ist in dem Vergleich mit Schweden wichtig. Vielleicht ist er sogar der Schlüssel zum Erfolg, um die Menschen beim Klimaschutz mitzunehmen: Das Vertrauen in staatliches Handeln wie auch die Einsicht, dass es eines starken Staates bedarf, um Krisen zu überwinden, ist in Schweden und auch in den anderen skandinavischen Ländern sehr viel höher als in Deutschland. Hierzulande ist das Vertrauen in den Staat weniger stark ausgeprägt, was gerade durch Corona und die vielen Impfunwilligen deutlich geworden ist. Rational ist diese Verweigerungshaltung gegenüber den staatlichen Appellen, sich bitte impfen zu lassen, nicht, weil sich die Wissenschaft darin einig ist, dass das Impfen der beste Weg ist, um aus der Pandemie herauszukommen.

Schon länger beobachte ich eine Tendenz zum Misstrauen gegenüber der Politik: „Wenn die da oben etwas beschließen, dann nur, um die Bevölkerung zu gängeln." Der Staat sei übergriffig. Dass die staatlichen Maßnahmen jedoch gute Gründe haben, sei es zur Bekämpfung der Corona- oder der Klimakrise, wird dabei ausgeblendet. Oftmals sind es auch Rechtsextreme, die die Stimmung anheizen und das Unbehagen bestimmter Gruppen für ihre Zwecke zu nutzen suchen. Dadurch entsteht ein explosives Gebräu, das das Potenzial besitzt, Gewalt als politisches Mittel hoffähig zu machen, so wie es in den USA schon längst der Fall und auch in Deutschland in Anfängen zu beobachten ist. Ich möchte an die Ermordung des Kasseler Regierungspräsidenten Walter Lübcke oder die gewaltsamen Proteste gegen die Corona-Maßnahmen erinnern.

Warum fehlt uns der Mut? Warum schaffen wir es nicht, selbst die einfachsten Dinge umzusetzen? Ein Beispiel für diese Unfähigkeit ist der aus meiner Sicht völlig irrationale Streit um das Tempolimit bei uns in Deutschland, das es selbst in den USA gibt, dem Automobilland schlechthin. Es gibt mehrere sehr gute Gründe dafür, eine Geschwindigkeitsbegrenzung auf den Autobahnen einzuführen, sowohl aus Sicherheits- als auch aus Umwelt- und Klimaschutzgründen. Ich selbst befürworte ein Tempolimit uneingeschränkt und praktiziere es ohnehin schon, obwohl es keine gesetzliche Regelung gibt. Für mich gilt auf Autobahnen Tempo 100. Insgesamt hat Deutschland 2021 rund 700 Millionen Tonnen CO_2 ausgestoßen.[137] Auf den gesamten Verkehrssektor entfielen rund 150 Millionen Tonnen – etwa genauso viele wie 1990. Nach wie vor gehört der Verkehr also zu den Sorgenkindern und muss endlich einen Beitrag zum Klimaschutz leisten.

Das Umweltbundesamt hat Zahlen für die CO_2-Einsparung durch ein Tempolimit vorgelegt.[138] Eine Geschwindigkeitsbegrenzung auf 120 km/h würde den Ausstoß von Treibhausgasen jährlich um 2,6 Millionen Tonnen verringern. Eine Beschränkung auf 100 km/h würde 5,4 Millionen Tonnen einsparen. Im Jahr 2030 sollen insgesamt nur noch 85 Millionen Tonnen im Verkehrssektor ausgestoßen werden, gut 40 Prozent weniger als heute. Den entscheidenden Beitrag zur Verringerung des Treibhausgasausstoßes im Verkehrssektor würde die Einführung eines Tempolimits also nicht liefern können. Die *eine* Maßnahme auf dem Weg zur Klimaneutralität gibt es aber ohnehin nicht. Es braucht Veränderungen in vielen Bereichen, die zügig angegangen werden müssen, und dafür braucht es den Mut, die Zukunft gestalten zu wollen. Was wir also unbedingt neben dem Tempolimit brauchen – und dies zeigen die obigen Zahlen sehr deutlich – sind systemische Veränderungen im Verkehrssektor.

Beim Verkehr ist das zügige Ende des Verbrennungsmotors angezeigt, das mit einem massiven Ausbau der E-Mobilität, einer Stärkung des öffentlichen Nahverkehrs und der Bahn wie auch mit der Entwicklung völlig neuer Mobilitätskonzepte auf längere Sicht einhergehen wird, wobei integrierte Verkehrssysteme und autonome Fahrzeuge eine wichtige Rolle spielen werden. Letztere wären auch im Hinblick auf eine bessere Anbindung der ländlichen an die städtischen Räume von Vorteil. Die Mobilitätswende muss jetzt schnell umgesetzt werden. In Bezug auf die verkehrsbedingten CO_2-Emissionen waren die letzten 30 Jahre in Deutschland verschenkte Jahre. Nur zum Vergleich:

Im Stromsektor beträgt der Anteil der Erneuerbaren Energien heute schon fast 50 Prozent, im Verkehrssektor gerade mal magere sieben Prozent. Dies zeigt, wie sehr die Lobbyinteressen gerade im Verkehrssektor dominieren. Ich verstehe das Arbeitsplatzargument, das so oft von der Automobilindustrie ins Feld geführt wird, um Maßnahmen zum Umwelt- und Klimaschutz zu verhindern. Doch das ist für mich zu kurz gesprungen. Ich möchte, dass Deutschland die Arbeitsplätze auch noch in ein oder zwei Jahrzehnten haben wird. Die Mobilitätswende wird die Zukunft der Automobilindustrie sichern und keinesfalls gefährden.

Eine radikale Trendwende muss es ebenfalls in der Nahrungsmittelproduktion geben. Das Roden von Regenwäldern, um Futtermittel anzubauen oder um riesige Viehherden weiden zu lassen, muss der Vergangenheit angehören, und dies aus verschiedenen Gründen. Neben dem Klimaschutz ist vor allem der Verlust an biologischer Vielfalt zu nennen. Wenn Wälder gerodet oder verbrannt werden, wird gespeicherter Kohlenstoff in die Atmosphäre freigesetzt. Im Durchschnitt der Jahre 2015 bis 2017 verursachte der weltweite Verlust von Tropenwäldern zwischen fünf und zehn Prozent der jährlichen anthropogenen Kohlendioxidemissionen.[139] Das Beenden der Waldzerstörung wäre demnach eine schnelle und kosteneffiziente Möglichkeit, die globalen CO_2-Emissionen zu senken. Auch wenn Deutschland nicht direkt an der Waldzerstörung in den Tropen beteiligt ist, spielt doch der Import von Waren wie Fleisch, Futtermittel oder Palmöl, die in den ehemaligen Waldgebieten angebaut oder produziert werden, eine fördernde Rolle. Warum bringen wir nicht den Mut auf, gegen die Waldzerstörung vorzugehen? Mit verbalen Verurteilungen etwa gegen den brasilianischen Präsidenten Jair Bolsonaro ist es nicht getan.

Außerdem muss der Gebrauch von Kunstdünger und von Pestiziden in der Landwirtschaft auf ein Minimum beschränkt werden, um einerseits das Klima zu schützen – der Gebrauch von Kunstdünger verursacht das Treibhausgas Lachgas – und andererseits die Artenvielfalt zu erhalten. Außerdem verursacht die Großviehhaltung große Mengen des Treibhausgases Methan. Die Fischereiindustrie muss sich ebenfalls umstellen, weil die jahrelange Überfischung der Weltmeere die Bestände extrem dezimiert hat. Hinzu kommt, dass der Klimawandel den marinen Ökosystemen durch die Erwärmung und Versauerung des Meerwassers immer mehr zusetzt. Die Nahrungsmittelproduktion mittels Aquakultur schließlich muss sich auch an Nachhaltigkeitskriterien orientieren, damit die Flüsse und küstennahen Gewässer nicht zu Kloaken verkommen, was langfristig auch das Leben im offenen Ozean gefährden würde. Das wären nur einige Beispiele – es gibt viele mehr –, die verdeutlichen, dass wir die Nahrungsmittelproduktion auf der Welt und natürlich auch in Deutschland nachhaltiger gestalten müssen. Das erfordert den Mut, die überholten Strukturen aufbrechen zu wollen und nicht immer vor den Lobbyinteressen einzuknicken.

Finanzielle Interessen einiger weniger, und das gilt für alle Bereiche und nicht nur für die Land-, Wald- und Fischereiwirtschaft, müssen gegenüber den Interessen der Umwelt und letzten Endes vor den Interessen der Menschheit zurückstehen. Ein ungebremster Klimawandel würde die Herstellung von Lebensmitteln auf dem Land und in den Meeren stark beeinträchtigen und damit die Ernährungssicherheit auf der Welt gefährden.[140] In der Tat stünde die Stabilität unserer Lebensmittelversorgung durch extremer werdende Wetterverhältnisse auf dem Spiel. Eine Situation, mit der wir hierzulande schon zu kämpfen haben, zum Beispiel wegen der zunehmenden Sommertrockenheit. Andererseits verursacht das globale Lebensmittelsystem zwischen einem Fünftel und einem Drittel der vom Menschen verursachten Treibhausgasemissionen – in Deutschland sind es knapp zehn Prozent – und fördert die Erderwärmung.

Eines muss in diesem Zusammenhang immer wieder deutlich gemacht werden, damit sich nicht Hoffnungslosigkeit oder gar Fatalismus in der Bevölkerung breitmachen: Der zukünftige Temperaturanstieg an der Erdoberfläche hängt hauptsächlich von den *zukünftigen* Treibhausgasemissionen ab, also vom Grad des Klimaschutzes. Deswegen ist es aus naturwissenschaftlicher Sicht keineswegs zu spät, die Pariser Klimaziele einzuhalten. Länder wie Deutschland sollten den Mut aufbringen, bei der Lösung der Umweltprobleme voranzugehen. Technologisch wie auch finanziell wäre das kein Problem. Wir müssen aber den unbedingten Willen dazu haben, die Treibhausgasemissionen schnell zu verringern, in der Politik, in der Wirtschaft, in allen Teilen der Gesellschaft. Jeder und jede Einzelne von uns muss und kann einen Beitrag zum Klimaschutz leisten, wie immer der im Detail aussehen mag. Auch wenn der Beitrag schlicht darin besteht, dass man die Notwendigkeit von Klimaschutz-maßnahmen akzeptiert, damit Deutschland seiner Verantwor-tung zur Begrenzung der globalen Erwärmung gerecht werden kann. Klimaschutz erfordert eine gesamtgesellschaftliche Kraft-anstrengung. Zuallererst ist die Politik gefordert, die Richtung vorzugeben. Politikerinnen und Politiker haben es jedoch viel einfacher, wenn es eine breite Akzeptanz für Klimaschutzmaß-nahmen in der Bevölkerung gibt.

Das Klimaproblem kann nur von allen Ländern gemeinsam gelöst werden, worin eine völlig neue Herausforderung für die Menschheit besteht und worauf ich schon mehrfach hinge-wiesen habe. Die wirtschaftlich starken Länder müssen beim Klimaschutz vorangehen, weil sie entweder die allermeisten Treibhausgase in der Vergangenheit ausgestoßen haben und/oder heute immer noch zu den größten Verursachern zählen. Alleine die beiden derzeit größten CO_2-Verursacher, China und die USA, waren 2020 für ungefähr 45 Prozent der weltweiten Emissionen verantwortlich, wobei China mit einem Anteil von 31 Prozent mit großem Abstand an der Spitze gelegen hat. Die sogenannten G20-Staaten, die 20 wirtschaftlich stärksten Nati-onen, produzierten ungefähr 80 Prozent aller Treibhausgase.

Die Europäische Union verursachte knapp zehn Prozent der CO_2-Emissionen, Deutschland zwar „nur" etwa zwei Prozent, was allerdings, verglichen mit seinem Bevölkerungsanteil von ungefähr einem Prozent, überproportional viel ist. Deswegen hat Deutschland auch eine moralische Verpflichtung, beim Klimaschutz voranzugehen.

Außerdem müssen Länder wie Deutschland Mittel und Wege finden, Druck auf die Verweigererländer auszuüben. Das wird nicht einfach sein, wenn ich an China, Russland oder Brasilien denke, die von rücksichtslosen Autokraten regiert werden, denen die Umwelt egal ist. Wir müssen uns klarmachen, dass die unterschiedlichen Politikfelder zusammengedacht werden müssen. Den Autokraten dieser Welt ist nichts heilig, noch nicht einmal das menschliche Leben. Wenn wir diesen Politikern nicht Einhalt gebieten, stehen auch die Freiheit und die Menschenrechte in den westlichen Demokratien auf dem Spiel. Der Überfall Russlands auf die Ukraine zeigt uns das in aller Deutlichkeit. Die Brutalität, mit der die Russen vorgegangen sind, macht mich einfach nur fassungslos, obwohl wir schon einiges an Menschenrechtsverletzungen in den letzten Jahren ansehen mussten. Während ich diese Zeilen schreibe, wird gerade ein ukrainisches Atomkraftwerk von den Russen angegriffen. Mir fehlen die Worte.

Atomkraft – eine Brückentechnologie?

Gestatten Sie mir an dieser Stelle einen etwas längeren Kommentar zur Atomkraft, die in der Klimadebatte immer wieder als angeblich „saubere" Brückentechnologie vorgeschlagen wird auf dem Weg in eine Welt, in der nur noch die Erneuerbaren Energien zum Einsatz kommen. In Europa wird zurzeit heftig darüber gestritten, ob die Atomkraft als nachhaltig eingestuft werden soll. Durch die sogenannte EU-Taxonomie sollen private Investitionen mobilisiert und in Tätigkeiten gelenkt werden, die notwendig sind, um innerhalb der nächsten 30 Jahre Klimaneutralität zu erreichen.[141] Frankreich, das über 70 Prozent seiner Elektrizität in Kernkraftwerken erzeugt, betreibt die Zertifizierung von Atomkraft als nachhaltige Form der Energiegewinnung an vorderster Stelle und möchte für den Bau neuer Atomkraftwerke sogar Fördergelder kassieren.[142] Und es scheint so, dass Frankreich mit seiner Initiative tatsächlich Erfolg haben wird.[143] Zu dem Deal gehört, dass auch Erdgas als nachhaltig eingestuft wird, was auf Betreiben Deutschlands zurückgeht. Beide Energieformen sind jedoch alles andere als nachhaltig.

Atomkraft wäre auch aus Klimaschutzgründen ein Desaster, obwohl es immer heißt, dass Atomkraft das Klima schützen würde. In der Tat entsteht bei dem Betrieb von Atomkraftwerken kein CO_2. Bezieht man allerdings den gesamten Lebenszyklus eines Atomkraftwerks inklusive der Endlagerung mit in die Berechnung für den CO_2-Ausstoß ein, steht die Kernenergie zwar besser da als fossile Kraftwerke. Der Abstand der Atomkraftwerke zu den Erneuerbaren Energien ist jedoch beträchtlich. Ich fürchte außerdem, dass sich durch das zu lange Festhalten an Atomkraft und auch Erdgas die Finanzströme nicht schnell genug in den Ausbau der Erneuerbaren Energien fließen werden und Europa für den Umbau seiner Wirtschaft in eine klimaneutrale wertvolle Zeit verlieren würde. Das Festhalten an der Atomkraft wäre in meinen Augen eine Kapitulation vor den Interessen der Atomlobby und auf längere Sicht gesehen im Sinne des Klimaschutzes völlig kontraproduktiv.

Es gibt weitere Gründe für meine ablehnende Haltung gegenüber der Atomkraft. Erstens: Die Atomkraft ist die teuerste Form der Energieerzeugung überhaupt. Energie aus Sonne und Wind sind deutlich billiger. Allein die Haftpflichtversicherung für ein Atomkraftwerk ist unbezahlbar und wurde schon 2011 auf 72 Milliarden Euro pro Jahr geschätzt. Im *manager magazin* hieß es dazu: „Praktisch sind die Meiler also nicht zu versichern. Es sei denn, der Strompreis kletterte auf das Zwanzigfache."[144] Die Versicherungssumme ist aus diesem Grund gedeckelt, mit der Folge, dass der Staat für einen Großteil der Schäden durch einen Atomunfall aufkommen müsste, d. h. die Steuerzahlerinnen und Steuerzahler. Also wir alle. Wieso sollte eine Gesellschaft das wollen? Außerdem: Noch sind die Preise für Strom aus älteren Kernkraftwerken relativ niedrig. Das wird sich ändern. In Frankreich gibt es erste Sicherheitsprobleme, es fallen Reparaturen an, und es gibt immer mehr Ausfälle. Gleichzeitig sprengen die neuen Atommeiler jede Kostenbilanz. Der Europäische Druckwasserreaktor, EPR, in Flamanville an der französischen Westküste beispielsweise sollte einmal vier Milliarden Euro kosten, mittlerweile belaufen sich die Kosten auf fast 20 Milliarden Euro. Während Wind- und Solarstrom immer günstiger werden, wird Atomstrom immer teurer. Das ist widersinnig. Das Festhalten an der Atomkraft ist also auch aus Kostengründen wenig überzeugend.

Zweitens: Atomkraftwerke können entgegen einer weit verbreiteten Meinung nicht sicher betrieben werden. Kernkraftwerke haben den Realitätscheck erwiesenermaßen nicht bestanden. Mehrere Unfälle in den Reaktoren seit dem Beginn der zivilen Nutzung der Atomkraft haben dies bewiesen, darunter die Super-GAUs in Tschernobyl und Fukushima. Es war die Reaktorkatastrophe im japanischen Fukushima, die Deutschland veranlasste, endgültig aus der Atomenergie auszusteigen. Ich kann der deutschen Politik dazu nur gratulieren. Natürlich leben wir in der Nachbarschaft von Kernkraftwerken im Ausland wie denen in Frankreich. Sollten wir aber deswegen die Atomkraft weiter nutzen? Ich habe diese Argumentation der Atomkraftbefürworter nie verstanden. Atomkraftwerke im benachbarten Ausland können doch kein Grund dafür sein, ein extremes Sicherheitsrisiko auch im eigenen Lande zu akzeptieren. Wenn schon ein Reaktor havariert – was ich nicht hoffen will, was aber auch in einem Industrieland passieren kann –, dann doch bitte nicht direkt bei uns im eigenen Land, wo die Strahlungsbelastung am stärksten wäre und tödlich sein kann. Es will mir nicht einleuchten, weswegen man ein so großes Risiko eingehen will, obwohl es saubere Alternativen gibt.

Drittens: Im Gegensatz zur Nuklearenergie sind die Erneuerbaren Energien praktisch überall auf der Erde verfügbar, noch dazu zeitlich unbegrenzt. Sonnenenergie kann vor Ort genutzt werden, weswegen sich Solaranlagen auf Dächern einer wachsenden Beliebtheit erfreuen. Die Sperren von Parkplätzen zum Aufladen von Elektroautos wie auch Parkuhren werden mit Solarstrom betrieben. Natürlich erfordern die stark fluktuierenden Erneuerbaren Energien neue Netzstrukturen und vor allem auch intelligente Netze. Das dafür benötigte Know-how ist vorhanden. Das investierte Geld wäre sehr gut angelegt: in eine gute Zukunft. Mit der Förderung der konventionellen Energieproduktion hingegen investieren wir in eine schlechte Zukunft.

Viertens: Die Auswirkungen von Atomunfällen sind nicht nur nicht beherrschbar, sondern können die betroffenen Gegenden jahrtausendelang unbewohnbar machen. Die Reaktorkatastrophen von Tschernobyl 1986 und Fukushima 2011 sprechen Bände. Und mehr noch: In einem nicht zugänglichen Kellerraum des Kernkraftwerks von Tschernobyl kommt es Medienberichten zufolge offenbar wieder zu einer nuklearen Kettenreaktion – wenn auch auf einem bislang niedrigen Niveau. Nach über 35 Jahren! Auch das Atomkraftwerk in Fukushima ist nach über einem Jahrzehnt immer noch nicht unter Kontrolle. Es muss ständig gekühlt werden. Jetzt will Japan das verstrahlte Kühlwasser in den Pazifik ablassen. So etwas kann ich wirklich nur noch im wahrsten Sinne des Wortes als eine Sauerei bezeichnen.

Fünftens: Die Entsorgungsfrage ist nach wie vor ungelöst. Es sieht auch nicht danach aus, dass man jemals eine Lösung für die nuklearen Abfälle finden wird. In Deutschland sollen die atomaren Abfälle in Endlagern für eine Million Jahre sicher verwahrt werden. Verzeihen Sie mir bitte, dass ich hierfür den folgenden Ausspruch verwende: „Da lachen ja die Hühner." Wer glaubt denn ernsthaft, dass eine sichere Lagerung über diese lange Zeit hinweg möglich ist? Die Menschen sollen einfach nur für dumm verkauft werden, wenn man ihnen weismachen will, dass es in absehbarer Zeit eine Lösung für den Atommüll gibt. Und auch die Argumentation, dass wir die jetzt schon angefallenen nuklearen Abfälle in einem Endlager verwahren müssen, kann doch nicht dafürsprechen, noch mehr Atommüll zu produzieren.

Sechstens: Atomkraft trägt im globalen Maßstab nicht nennenswert zur Energieversorgung bei. Ihr Anteil an der Stromerzeugung liegt derzeit bei etwa zehn Prozent. Atomkraft wird den Energiebedarf der Welt niemals decken können. Warum sollte man dann in der Zukunft in die Atomkraft investieren? Atomkraft bindet die so dringend benötigten Finanzmittel, um die Energieprobleme der Welt lösen zu können.

Schließlich, siebtens: Das Festhalten an der Atomkraft würde Innovation behindern und die globale Energiewende verzögern, die nötig ist, um die globale Erwärmung zu begrenzen. Kurzum, Atomkraft ist das Gegenteil einer nachhaltigen Energieversorgung, weil sie gefährlich ist und den zukünftigen Generationen unzumutbare Lasten aufbürdet. Atomkraft und Umweltschutz schließen einander aus. Wer der Atomkraft das Wort redet, gibt der Welt zu verstehen, dass ihm die Umwelt und die nachfolgenden Generationen egal sind. Die Menschen sollten meiner Meinung nach, und da bin ich ganz klar, das Klimaproblem ohne die Atomkraft angehen, weil sonst zusätzliche weitreichende Gefahren drohen.

Worauf warten wir noch? – Die Welt am Abgrund

Härtetest

Wir müssen die Klimaproblematik beherzt angehen. Viel Zeit zum Überlegen bleibt nicht mehr. Die Menschen können nicht warten, bis sie die beste Lösung gefunden haben, um allen Interessen gerecht zu werden. Das würde viel zu lange dauern und vielleicht niemals zu einem Ergebnis führen, weil die Interessen zu unterschiedlich sind. Ohne die Begrenzung des Klimawandels riskiert die Menschheit eine Umweltkatastrophe, die zum Zusammenbruch von Gesellschaften führen oder ihnen zumindest schweren Schaden zufügen kann. Schon jetzt sehen sich Mensch und Natur einer Art Härtetest gegenüber, weil sich die klimatischen Verhältnisse wie auch andere Umweltparameter deutlich zu ihren Ungunsten verändern, wie ich es oben anhand der Wetterextreme eingehend beschrieben habe. Machen wir uns nichts vor: Geht es dem Planeten schlecht, geht es der Menschheit schlecht.

Sie mögen denken, dass der Zusammenbruch von Gesellschaften infolge von Umweltveränderungen ein völlig übertriebenes Szenario sei. So etwas könne zumindest uns in den hochentwickelten Ländern niemals passieren. Aber warum eigentlich sollte die menschliche Zivilisation wenigstens in Teilen nicht zusammenbrechen, wenn sich die Lebensbedingungen auf der Erde radikal verschlechtern, sei es durch einen fortschreitenden Klimawandel und/oder durch andere menschliche Einflüsse, wie zum Beispiel einen anhaltenden Rückgang der Artenvielfalt? Gesellschaften sind fragil, aus vielen Gründen. Gibt es nicht auch in unseren Zeiten viele kriegerische Auseinandersetzungen mit Hunger und Elend? Syrien und der Jemen sind nur zwei Beispiele für langjährige kriegerische Auseinandersetzungen, die Ukraine ist jüngst hinzugekommen. Gibt es derzeit nicht weltweit über 80 Millionen Flüchtlinge, die zeigen, dass die Gesellschaften in vielen Ländern schon zusammengebrochen sind? Nicht zuletzt auch deswegen, weil die sozialen Unterschiede immer größer werden und die Ungerechtigkeit wächst, was die Stabilität einer Gesellschaft gefährdet. Hinzu kommen die zunehmenden Umweltprobleme, die immer offener zutage treten, vorhandene Fehlentwicklungen unterstützen, Krisen verschärfen oder neue heraufbeschwören.

Wir erleben derzeit durch Corona einen ganz besonderen Härtetest für unsere Gesellschaft. Die Wissenschaft ist dabei, zu untersuchen, ob der Klimawandel und all die anderen menschlichen Eingriffe in die Natur das Risiko von Pandemien schon erhöht hat und sich möglicherweise auch auf die Übertragung des Coronavirus auswirkt. Die Forschung hat bisher keine direkten Beweise dafür, dass der Klimawandel die Ausbreitung des Coronavirus beeinflusst. Wir wissen aber, dass der Klimawandel die Beziehungen zwischen den Menschen und anderen Arten auf der Erde verändert, und das kann Auswirkungen auf unsere Gesundheit und unser Infektionsrisiko haben. Da sich der Planet in den letzten Jahrzenten massiv erwärmt hat, bewegen sich Tiere an Land und in den Meeren von den Tropen in kältere Gegenden, um der Hitze zu entkommen. Das bedeutet, dass diese Tiere mit anderen Tieren in Kontakt kommen können, auf die sie normalerweise nicht treffen würden, und das ermöglicht es Krankheitserregern, neue Wirte zu infizieren.

Viele der Hauptursachen des Klimawandels könnten das Risiko von Pandemien erhöhen. Die Abholzung der Wälder beispielsweise, die meistens landwirtschaftlichen Zwecken dient, ist weltweit die größte Ursache für den Verlust von Lebensraum. Auch der zwingt die Tiere zu Wanderungen, bei denen sie mit anderen Tieren oder Menschen in Kontakt kommen und

Krankheitserreger weitergeben können. Große Viehzuchtbetriebe können ebenfalls Quelle für die Übertragung von Infektionen von Tieren auf Menschen sein. Eine geringere Nachfrage nach Tierfleisch und eine nachhaltigere Tierhaltung könnten deswegen das Risiko neu auftretender Infektionskrankheiten verringern und zugleich die Treibhausgasemissionen senken. Das wäre eine Win-win-Situation. Es gibt viele Gründe, Klimaschutzmaßnahmen zu ergreifen. Unsere Gesundheit zu fördern und das Risiko des Auftretens von Infektionskrankheiten zu verringern gehört sicherlich dazu.

Frühere Hochkulturen sind untergegangen, wenn die Natur zu stark unter Druck geriet und sich die Lebensbedingungen für die Menschen verschlechterten. Diese Kulturen haben den Härtetest nicht bestanden, und das sollte uns eine Warnung sein. So war der Untergang der Maya-Kultur im neunten Jahrhundert nach Christus zum Teil dem Raubbau an der Natur und höchstwahrscheinlich auch mehreren dicht aufeinanderfolgenden Dürreperioden geschuldet.[145] Das Klima besitzt eine erhebliche inhärente Schwankungsbreite, die seiner chaotischen Natur entspringt und zunächst nichts mit den menschlichen Einflüssen zu tun hat. Besonders starke natürliche Klimaänderungen könnten aber schon sehr bald, wenn sie in die gleiche Richtung weisen wie der anthropogene Erwärmungstrend, plötzliche und nur schwer beherrschbare Ereignisse auslösen, mit denen die Menschen überfordert wären. Hier kommen wieder die Kipppunkte ins Spiel, die bei einer bestimmten Erwärmung überschritten werden und zu abrupten Klimaänderungen oder unumkehrbaren Ereignissen führen können. Selbst wenn die kritischen Erwärmungen durch die menschlichen Einflüsse nicht überschritten sein sollten, können natürliche Schwankungen das System über Kipppunkte heben. Die Gefahr dafür wächst mit jedem Zehntelgrad Erwärmung.

Genau diese Möglichkeit sehe ich in den kommenden Jahrzehnten für den Fall auf uns zukommen, dass die Menschen es nicht schaffen sollten, die von ihnen verursachte globale Erwärmung so schnell wie möglich zu stoppen oder zumindest deutlich abzubremsen. Die Bilder von den verheerenden Buschfeuern in Australien sind uns allen ins Gedächtnis gebrannt. Milliarden Tiere kamen ums Leben, als weite Teile des Landes vom Feuer zerfressen wurden. Im Sommer 2021/2022 erlebte Australien erneut einen Sommer, den es so noch nie gegeben hat. Es brannte aber nicht, es regnete ohne Unterlass. Zum einen wütete zu der Zeit das Klimaphänomen La Niña, das die Gewässer vor der Ostküste Australiens erwärmt. Zum anderen sorgt die globale Erwärmung ohnehin dafür, dass sich Regenfälle intensivieren. In Kombination mit einem nur sehr langsam wandernden Tief hatte sich ein Gebräu entwickelt, das riesige Flächen unter Wasser setzte und auch Todesopfer forderte. Ein typisches „Compound Event".

Ich kann es nicht anders formulieren: Die Menschheit ist im Begriff, durch den Klimawandel den Ast abzusägen, auf dem sie sitzt. Gab es nicht Warnungen zuhauf? Wie die des Club of Rome, der vor nunmehr fünfzig Jahren mit dem Bericht die *Die Grenzen des Wachstums* die Welt wachrüttelte und mithilfe von Computersimulationen gezeigt hatte, dass sich die Menschheit auf einen verhängnisvollen Weg aufgemacht hat? Ein halbes Jahrhundert später ist *Die Grenzen des Wachstums* aktueller denn je, auch wenn nicht alle Vorhersagen eingetreten sind. Letzteres ist für die Kernaussage des Berichts nicht von Relevanz. Die Autoren von *Die Grenzen des Wachstums* schlussfolgerten, dass die Welt bei anhaltendem Bevölkerungswachstum und weiterem Setzen auf ein Wirtschaftswachstum zu Lasten der Ressourcen des Planeten noch im 21. Jahrhundert einen dramatischen Rückgang der Nahrungsmittelproduktion, der Industrieproduktion und letztlich der Weltbevölkerung erleben werde. Wollen wir wirklich herausfinden, ob das Szenario eintreten wird, indem wir so weitermachen wie bisher und nicht den Weg der Nachhaltigkeit beschreiten? Schon der ehemalige Bundeskanzler und SPD-Politiker Helmut Schmidt hatte anlässlich des Erdgipfels in Rio de Janeiro 1992 in einem Kommentar in der *Tageszeitung* darauf hingewiesen, dass die Welt bei der Lösung des Nachhaltigkeitsproblems versage, weil nationale Interessen überwögen. Heute steht der Klimawandel oftmals im Fokus der öffentlichen Debatte, wenn über das Thema Nachhaltigkeit diskutiert wird. Der Klimawandel ist spürbar geworden, überall auf der Welt, von den Polen bis zu den Tropen, er ist gefährlich, er bedroht und zerstört Existenzen und tötet Menschen, weswegen er mehr und mehr in den Blickpunkt der Nachhaltigkeitsdebatte gerät.

Dass die Zeit drängt, um eine Klimakatastrophe zu verhindern, ist nicht mehr von der Hand zu weisen, auch wenn es Interessengruppen gibt, die das bestreiten und der Welt weismachen wollen, dass noch viel Zeit verbleibe, um etwa aus der Kohle auszusteigen. Wir sehen den Zeitdruck an den vielen Daten, die unbestechlich sind und Auskunft über den Zustand der Erde geben. Die Beobachtungen, insbesondere die Satellitendaten aus den letzten Jahrzehnten, zeigen, wie dramatisch die Situation inzwischen ist. Die Zerstörung der Lebensgrundlagen ist buchstäblich sichtbar geworden, wie es sich an den brennenden tropischen Regenwälder oder am Rückzug des Eises zeigt, die man aus dem Weltall verfolgen kann. Der Klimawandel ist eine Realität, er beschleunigt sich, und seine Folgen etwa auf das Wettergeschehen oder die Meeresspiegel können seit ein paar Jahrzehnten global dokumentiert und auch quantifiziert werden. So können die Meeresspiegel millimetergenau aus dem Weltall gemessen werden. Deswegen wissen wir, wie schnell sie in den unterschiedlichen Meeresregionen ansteigen und welche Küsten besonders betroffen sind. Die steigenden Pegel sind Teil des Härtetests, dem sich die Menschen selbst aussetzen.

Die Veränderungen während der letzten Jahrzehnte sind summarisch in ihrer Geschwindigkeit einmalig in der Geschichte der Menschheit und ziehen schwerwiegende Folgen nach sich, wodurch sich der Druck zum Handeln in Sachen Klimaschutz von ganz alleine manifestiert, ohne dass man auf das abstrakte noch verbleibende CO_2-Budget zurückgreifen muss, das man kaum jemandem außerhalb der Wissenschaft erklären kann.

Seit Beginn des Satellitenzeitalters vor etwa 40 Jahren kann man die Auswirkungen des Mangels an Nachhaltigkeit auf die Lebensbedingungen noch besser und vor allem global darstellen. Wir können nachweisen, dass das Grundwasser überall auf der Welt verloren geht, hauptsächlich in den trockenen und halbtrockenen Regionen. Das ist eines von vielen Alarmsignalen, zeigt der Verlust des Grundwassers doch, wie gefährlich die Art und Weise, wie Menschen auf der Erde leben, für sie selber sein könnte, wenn sie ihr Verhalten nicht ändern. Beim Verlust des Grundwassers spielt nicht nur die globale Erwärmung eine wichtige Rolle, die die globalen Wind- und Niederschlagsmuster verändert,[146] sondern vor allem auch die verschwenderische Wassernutzung vor Ort.

Die Menschheit unterzieht sich gerade einem Härtetest. Ich weiß nicht, wie ich es sonst formulieren soll. Sollte eine schnelle Trendumkehr in Richtung einer nachhaltigen Entwicklung nicht gelingen, drohen die Gesellschaften einiger Weltregionen vielleicht sogar noch in diesem Jahrzehnt zusammenzubrechen. Eine solche Trendumkehr erfordert viel mehr als die Begrenzung der globalen Erwärmung. Es ist die ganze Art und Weise, wie wir auf dem Planeten leben, die sich ändern muss, einschließlich der Lebensmittelproduktion und unserer Ernährungsgewohnheiten. Sonst kann es zum Kollaps kommen, wie es der Club of Rome vor einem halben Jahrhundert berechnet hat. Wie unvernünftig die Menschen agieren, zeigt eine jüngst erschienene wissenschaftliche Studie anhand empirischer Daten.[147] Gaya Harrington, die Autorin der Studie, kommt zu dem Schluss, dass die Menschheit in den letzten fünfzig Jahren ziemlich genau den Pfad beschritten hat, den der Club of Rome in *Die Grenzen des Wachstums* als das „Worst Case"-Szenario berechnet hatte. Die Menschen scheinen immer noch nicht hinzugelernt zu haben.

Wie lange die nichtnachhaltige Art und Weise, mit der die Menschen auf der Erde leben, noch „gut" geht, bevor es zu gewaltigen Umbrüchen und Verwerfungen kommt? Ich weiß es nicht. Nur fürchte ich, dass sich das Zeitfenster allmählich schließt, das uns noch bleibt, um den Planeten vor einem Desaster zu bewahren. Ich habe oben das Wort *gut* in Anführungszeichen gesetzt, weil es in vielen Regionen der Erde nicht mehr gut ist. Auch in Deutschland nicht mehr. Das sollten wir uns endlich eingestehen, auch wenn es schwerfallen mag. Viele Menschen sterben frühzeitig durch die Umweltschäden. Wobei es nicht ausschließlich um die Auswirkungen der globalen Erwärmung geht wie etwa um die sich häufenden Hitzewellen mit Extremtemperaturen, die gerade den schwachen Menschen zu schaffen machen, oder um Starkregenereignisse mit Überschwemmungen. Es geht zum Beispiel auch um die Luftverschmutzung, insbesondere in den Ballungsgebieten mit viel Industrie und Verkehr.[148] Auch hier spielen die fossilen Brennstoffe eine herausragende Rolle, deren Verbrennung nicht nur der Hauptgrund für die globale Erwärmung ist, sondern auch eine wichtige Ursache für die schlechte Luftqualität. In Deutschland sollen es jährlich mehr als 70 000 Menschen sein, die wegen der Luftverschmutzung früher sterben.[149] Die schleichende Vergiftung der Böden, des Grundwassers und der Weltmeere zählen sicherlich ebenfalls zu den lebensverkürzenden Faktoren. Diese Einflüsse sind allerdings nur sehr schwer zu beziffern und bisher kaum erforscht.

Die Ökosysteme werden schon länger von den menschengemachten Umweltveränderungen gestresst, in allen Regionen der Erde und natürlich auch bei uns in Deutschland. Das sogenannte Waldsterben 2.0, mitausgelöst durch mehr sommerliche Hitze und Trockenheit während der letzten Jahre als Folge der globalen Erwärmung, ist hierfür nur ein Beispiel von mehreren. Die langfristigen Folgen des Waldsterbens sind kaum absehbar. Allerdings haben auch Faktoren für den Niedergang des deutschen Waldes gesorgt, die nicht mit dem Klima in Zusammenhang stehen. Hier wäre zuallererst ein falsches Waldmanagement zu nennen.[150] Wie und ob man den Wald noch retten kann, darüber streiten sich die Gelehrten. Wie bei so vielen anderen biologischen Veränderungen durch den Klimawandel stehen wir beim klimabedingten Waldsterben vor ganz neuen Herausforderungen, auf die die Wissenschaft noch keine belastbaren Antworten hat. Was mich am allermeisten besorgt, ist die Tatsache, dass mehrere menschliche Einflüsse gleichzeitig auf die Ökosysteme einwirken, weswegen sie schneller zusammenbrechen könnten als gedacht. Für die Wälder beispielsweise spielt neben den Klimaveränderungen auch die allgemeine Luftverschmutzung eine Rolle.

Ein weiteres Beispiel dafür, wie sehr die Natur in Deutschland bereits unter den menschlichen Eingriffen leidet, ist das Insektensterben, das in erster Linie durch Landversiegelung, Monokulturen und den Einsatz von Pestiziden verursacht wird. In der öffentlichen Diskussion steht das Bienensterben als Symbol für das Insektensterben. Die globale Erwärmung ist ebenfalls ein Faktor, der zum Insektensterben beiträgt. Die steigenden Temperaturen führen dazu, dass viele Pflanzen wie zum Beispiel der Löwenzahn heute früher blühen als noch vor einigen Jahrzehnten. Dadurch gerät der Rhythmus von Insekten und Pflanzen durcheinander, der sich über sehr lange Zeit entwickelt hat. Drei Viertel aller Fluginsekten sollen im Verlauf von nicht einmal 30 Jahren in Deutschland verschwunden sein.[151] Diese Meldung aus dem Jahr 2017 hatte in der Öffentlichkeit wie eine Bombe eingeschlagen, geändert hat sich bisher aber kaum etwas. Der Insektenschwund zieht weitere Folgen nach sich. So sind die insektenfressenden Vögel immer gefährdeter, weil sie kaum noch Nahrung finden können. Auch Kleinsäugetiere wie etwa Fledermäuse sind betroffen, die die Insekten oder ihre Larven, Maden und Raupen fressen.

Eines der schlimmsten Beispiele für die Zerstörung von Ökosystemen auf der Erde überhaupt ist die Abholzung der tropischen Regenwälder. Im Blickpunkt der Öffentlichkeit steht derzeit der Amazonas-Regenwald, von dem immer größere Teile den Brandrodungen und Kettensägen zum Opfer fallen, mit katastrophalen Auswirkungen für die indigene Bevölkerung, die Artenvielfalt und das Klima. Die Vernichtung des Amazonas-Regenwaldes wirkt sich auch außerhalb der Region aus. Der Regenwald ist eine gigantische Feuchtigkeitsquelle. Gewaltige Mengen von Wasser verdunsten über dem Regenwald, die in ihrer gasförmigen Form, als Wasserdampf, mit den Winden fortgetragen und über große Distanzen verfrachtet werden und so für die dringend benötigten Niederschläge in einigen benachbarten Ländern Brasiliens sorgen. Man spricht in diesem Zusammenhang von fliegenden Flüssen,[152] weil das Wasser als Wasserdampf mit den Winden von der Quelle wegströmt, um dann tausende Kilometer entfernt als Regen wieder zur Erde zurückzukehren. Eine weitere globale Erwärmung könnte die tropischen Windsysteme und Niederschlagsmuster so weit verändern, dass die Amazonasregion noch in diesem Jahrhundert austrocknet und dort überhaupt kein Regenwald mehr existiert. Der Kollaps des Regenwaldes wiederum würde die Erwärmung des Planeten beschleunigen, weil dann weniger Treibhausgase gebunden werden würden. Die Amazonasregion würde sich im schlimmsten Fall von einer CO_2-Senke, die sie heute noch ist, zu einer CO_2-Quelle verwandeln. Deswegen wäre es so wichtig, das, was noch vom Regenwald übrig ist, in Ruhe zu lassen, um seine Widerstandsfähigkeit zu erhalten, anstatt ihm immer größere Wunden zuzufügen.

Es gilt jenseits des Klimaproblems eine Reihe weiterer Umweltprobleme zu lösen, denen sich die Menschheit gegenübersieht, und die keinesfalls außer Acht gelassen werden dürfen, wollen wir den Planeten lebenswert erhalten. Neben der globalen Erwärmung und dem Biodiversitätsverlust wäre etwa die Verschmutzung der Erde mit Giftstoffen zu nennen. Die Menschheit muss *alle* globalen Umweltprobleme schnellstens lösen, die sie zu verantworten hat, wenn wir die günstigen Lebensbedingungen auf dem Planeten erhalten wollen. Jedes der von den Menschen verursachten Probleme für sich gefährdet das Wohlergehen der Menschheit. Wirken sie zusammen, können sich die Auswirkungen auf die Lebensgrundlagen potenzieren.

Ich betrachte die verschiedenen Umweltprobleme als Symptome. Sie sind Zeichen einer Krankheit, wie ich es nennen möchte, so wie Schnupfen, Husten, Fieber oder Abgeschlagenheit Symptome eines grippalen Infekts sind. Die verschiedenen durch die Menschen verursachten Umweltprobleme besitzen eine gemeinsame Ursache, und diese ist der Mangel an Nachhaltigkeit. Deswegen müssen wir das Problem an der Wurzel packen, indem wir die gemeinsame Ursache aller Umweltprobleme beseitigen und nicht an den einzelnen Symptomen „herumdoktern" und uns dadurch möglicherweise neue Probleme schaffen. Atomkraft zu nutzen, um das Klima zu schützen, wäre die Perversion des Nachhaltigkeitsgedankens und würde neue Probleme heraufbeschwören. Das Climate Engineering ebenso, mit dem man die Erde künstlich herunterkühlen möchte. Die Menschen sollten so wenig wie möglich in die Natur eingreifen und nur so viel von der Erde nehmen, wie diese reproduzieren kann.

Wenn die Menschen das Klimaproblem lösen wollen, müssen sie ihre Verhaltensweisen grundlegend verändern. Alles andere wäre ein Irrglaube. Kurieren wir die Krankheit, finden wir also den Weg in die Nachhaltigkeit, verschwinden die Symptome von ganz allein. Die Medizin für die Heilung der Krankheit kennen wir. Die Menschen müssen sich einfach nur zurücknehmen, nach dem Motto „Weniger ist mehr". Schaffen wir es nicht, die Krankheit zu besiegen, könnten die summarischen Auswirkungen aller globalen Umweltprobleme Gesellschaften innerhalb kurzer Zeit ins Chaos stürzen lassen, was auch für die Gesellschaften westlicher Prägung gilt. Wie schnell genau? Das weiß niemand, auch die Wissenschaft nicht. Aber wollen wir das wirklich herausfinden? Ich denke, kaum jemand von Ihnen würde diese Frage mit „Ja" beantworten.

Das Problem der öffentlichen Wahrnehmung

Dieses Buch befasst sich hauptsächlich mit dem Klimawandel, der schließlich meine Hauptexpertise ist. Darüber hinaus eignet sich das Klimaproblem aber auch wie kaum ein anderes Umweltproblem, um einerseits die Komplexität von globalen Umweltproblemen zu verdeutlichen und andererseits auch den unakzeptablen Umgang der Menschen mit globalen Herausforderungen zu beschreiben. Außerdem stellt der Klimawandel für eine Vielzahl von Menschen auf der Welt eine bereits wahrnehmbare Bedrohung dar, wirtschaftlich wie auch gesundheitlich. Die Auswirkungen der globalen Erwärmung sind in vielen Regionen der Erde längst spürbar geworden, weil zum Beispiel extreme Wetterereignisse häufiger und mit einer ganz neuen Intensität zu katastrophalen Verhältnissen in den betroffenen Gebieten führen. Die Bilder von Dürren, Missernten, Überschwemmungen und Verwüstungen gehen in Windeseile um die Welt, was die Weltöffentlichkeit immer mehr für das Thema Klimakrise sensibilisiert.

Die Situation ist beim Artensterben beispielsweise eine ganz andere, weil dieses gewaltige Umweltproblem für die allermeisten Menschen viel abstrakter ist als die Auswirkungen der globalen Erwärmung. Man spürt die Auswirkungen des Rückgangs der biologischen Vielfalt so gut wie nicht am eigenen Leibe. Deshalb ist der Biodiversitätsverlust fast ausschließlich in der Wissenschaft ein wichtiges Thema und nicht so sehr in den

Medien. Und aus diesem Grund verläuft der aus wissenschaftlicher Sicht enorm gefährliche Rückgang der Artenvielfalt leise und ohne eine große öffentliche Aufmerksamkeit zu erzeugen. Die Menschen diskutieren über die Klimakrise – zum Teil auch sehr kontrovers –, aber kaum über das Artensterben.

Die schleichende Vergiftung der Böden durch Pestizide und des Trinkwassers durch Nitrat wären weitere Beispiele dafür, dass wir bestimmte Umweltrisiken kaum beachten, obwohl es seit vielen Jahren einschlägige Berichte in Medien gibt. Irgendwann wird uns die Vergiftung unserer Umwelt einholen, genauso wie das Plastik in den Weltmeeren, dessen Menge in den nächsten Jahren noch weiter zunehmen wird.

Hinzu kommt die Umwidmung von Landflächen, etwa durch den Tagebau, die Rodung von Wäldern, die Trockenlegung von Mooren oder die industrielle Landwirtschaft. Außerdem zieht Landverbrauch, wenn er erst einmal begonnen hat, oftmals einen weiteren Landverbrauch nach sich. Gibt es in einem tropischen Regenwald oder in der Taiga erst einmal eine Straße, ist deren Schicksal schon so gut wie besiegelt. All das kann auf Dauer nicht funktionieren. Die Menschheit wird diesen Härtetest nicht bestehen, woran es in der Wissenschaft so gut wie keine Zweifel gibt, und was eigentlich auch alle Verantwortlichen wissen müssten oder sich zumindest denken können.

Leben in einer kranken Welt

Warum will man der Wissenschaft nicht vertrauen und wartet so lange, bis irreparable Schäden eingetreten sind? Beim Klimawandel sind einige schon eingetreten, was die Menschen zu ahnen beginnen. Eigentlich wären die globalen Umweltprobleme leicht zu lösen. Geht es nicht einfach nur um Vernunft oder den gesunden Menschverstand, wenn es gilt, den Planeten mehr zu schonen? Ergibt es Sinn, die Erde immer weiter aufzuheizen? Ergibt es Sinn, die tropischen Regenwälder abzuholzen? Ergibt es Sinn, immer mehr Lebewesen den Garaus zu machen? Ergibt es Sinn, die Atmosphäre und die Weltmeere als Deponien zu nutzen? Die Antwort kennen wir alle: Nein, es ergibt keinen Sinn! Und wir kennen auch den Grund dafür, warum es keinen Sinn ergibt: Weil wir unsere Lebensgrundlagen zerstören. Und trotzdem tun wir all diese Dinge. Ich frage Sie, liebe Leserinnen und Leser: Welche Welt wollen wir? Eine lebenswerte Welt, in der es den allermeisten Menschen gut geht, Frieden herrscht und Mensch und Natur miteinander im Einklang leben? Oder eine Welt, deren Rohstoffe verbraucht sind, deren Umwelt zerstört und nicht mehr lebensfreundlich ist, in der Rücksichts- und Verantwortungslosigkeit herrschen, Kriege an der Tages- ordnung sind und Despoten auf Kosten des Großteils der Welt- bevölkerung und der Natur herrschen?

Autokraten sind auf dem Vormarsch, wofür es mehrere Gründe gibt, zum Beispiel die nicht hinnehmbare und weiter zunehmende Ungerechtigkeit auf der Welt, auf die ich hier aber nicht weiter eingehen möchte. Für Autokraten waren und sind Demokratie, Freiheit, Menschenrechte oder Umweltschutz Fremdwörter. Wir müssen uns nur in der Welt umschauen, um dies zu erkennen. Dabei gibt es sowohl Autokraten, die demo- kratisch gewählt sind, als auch Autokraten, die nicht durch freie Wahlen legitimiert wurden. Den ehemaligen amerikanischen Präsidenten Donald Trump und den derzeitigen ungarischen Präsidenten Viktor Orbán zähle ich zu der ersten Gruppe, den Nordkoreaner Kim Jong-un und den russischen Präsidenten Wladimir Putin zur zweiten. Und dann wäre da noch die Groß- macht China, ein Land, in dem die Kommunistische Partei mit Generalsekretär Xi Jinping, als dem „Überragenden Führer"[153] an ihrer Spitze, das alleinige Sagen hat. China drangsaliert das eigene Volk und den Planeten. Das Land ist mit 31 Prozent Anteil an den weltweiten Emissionen im Jahr 2020 der global größte CO_2-Verursacher, und das mit großem Abstand vor den

USA mit 14 Prozent. Die Olympischen Winterspiele in Peking 2022 haben gezeigt, wie sehr China auf die Umwelt pfeift. Umwelt- und Klimaschutz wird es nur in einer freien Welt geben können. Wer Demokratiefeinde wählt, wählt die Zerstörung des Planeten. Wer mit Russland, China und anderen Diktaturen Handel treibt und nur auf den schnellen finanziellen Gewinn schaut und alles andere ausblendet, beteiligt sich willfährig an der Zerstörung der Erde.

Wir leben in einer kranken Welt, sonst würden wir der Vernunft folgen und die menschlichen Werte hochhalten. Wie sonst als krank soll man eine Welt beschreiben, in der kaum noch rational gehandelt wird und die menschlichen Werte oftmals nur belächelt werden? Konflikte und Krisen, wo man nur hinschaut. Selbst der Hunger auf der Welt nimmt wieder zu.[154] In der kranken Welt, in der wir leben, ist die menschliche Zivilisation enormen Fliehkräften ausgesetzt. Das hat einerseits mit den drängenden Umweltproblemen zu tun wie etwa mit dem Klimawandel, der die Lebensgrundlagen auf der Erde bedroht, andererseits aber auch mit den gesellschaftlichen und politischen Veränderungen. Letztere bereiten mir große Sorgen. Fakten können heutzutage, in der neuen medialen Welt, in der das Internet und die sozialen Netzwerke eine überragende Rolle einnehmen, mühelos relativiert werden, was bei vielen Menschen zu Ratlosigkeit, Verunsicherung oder Orientierungslosigkeit und in der Folge zu mangelnder Akzeptanz für notwendige Maßnahmen führt. Das erschwert die Bewältigung von Krisen, was man anhand von Corona oder der Klimakrise beobachten kann. Und mehr noch: Staaten wie Russland greifen andere Staaten mit Fake News an, zum Beispiel die USA oder auch Deutschland, mit dem Ziel, die Gesellschaften der angegriffenen Länder zu destabilisieren. Es scheint keine Grenzen mehr für Aggression zu geben. Russlands Präsident Putin führt jetzt einen Angriffskrieg gegen die Ukraine, was uns fassungslos und ohnmächtig zurücklässt. Und viele Autokraten bewundern diesen Mann offen oder heimlich. Zu ihnen zählt der ehemalige und vielleicht auch kommende Präsident der USA Donald Trump. Wenn wir nicht die Demokratie auf der Welt stärken, werden wir unsere Freiheit verlieren und lassen die Erde zum Spielball von bösen Menschen werden.

Die Wissenschaft hat es schwer, in der heutigen Welt überhaupt durchzudringen. Sie wird nicht in dem Maße gehört, wie es notwendig wäre, wenn es gilt, politische Entscheidungen zu treffen, die die Zukunft der Menschheit betreffen. So manche Krise wie die Corona-Krise hätte vermieden oder zumindest abgemildert werden können, wenn man die Erkenntnisse aus der Wissenschaft frühzeitig umgesetzt hätte. Frühzeitig bedeutet bei Corona übrigens mehrere Jahre vor dem Ausbruch der Pandemie. So ein Verhalten ist allerdings nichts Neues, was anhand des jahrzehntelangen Versagens der Politik in Bezug auf die Begrenzung der globalen Erwärmung überdeutlich wird. Die weltweiten Treibhausgasemissionen steigen und werden vermutlich in den kommenden Jahren weiter anwachsen.

In einer kranken Welt, in der die Länder gegeneinander arbeiten, wird man keine globalen Probleme lösen können, wie das Klimaproblem eines ist. Es braucht in der Tat die kulturelle Revolution, die Aurelio Peccei schon vor Jahrzehnten angemahnt hatte, damit die Menschen auch in Zukunft auf einem lebensfreundlichen Planeten leben können. Unsere bisherigen Rezepte, den Planeten zu schützen, sind kläglich gescheitert, wenn sie denn überhaupt ernst gemeint waren. Organisationen wie die Vereinten Nationen gleichen zahnlosen Tigern. Internationale Abkommen sind kaum das Papier wert, auf dem sie geschrieben wurden, weil sie im Wesentlichen aus Worthülsen bestehen und nur wenig konkret sind. Selbst wenn man sich auf internationalen Konferenzen auf etwas verständigt, werden die Abkommen von einigen Ländern entweder gar nicht erst ratifiziert, später wieder gekündigt oder einfach nicht eingehalten. Ein Beispiel aus der jüngeren Vergangenheit ist das Abkommen zum Schutz der Wälder, das auf der Weltklimakonferenz von Glasgow 2021 von über hundert Ländern unterzeichnet wurde und großes mediales Interesse gefunden hatte. Das Abkommen sieht vor, die Waldzerstörung bis 2030 ganz einzustellen. Wenn ich der deutschen Sprache mächtig bin, heißt das also, dass die Waldzerstörung bis 2030 weitergehen wird. Die Initiative zum Schutz der Wälder wurde einen Tag später von Indonesien gleich wieder infrage gestellt. Und hatte es nicht 2014 ein ähnliches Abkommen gegeben, die New York Declaration,[155] wonach die Waldzerstörung bis 2020 hätte halbiert werden sollen? Geschehen ist das nicht. Ehrlich gesagt, ich habe kein Vertrauen mehr in derlei Abkommen, die auf Freiwilligkeit setzen, den kleinsten gemeinsamen Nenner zum Gegenstand haben und keine Sanktionsmöglichkeiten beinhalten. Um bei den Wäldern zu bleiben: Die Rodung der Wälder ist einfach wirtschaftlich zu lukrativ. Das zeigt: Auch unser Wirtschaftssystem ist krank, und zwar in dem Sinne, dass es die Umweltzerstörung fördert. Der freie Welthandel verhindert die Umweltzerstörung eben nicht, wie uns viele marktradikale Ökonomen lange Zeit weismachen wollten und immer noch wollen. Die Weltwirtschaft muss klaren Regeln unterliegen, die die Umweltzerstörung sanktioniert und trotzdem den Menschen ein würdevolles Leben ermöglicht. Autokraten werden so ein Regelwerk nicht wollen, denn sie profitieren ganz besonders von der Umweltzerstörung, die ihnen ihre Macht sichert.

Ich sehe die kulturelle Revolution auch darin, dass die Menschheit endlich erkennt, dass wir tatsächlich in einer kranken Welt leben, und das wiederentdeckt, was das Menschsein ausmacht. Werte wie Rücksicht, Verantwortung, Nächstenliebe, Teilen oder Respekt, die Fähigkeit zur Kooperation und Kriterien wie zum Beispiel Gerechtigkeit oder Transparenz müssen in den Gesellschaften einen festen Platz einnehmen. Sonst laufen die Gesellschaften Gefahr, zu zerfallen. Demokratie, Freiheit, Menschenrechte und die Umwelt würden unter die Räder kommen, Partikularinteressen würden dominieren und Tyrannei die Welt beherrschen. Die Starken und Skrupellosen hätten das Sagen, und nur ihnen würde es vergleichsweise gut gehen. Die allermeisten Menschen würden auf der Strecke bleiben, weil sie sich nicht gegen die Macht der Mächtigen wehren könnten. Und es wären, wie heute auch, die Ärmsten und Schwächsten, die am allermeisten unter den politischen Verhältnissen und der fortschreitenden Umweltzerstörung und dem Klimawandel zu leiden hätten. Schauen wir uns nur um. Gibt es nicht zahlreiche Länder, in denen genau dies schon zur Realität geworden ist?

Die Prozesse, die das Potenzial besitzen, die Welt zu destabilisieren, sind längst im Gange. Gerade die westlichen Demokratien müssen sich zunehmend nicht nur Angriffen von außen erwehren – etwa in Form von Cyberattacken oder Fake-News-Kampagnen –, sondern auch aus dem Innern. Das beobachten wir auch in Deutschland. Verschwörungstheorien erfreuen sich bei uns zunehmender Beliebtheit. Zum Beispiel in Form der Behauptung, dass Deutschland eine Diktatur sei, in der man nicht mehr das sagen dürfe, was man möchte. Komischerweise sprechen genau die Leute, die das verkünden, sehr gerne in die ihnen von den „gleichgeschalteten Staatsmedien" hingehaltenen Mikrofone, Medien, die sie als „Lügenpresse" diffamieren. Das sind aber jene Medien, die sie angeblich nicht zu Wort kommen lassen. Das Vertrauen in die Staatlichkeit bei uns in Deutschland nimmt ab. Die Gewalt gegen den Staat nimmt zu, sei es gegenüber Politikerinnen und Politikern, Polizistinnen und Polizisten und selbst gegenüber Rettungskräften. In Deutschland ist dies inzwischen zu einer realen Gefahr für die Demokratie und den gesellschaftlichen Zusammenhalt geworden, eine Gefahr, die man nicht mehr kleinreden sollte.

In der Tat nimmt politisch motivierte Gewalt hierzulande dramatisch zu[156] oder zumindest die Bereitschaft, Gewalt als Mittel der Auseinandersetzung zu akzeptieren. Zum Glück handelt es sich in Deutschland immer noch um eine relativ kleine, wenngleich sehr laute, Minderheit, anders als beispielsweise in den USA, wo sich, angestachelt vom ehemaligen Präsidenten Donald Trump, deutlich mehr Menschen offen zur Gewalt bekennen und sie auch ausüben oder sie billigend in Kauf nehmen. Die Radikalisierung von Teilen der Bevölkerung ist eine riesengroße Gefahr für die Gesellschaften, die die Rechtsextremen für ihre Zwecke zu nutzen wissen, um eine neue Weltordnung herzustellen. Wenn Donald Trump Sympathie für Wladimir Putin hegt, sollten bei uns die Alarmglocken schrillen. Den Extremisten ist die Wissenschaft ein Dorn im Auge. Sie glauben weder an die Gefährlichkeit des Coronavirus noch an die menschliche Klimabeeinflussung, oder sie tun vielleicht auch nur so, um die Wissenschaft zu diskreditieren und auf übelste Art Wählerstimmen zu ergattern. Greifen diese Tendenzen weiter um sich, wird eine Debatte auf der Basis von Fakten immer schwieriger, was wiederum die Lösung der globalen Umweltprobleme im Allgemeinen und des Klimaproblems im Speziellen nahezu unmöglich machen würde, weil selbst die vernünftigste Maßnahme nicht mehr umzusetzen wäre.

Eine Welt, in der Werte nichts zählen, ist anfällig für Krisen ganz unterschiedlicher Art. Gescheiterte Staaten wie Libyen, Bürgerkriege wie der in Syrien, Verhältnisse wie in Afghanistan, die Corona-Krise oder die steigende Zahl von Flüchtlingen sind Beispiele dafür, wie sehr die Welt immer häufiger in Krisen stürzt. Hinzu kommen die gewaltigen Umweltprobleme wie die Klimakrise, der Krieg in der Ukraine, die Vermüllung der Ozeane, die Zerstörung von Lebensraum zu Land und in den Ozeanen oder der Rückgang der biologischen Vielfalt, um nur einige Probleme zu nennen. Die Umweltprobleme, seien sie lokal oder global, sind zugleich Krisenverstärker, die bereits vorhandene Probleme verschlimmern oder eskalieren lassen können. Politisch und gesellschaftlich intakte Länder wie zum

Beispiel Deutschland sind relativ widerstandsfähig, weswegen man hier auch Umwelt- und Klimaschutzmaßnahmen durchsetzen kann. Anders als etwa in den USA, wo es immer wieder zu bizarren Situationen kommt wie die Schließung staatlicher Stellen, weil sich Demokraten und Republikaner auf keinen Haushalt einigen können. Dort sind die Fronten zwischen den beiden Parteien derart verhärtet, dass das Land kaum noch regiert werden kann, was in erster Linie an den Republikanern liegt, die bereit sind, alles dafür zu tun, um die Macht zu erlangen, selbst wenn das Land dabei kaputtgehen sollte. In Russland oder China ist die Bevölkerung unglaublichen Zwängen unterworfen – die beiden Länder sind Überwachungsstaaten in Reinkultur. Dort stehen die Menschenrechte nur auf dem Papier, und die Umwelt ist nichts wert. Autoritäre Staaten sind inhärent instabil und laufen immer Gefahr zu kollabieren, weswegen sie mit eiserner Hand regiert werden. Es gibt keine Alternative zu einer demokratischen und freien Gesellschaft, und nur solche Gesellschaften garantieren, dass die Umwelt geschützt wird.

Die Menschen werden Krisen nur etwas entgegensetzen können oder sie erst gar nicht entstehen lassen, wenn sie sich wieder auf die wahren Werte besinnen. Ein egozentrisches Weltbild oder das rücksichtslose Streben nach Macht und Reichtum gehören sicherlich nicht zu diesen Werten. Ich beziehe das auf alle Ebenen, angefangen beim Umgang der Bürgerinnen und Bürger miteinander bis hin zu den zwischenstaatlichen Beziehungen. Kategorien wie Rücksicht, Vertrauen und der unbedingte Wille zur Kooperation müssen unser Handeln treiben.

Damit Sie mich gar nicht erst missverstehen. Ich argumentiere nicht gegen Wettbewerb. Der Wettstreit der Ideen muss sein. Er fördert den Erfindergeist, und der wiederum führt zu Innovationen, die allen Menschen auf der Welt zugutekommen können. Ich plädiere aber sehr wohl für einen *fairen* Wettbewerb, insbesondere zwischen den Ländern und den Wirtschaftszonen. Gerade bei der Lösung des Klimaproblems muss das faire Miteinander von Industrie- und Entwicklungsländern eine entscheidende Rolle spielen. Es ist doch wohl selbstverständlich, dass die Länder des globalen Nordens in der Pflicht stehen, beim Klimaschutz voranzugehen und außerdem die Länder des globalen Südens in die Lage versetzen müssen, sich nachhaltig zu entwickeln. Der Wettbewerb muss darüber hinaus auch fair gegenüber der Natur sein und darf nicht zu Lasten der natürlichen Ressourcen und der Umwelt gehen, was eigentlich ebenfalls eine Selbstverständlichkeit sein sollte und schon vor einem halben Jahrhundert vom Club of Rome thematisiert worden war.

Wir Menschen besitzen enorme Defizite bei der Erkennung sich anbahnender Krisen und bei der Krisenbewältigung. Kommen wir noch einmal zurück auf *Die Grenzen des Wachstums*, um einen der Gründe für unser schlechtes Krisenmanagement zu benennen. In dem Bericht heißt es am Ende: „Nichts zu tun, erhöht das Risiko eines Kollapses … Wenn die Menschheit wartet, bis die Belastungen und Zwänge offen zutage treten, hat sie – wegen der zeitlichen Verzögerungen im System – zu lange gewartet." Und genau dieses Zögern trifft auf den Umgang der Staatengemeinschaft mit der Klimakrise zu. Wir scheinen nicht fähig oder willens zu sein, die Zeichen der Zeit zu erkennen, vorausschauend zu denken und entsprechend zu handeln. Eigentlich haben wir beim Klimaproblem schon zu lange gewartet. Das Klima hat sich längst zum Nachteil der Menschheit verändert, was uns die zunehmenden wetterbedingten Katastrophen oder die steigenden Meeresspiegel vor Augen führen. Wir haben aber immer noch kein Rezept dafür gefunden, wie wir die Zerstörung der Lebensgrundlagen durch uns selbst stoppen können, obwohl sich die Auswirkungen des Mangels an Nachhaltigkeit immer deutlicher zeigen. Die Klimakrise ist wohl das offensichtlichste Umweltproblem, das die Menschheit viel zu spät und noch dazu nur halbherzig anpackt. Das Wort „anpacken" ist eigentlich noch geschönt, in dem Sinne, dass die weltweiten Treibhausgasemissionen 2021 wieder gestiegen sind, nachdem sie wegen Corona 2020 gesunken waren. Gleichwohl steht das Thema Klimawandel inzwischen ganz weit oben auf der Agenda der Weltpolitik. Es ist auch zu einem wichtigen Thema in großen Teilen der Wirtschaft geworden, worin ich einen der wenigen noch verbleibenden Hoffnungsschimmer sehe, um das Klima auf einem Niveau zu stabilisieren, das der Menschheit noch gute Lebensbedingungen bietet.

Übernutzung der Erde

Die Menschheit steht heute mit dem Rücken zur Wand. So muss man es ausdrücken, wenn man die Lage nüchtern betrachtet. Und das hat nicht nur mit dem Klimawandel zu tun, sondern auch mit den anderen Problemen, die ich schon erwähnt habe. Der Planet wird die Zumutungen durch die Menschheit nicht mehr sehr lange ertragen können, bis sich die Lebensbedingungen drastisch verändern. Zwar ist das Erdsystem zu komplex, als dass wir alle Wechselwirkungen und Rückkopplungen verstehen und in einem Rechenmodell berücksichtigen könnten. Eines allerdings wissen wir aus der Theorie der komplexen Systeme. Selbst scheinbar kleine und regional begrenzte Ursachen können gravierende Folgen für das Gesamtsystem haben. Und noch eines wissen wir: Komplexe Systeme wie das Erdsystem oder einige seiner Komponenten können plötzlich und so gut wie ohne jede Vorwarnung zusammenbrechen. Denken Sie nur an das schon genannte Spiel Jenga. Wir wissen nicht, welcher Block der letzte sein wird, den wir aus dem Stapel ziehen, bevor der Turm zusammenkracht.

Fest steht, dass die Erde schon lange übernutzt ist. So fiel der sogenannte Erdüberlastungstag[157] 2021 auf den 29. Juli. Der Tag markiert den Zeitpunkt im Jahr, bis zu dem die Menschheit so viele Ressourcen von der Erde beansprucht hat, wie der

Planet im gesamten Jahr erneuern kann. Um den derzeitigen Ressourcenverbrauch nachhaltig darstellen zu können, müsste die Menschheit 1,7 Erden zur Verfügung haben, die es verständlicherweise nicht geben kann. Durch die Auswirkungen der Corona-Pandemie hatte sich der Erdüberlastungstag 2020 um einige Wochen nach hinten verschoben – die Übernutzung der Erde war also etwas weniger gravierend gewesen.[158] Der deutsche Erdüberlastungstag 2021 fiel schon auf den 5. Mai, das wäre der Zeitpunkt, wenn die ganze Welt den deutschen Ressourcenverbrauch an den Tag legen würde. Um den deutschen Ressourcenverbrauch global nachhaltig darstellen zu können, bräuchte man fast drei Erden. Bei einem weltweiten Ressourcenverbrauch wie in den USA bräuchte die Welt fünf Erden, bei einem wie in China 2,3, in Frankreich 2,9, und in Großbritannien 2,6 Erden.[26] Deutschland steht also im internationalen Vergleich nicht gerade gut da, was den Ressourcenverbrauch anbelangt.

Der Verbrauch und die Erneuerung der Ressourcen hielten sich zuletzt 1970 die Waage. Im Jahr 2000 fiel der Erdüberlastungstag auf den 22. September, im Jahr 2010 auf den 6. August. Die Entwicklung des Ressourcenverbrauchs durch die Menschheit zeigt einmal mehr, wie recht der Club of Rome hatte, als er 1972 mit *Die Grenzen des Wachstums* vor einer Übernutzung der Erde gewarnt hatte. Die Auswirkungen der Überbeanspruchung des Planeten sind heute nicht mehr zu übersehen, sondern für Millionen von Menschen spürbar, beim Klimawandel zum Beispiel in Form von zunehmenden Unwetterkatastrophen. Infolge der Klimaveränderung verlieren immer mehr Menschen ihr ganzes Hab und Gut, wenn nicht gar ihr Leben. Wir schaufeln uns unser eigenes Grab.

Ist es Panikmache, wenn ich behaupte, dass die Erde die Grenzen der Belastbarkeit erreicht hat? Ich finde, dass dies nicht der Fall ist. Es gibt für meine ungeschönte Beschreibung des Zustands der Erde neben dem Klima weitere Gründe. Nehmen wir das Trinkwasser, das eine äußerst knappe Ressource ist, obwohl es auf der Erde Wasser in Hülle und Fülle gibt, allerdings hauptsächlich als Salzwasser in den Ozeanen. Das Süßwasser findet sich in großen Mengen im Festlandeis Grönlands und der Antarktis und ist somit kaum verfügbar. Als Trinkwasser oder zur Bewässerung von Feldern relativ einfach zugänglich sind gerade einmal 0,3 Prozent des auf der Erde vorhandenen Wassers. In der Pressemitteilung zu dem UN-Weltwasserbericht 2021 heißt es: „Weltweit haben aktuell 2,2 Milliarden Menschen keinen Zugang zu sicherem Trinkwasser. 4,2 Milliarden Menschen – also mehr als 55 Prozent der Weltbevölkerung – haben keine sicheren Sanitäranlagen. Etwa vier Milliarden Menschen leben in Regionen, die in mindestens einem Monat pro Jahr von hoher Wasserknappheit betroffen sind."[159] Mit anderen Worten: Gut die Hälfte der Weltbevölkerung lebt bezüglich des Trinkwassers in unsicheren oder gar prekären Verhältnissen. Eine weiter voranschreitende globale Erwärmung wird die Trinkwasserknappheit in vielen Gebieten der Erde weiter verschärfen, etwa im Mittelmeerraum. Selbst Teile Deutschlands könnten in den Sommermonaten davon betroffen sein. Die ersten Anzeichen lassen sich hierzulande schon beobachten. Die Sommertrockenheit nimmt zu, und die Bodenfeuchte verringert sich, was der Land- und Forstwirtschaft bei uns enorm zu schaffen macht.

Ein weiteres Beispiel dafür, dass die Menschen wegen der Übernutzung der Erde an Grenzen stoßen: die Überfischung. Zahlreiche Fischbestände drohen wegen anhaltender Überfischung zusammenzubrechen, allenthalben dominiert immer noch das Gewinnstreben, die Empfehlungen der Wissenschaft werden nicht gehört. Seit vielen Jahren sind die Fangquoten aus wissenschaftlicher Sicht viel zu hoch angesetzt. Das Ergebnis sehen wir jetzt. Die Kabeljaubestände in der Nordsee werden sich in der Zukunft bei weiterhin hohen Temperaturen, wovon für die nächsten Jahrzehnte sicher auszugehen ist, vermutlich nicht mehr erholen, sodass die Fangmengen gering bleiben werden.[160]

Die fortgesetzte Zerstörung der tropischen Regenwälder, die ich bereits angesprochen habe, ist ein anderes Beispiel der Übernutzung der Ressourcen. Besorgniserregend ist auch die wachsende Menge von Plastikmüll in den Ozeanen, dessen Spuren schon in vielen Meereslebewesen und Seevögeln nachweisbar sind.[161] Das Korallensterben in den Tropen infolge der Erwärmung des Meerwassers hat ein erschreckendes Ausmaß angenommen.[162] Immer häufiger kommt es zur gefürchteten Korallenbleiche, durch die die Riffe wie Meereswüsten aussehen, ohne die lebendige Artenvielfalt, die uns Menschen so fasziniert. Es gibt heute kaum noch gesunde Korallenriffe, viele stehen sogar vor dem Kollaps. Auch wenn einige sich noch regenerieren können, ist es inzwischen bei ungefähr 30 Prozent fraglich, ob es überhaupt noch einmal zu einer Regeneration kommen kann.[163] Die Korallenriffe zählen wie die tropischen Regenwälder zu den artenreichsten Lebensräumen der Welt. Wann und wie sich der Verlust der Biodiversität für uns Menschen bemerkbar macht, ist schwer abzuschätzen. Wir wissen aber, dass artenreiche Ökosysteme viel widerstandsfähiger sind als Systeme mit geringer Diversität, weswegen letztere schneller zusammenbrechen können.

Im Verlaufe der Erdgeschichte hat es fünf Massenaussterbeereignisse gegeben.[164] Nach diesen Ereignissen dauerte es jeweils mehrere Millionen Jahre, bis sich die Artenvielfalt wieder erholt hatte. Heute befinden wir uns höchstwahrscheinlich schon inmitten eines sechsten Massenaussterbens. Im Unterschied zu den vorangegangenen Ereignissen ist das gegenwärtige auf menschliche und nicht auf natürliche Ursachen zurückzuführen. Setzt sich das Artensterben fort, wäre es das erste Mal in der Geschichte der Erde, dass der Grund für ein Massenaussterben das direkte Eingreifen einer der Arten ist, die die Erde bevölkern, nämlich des Menschen. Die menschlichen Eingriffe in die Natur wirken sich bereits jetzt verheerend auf die Tier- und Pflanzenwelt aus. Schon fast 40 000 gefährdete Arten standen 2021 auf der sogenannten Roten Liste, einem Indikator für den Zustand der Biodiversität auf der Erde. Das sind knapp 30 Prozent der erfassten Arten.[165] Der Klimawandel ist einer der Faktoren, der zum Verlust von Arten führt, wenngleich nicht der alleinige. Die schwerwiegendsten Auswirkungen auf die Artenvielfalt hat die Zerstörung der tropischen Regenwälder. Ein ungebremster Klimawandel könnte allerdings für sich allein schon zu einem Massenaussterben führen, und dies schneller, als wir denken mögen.

Globale Umweltveränderungen können im Prinzip reversibel, also umkehrbar sein. In diesem Fall wäre es möglich, den ursprünglichen Zustand wieder zu erreichen, wenn die Störung durch die Menschen abgestellt wird. So besteht die begründete Hoffnung, dass sich die stratosphärische Ozonschicht in einigen Jahrzehnten wieder erholt haben wird, wenn, wie in den letzten beiden Jahrzehnten, keine nennenswerten Mengen von ozonschädlichen Substanzen wie die Fluorchlorkohlenwasserstoffe (FCKW) mehr freigesetzt werden. Klar ist dies aber keineswegs. Auch die globale Erwärmung wäre im Prinzip noch umkehrbar, allerdings nur über sehr lange Zeiträume, wenn die anthropogenen Treibhausgasemissionen schnell zu sinken beginnen und gegen Mitte des Jahrhunderts ganz eingestellt werden.

Im Gegensatz dazu ist der Verlust von Arten irreversibel. Arten, die einmal ausgestorben sind, sind unwiederbringlich verloren und werden nicht zurückkommen. Die Einflüsse der Menschen auf die Umwelt lassen immer mehr Arten von dem Planeten verschwinden oder dezimieren deren Bestände, mit zum Teil grotesken Auswirkungen. So werden die allermeisten Pflanzen bekanntermaßen von Insekten bestäubt. Wenn man die Bestäubung von Hand vornehmen muss, wie das schon in einigen Regionen Chinas der Fall ist, kostet es nicht nur Geld, sondern es mutet auch irgendwie bescheuert an, wenn Sie mir diesen Ausdruck erlauben. Einige meiner Kolleginnen und Kollegen aus der Biologie betrachten den Rückgang der Artenvielfalt als ein ebenso großes Problem wie den Klimawandel, einige sogar als das größere Problem,[166] dem sich die Menschen gegenübersehen. Ich kann und will das nicht beurteilen. Es versteht sich von selbst, dass beide Probleme, der Klimawandel wie auch die Vernichtung von Arten, so schnell wie möglich gestoppt werden müssen. Gut für die Menschheit kann weder der Klimawandel noch der Rückgang der biologischen Vielfalt sein, was Ihnen sicherlich einleuchten wird.

Der Klimawandel ist eine besondere Folge der Übernutzung der Erde. Die Menschen nutzen die Atmosphäre als Deponie für Treibhausgase, wobei die Lufthülle an die Grenzen ihrer Aufnahmefähigkeit stößt, wie ich es an dem verbleibenden CO_2-Budget veranschaulicht habe. Die Treibhausgaskonzentrationen steigen so schnell an wie nie und verursachen eine globale Erwärmung, die allerdings nicht nur die Atmosphäre betrifft, sondern Auswirkungen auf das gesamte Erdsystem hat. Wegen der großen Bedeutung des Klimawandels für die Umwelt und die Lebensbedingungen auf der Erde beinhaltet der sogenannte ökologische Fußabdruck den CO_2-Ausstoß als einen wichtigen Parameter.[167] Natürlich könnte die Atmosphäre theoretisch noch sehr viel mehr Treibhausgase aufnehmen. Aber zu welchem Preis? Der Treibhauseffekt würde sich noch mehr verstärken und damit die globale Erwärmung.

Das kann die Menschheit nicht wirklich wollen. Der angestiegene CO_2-Gehalt der Luft mit der Folge höherer Temperaturen an der Erdoberfläche stellt die Menschen in vielen Regionen der Erde schon vor fast unlösbare Aufgaben. Die Menschheit verlässt gerade den klimatischen Wohlfühlbereich, wie ich es in mehreren Interviews ausgedrückt habe. Nach Jahrtausenden eines relativ stabilen Weltklimas, das der menschlichen Zivilisation eine gute Entwicklung beschert hat, erwärmt sich die Erde gerade in einem Maße und mit einem Tempo, die anhand der bereits spürbaren

Auswirkungen erkennen lassen, dass eine „weiche" Anpassung an die veränderten Umweltbedingungen so gut wie unmöglich sein wird, sollte sich die globale Erwärmung in den kommenden Jahrzehnten so rasant weiterentwickeln wie während der letzten Jahrzehnte oder sich sogar noch beschleunigen. In diesem Fall gäbe es nur noch die „harte" Anpassung, die mit sehr viel Leid verbunden wäre. Dies gilt natürlich nicht nur für uns Menschen, sondern für das Leben auf der Erde insgesamt, das einem enormen Anpassungsdruck ausgesetzt wäre.

Extreme Welten

Wir befinden uns schon seit einiger Zeit in einem neuen Erdzeit-alter, dem sogenannten Anthropozän, in dem die Menschen einen ähnlich großen, vielleicht sogar einen größeren, Einfluss auf die Umwelt ausüben als die natürlichen Faktoren. Der Beginn des Anthropozäns ist nur schwer festzulegen, der genaue Zeitpunkt ist aber auch irrelevant. Im Anthropozän spielen alle durch die Menschen verursachten Veränderungen im gesamten Erdsystem eine Rolle, wobei der Klimawandel ein ganz entscheidender Faktor ist. Die wärmeren Temperaturen, das schmelzende Eis, die höher steigenden Meeresspiegel, die zunehmenden Wetterextreme und die gestressten Ökosysteme während der letzten Jahrzehnte rund um den Globus sind beispiellos, insbesondere was die Änderungsrate anbelangt. Die Menschheit ist dabei, völliges Neuland zu betreten, in eine Welt einzutreten, die sie nicht kennt. Für diese neue Welt mit den zu Ende gehenden Ressourcen, zerstörten Landschaften, gerin-gerer Biodiversität und einem überhitzten Klima gibt es kein Vorbild aus der Vergangenheit, und es gibt auch kein Rezept dafür, wie man in ihr leben kann.

Die Wissenschaft vermag nicht vorherzusagen, wie die neue Welt im Detail aussehen wird, würde alles so weiterlaufen wie bisher. Das liegt in der Natur der Sache, weil das Erdsystem so komplex ist, dass man es mit seiner ganzen Vielfalt nicht vollständig verstehen und schon gar nicht vorhersagen kann. Diese Situation wird sich in den nächsten Jahren auch nicht fundamental ändern, obwohl es selbstverständlich beträchtliche Erkenntnisgewinne in der Erdsystemforschung und auch weitere Fortschritte bezüglich der Qualität der Vorhersagemodelle geben wird. Die Wissenschaft weiß allerdings schon genug, um eine radikale Trendumkehr einzufordern. Unser Verständnis der Prozesse im Erdsystem ist nicht vollkommen, aber hinreichend. Außerdem mehren sich die Anzeichen dafür, dass wir die planetaren Grenzen erreichen. Dass die Menschen ihre Lebensgrundlagen zerstören, weiß inzwischen jeder und jede in der Politik und der Wirtschaft, zumindest ahnt man es. Auch in großen Teilen der Bevölkerung beginnt man es wahrzunehmen. Worauf warten wir noch?

In der Klimaforschung ist das Verständnis der relevanten Prozesse ziemlich weit fortgeschritten, was an der Existenz der physikalischen Grundgesetze liegt. Die Klimafakten liegen seit vielen Jahren auf dem Tisch, und die frühen Vorhersagen haben sich im Großen und Ganzen bestätigt. Dass es schon lange keinen Mangel an Erkenntnis mehr gibt, gilt auch für andere Wissenschaften wie etwa die Biodiversitätsforschung. Deswegen dürfen die Wissenschaften auch nicht zur Alibiforschung verkommen und als Ausrede dafür herhalten, dass an entscheidender Stelle nicht gehandelt und die Umwelt weiterhin systematisch zerstört wird. Die Menschheit führt ein gewagtes Feldexperiment mit dem Planeten durch, indem sie ihn aufheizt, seine Ozeane saurer und sauerstoffärmer werden lässt oder immer mehr Arten ausrottet. Wir werden im Laufe des Experiments überraschende Ergebnisse sehen, sollten wir es fortsetzten, wie es in der Wissenschaft bei so vielen Experimenten der Fall ist. Es werden vor allem nicht willkommene Überraschungen sein wie etwa beispiellose Wetterextreme oder der Kollaps von Ökosystemen. Immer öfter werden wir fassungslos vor Ereignissen stehen, mit denen wir nicht gerechnet haben. Wie die Flut in Deutschland im Juli 2021, obwohl man sie nicht eindeutig der globalen Erwärmung zuordnen kann. Die Flut dürfte aber erst der Anfang bei uns in Deutschland sein. Ich fürchte, weitere ähnlich schlimme oder noch katastrophalere Ereignisse werden folgen.

Wer weiß, vielleicht wird es auch einige positive Überraschungen geben, wobei mir, ehrlich gesagt, keine einfallen wollen. Hin und wieder ist zu lesen, der Planet könnte sich in ein Paradies verwandeln, würde sich die Welt noch mehr erwärmen. Einen wissenschaftlichen Anhaltspunkt dafür gibt es nicht, und ich sehe auch keine beobachtbaren Anzeichen für diese Behauptung. In der globalisierten Welt, in der wir heute leben, wird es, sollten die Menschen tatsächlich einen ungebremsten Klimawandel zulassen, auf lange Sicht keine Gewinner geben. Umwelt, Wirtschaft und Sicherheit hängen eng miteinander zusammen und garantieren die Stabilität der Weltgesellschaft, wenn sie einigermaßen in Balance sind. Wenn nur einer der drei Bereiche in schlechtes Fahrwasser gerät, wird das die anderen Bereiche ins Unheil mitreißen.

Was wir heute schon an extremen Situationen erleben – und dies gilt nicht nur für das Wetter, sondern zum Beispiel auch für die Ozeane, etwa in Form mariner Hitzewellen –, gibt uns einen kleinen Vorgeschmack darauf, wie die neue Welt aussehen könnte, die wir schaffen, wenn wir der Umweltzerstörung nicht Einhalt gebieten. Noch mehr Wassermangel und Hunger würden in einigen Weltregionen zu den Folgen zählen. In anderen Regionen würden sich sintflutartige Niederschläge häufen, die zu Überschwemmungen ungekannten Ausmaßes führen. Der Permafrost würde auftauen und noch mehr Treibhausgase freisetzen. Die Meeresspiegel würden immer schneller steigen und Millionen von Menschen ihrer Heimat berauben. Flüchtlingsströme würden die logische Konsequenz sein.

Zunächst sind es immer die Ärmsten, die ganz besonders unter den klimatischen Veränderungen zu leiden haben, obwohl diese Menschen für die globale Erwärmung nichts können. Nach und nach würde sich die globale Erwärmung beschleunigen. Immer größere Teile der Weltbevölkerung würden betroffen sein, bis es in einigen Regionen der Erde zum Kollaps der Zivilisation käme.

In Deutschland würden neben den weiter steigenden Temperaturen und Meeresspiegeln sowohl mehr Starkregen mit Überflutungen als auch Hitzewellen mit außergewöhnlicher Trockenheit und Wasserknappheit wahrscheinliche Folgen sein. Die Extremtemperaturen für sich allein stellen bereits eine enorme Herausforderung für die Gesellschaft dar, weil die Infrastruktur an solche Werte überhaupt nicht angepasst ist. So können sich Bahngleise verbiegen, der Asphalt auf Autobahnen und Flughäfen kann Blasen werfen, was während einiger Hitzewellen in den letzten Jahren schon beobachtet worden ist. Vieles an Infrastruktur muss komplett neu gedacht werden, wenn sich die Welt noch mehr erwärmt. Was wäre, wenn infolge von Unwettern der Strom ausfällt oder der Mobilfunk? So wie es während der Juli-Flut 2021 bei uns in Deutschland schon der Fall gewesen ist. Was wäre, wenn die Ausfälle nicht nur ein paar Tage, sondern Wochen anhielten, weil die Extremwetterereignisse länger andauerten und die Zerstörungen so groß wären, wie man es sich nicht hatte träumen lassen? Wer macht sich eigentlich über solche Dinge Gedanken? Es wäre allerdings ratsam, es gar nicht erst so weit kommen zu lassen.

Wir müssen endlich aufwachen. Wir sind zu sorglos. Unser Denken ist an eindeutige und lineare Ursache-Wirkungs-Zusammenhänge gewohnt: kleine Ursache, kleine Wirkung. Komplexe Systeme reagieren aber oft ganz anders: kleine Ursache, große Wirkung – und vor allem: Wirkung in einem ganz anderen Bereich oder an einem ganz anderen Ort. Wir stehen inzwischen vor einer Reihe von sogenannten „Systemischen Risiken". Solche Risiken, zu denen der Klimawandel ohne Frage zählt, werden von der Gesellschaft oft widersprüchlich bewertet und unterschätzt, weswegen die Politik verzögert oder falsch reagiert. Wir können deswegen nicht unbedingt darauf vertrauen, dass die globale Erwärmung auf das im Pariser Klimaabkommen vereinbarte Maß begrenzt wird. Darauf müssen wir uns vorbereiten. Städte müssen jetzt über- oder neu gedacht werden. Maßnahmen müssen in Ballungsgebieten ergriffen werden, um die Temperaturen zu dämpfen, soweit es geht, wobei zusätzliche Grün- und Wasserflächen sowie mehr Beschattung sicherlich helfen würden. Alle Gemeinden, städtische wie ländliche, müssen sich fragen, ob sie wirklich gut auf Extremereignisse vorbereitet sind, wobei man sich keinesfalls an der Vergangenheit orientieren sollte. Das komplette Wassermanagement muss auf den Prüfstand, Gebäude müssen entweder angepasst oder neu konzipiert werden, um den Herausforderungen der neuen Welt gerecht zu werden. Ich fürchte, dass viele Länder auf die Fragen, die sich im Zusammenhang mit einem weiter voranschreitenden Klimawandel stellen, noch keine Antworten haben.

Und schließlich ist die menschliche Gesundheit durch die globale Erwärmung gefährdet, ein Aspekt, der in der öffentlichen Diskussion erstaunlich wenig Raum einnimmt und den ich vielleicht hätte zuallererst ansprechen müssen, weil das Leben nun einmal das kostbarste Gut überhaupt ist. Sterben nicht heute schon viel zu viele Menschen, auch in Deutschland, wenn sich eine Hitzewelle wie eine Glocke über eine Region legt? Wie im Sommer 2020 – Corona schien wegen der geringen Infektionszahlen besiegt –, als es bei uns eine deutliche Übersterblichkeit gegeben hatte, ausgelöst durch eine Hitzewelle, während der deutlich mehr Menschen gestorben sind als in den Jahren zuvor zur gleichen Zeit. Auf einem fiebrigen Planeten kann es keine gesunden Menschen geben. Der menschliche Organismus mit seiner Körpertemperatur von 37

Grad Celsius ist nicht für Temperaturen ausgerichtet, die deutlich über 30 Grad Celsius liegen und schon gar nicht für Temperaturen von über 40 oder 50 Grad Celsius. Das gilt auch für die allermeisten Ökosysteme in den Land- und Meeresregionen wie zum Beispiel für die borealen Wälder oder die tropischen Korallenriffe, die zusehends unter den höheren Temperaturen und ihren Folgewirkungen zu leiden haben.

Seit Corona wissen wir, was exponentielles Wachstum bedeutet. Erinnern Sie sich noch an die ersten Corona-Fälle in Deutschland, die Ende Januar 2020 aufgetreten sind? So richtig ernst hat das damals kaum jemand genommen. Knapp zwei Monate später, im März, waren wir schon im Lockdown. Exponentielles Wachstum ist trügerisch. Veränderungen können zunächst harmlos erscheinen, weil sie kaum wahrnehmbar verlaufen und sich nur ganz allmählich steigern. Mit der Zeit kommt es dann zu einer deutlichen Beschleunigung, bis sich innerhalb kurzer Zeit eine explosionsartige Entwicklung einstellt. Es liegt in der Natur der menschlichen Psyche, die ersten Anzeichen für eine sich anbahnende Katastrophe nicht ernst zu nehmen und zu sorglos zu agieren, selbst wenn die Wissenschaft warnt.

Exponentielles Wachstum gibt es nicht nur bei Infektionswellen, sondern auch bei Wetterextremen, etwa bei Starkniederschlägen. Wenn der Klimawandel weiter voranschreitet und die Temperaturen immer höher klettern, werden aus heutiger Sicht undenkbare Ereignisse möglich. So steigt, wie bereits erwähnt, der Gehalt von Wasserdampf in der Atmosphäre, das gasförmige Wasser, exponentiell mit der Lufttemperatur an, um sieben Prozent pro ein Grad Celsius Erwärmung, was in einer wärmeren Welt bei entsprechender Wetterlage dann auch viel stärkere Niederschläge zur Folge haben kann. In einer globalen Betrachtung über alle Landregionen, für die eine verlässliche Datenbasis zur Verfügung steht, lässt sich diese aus physikalischer Sicht erwartete Zunahme von Extremniederschlägen schon seit einigen Jahren nachweisen.[168] Die Zunahme extremer Niederschläge lässt sich für Deutschland wegen der zu kurzen Datenreihen an Hand der Beobachtungen noch nicht mit hoher Sicherheit nachweisen. Plausibel wäre die Zunahme aber allemal. Die Auswertungen zeitlich hochauflösender Niederschlagsmessungen an einigen wenigen europäischen Wetterstationen stützen die These über die Zunahme von Extremniederschlägen. Und es sind in diesen Messreihen gerade die kurzen und heftigen, *konvektiven*[169] Niederschläge, zum Beispiel die Niederschläge, die mit Gewittern eingehen, die sich ganz besonders intensivieren, um deutlich mehr als sieben Prozent pro ein Grad Erwärmung.

Die historische Flut in Deutschland vom Sommer 2021 passt genau in dieses Bild. Sie stellt den bisherigen Höhepunkt einer Entwicklung dar, die wir in Deutschland seit den 1990er Jahren beobachten. Ich möchte hier noch einmal an das Rheinhochwasser im Dezember 1993 und Januar 1994 erinnern, auch Weihnachtshochwasser genannt, an die Oderflut 1997 oder an die Elbe-Hochwasser 2002 und 2013. Schon für diese vier Flutkatastrophen hatte man seinerzeit den Superlativ Jahrhundertflut bemüht. Natürlich heißt eine statistische Wiederkehrwahrscheinlichkeit von 100 Jahren nicht, dass Jahrhundertfluten nur einmal pro Jahrhundert auftreten können. Das Wetter ist schließlich chaotisch und alles andere als regelmäßig. Könnten wir bei der Häufung von Jahrhundertfluten also einfach nur Pech gehabt haben? Daran glaube ich nicht. Die Häufung spricht sehr stark dafür, dass wir hier schon den Einfluss der globalen Erwärmung auch bei uns in Deutschland sehen, so wie eine auffällige Häufung von Sechsen bei einem auf die Sechs gezinkten Spielwürfel ein Anhaltspunkt für seine Manipulation ist.

Warum?

Warum unterstützen wir die falschen Dinge und subventionieren beispielsweise die konventionellen Energien? Würde man die Gesundheits- und Umweltschäden mit berücksichtigen, die die konventionelle Energieerzeugung verursacht, wären die Subventionen gigantisch.[170] Interessant ist in diesem Zusammenhang, dass die Subventionen für die konventionellen Energien viel höher sind als die für die Erneuerbaren Energien. Wer bitteschön zahlt eigentlich die Kosten für die Endlagerung des Atommülls? Der Staat doch wohl in erster Linie. Die Energiekonzerne haben sich mit einem lächerlichen Geldbetrag freigekauft. Kennen Sie, liebe Leserinnen und Leser, die Ewigkeitslasten? Nach Ende des Steinkohlebergbaus im Ruhrgebiet muss zum Beispiel sichergestellt werden, dass das Ruhrgebiet nicht infolge von Bodenabsenkungen mit Wasser vollläuft und zu einem überdimensionierten See wird. Dazu müssen bis in alle „Ewigkeit" Pumpen laufen. Außerdem darf das aus der Tiefe aufsteigende relativ salzige Wasser nicht das Grundwasser kontaminieren. Auch dieses Wasser muss abgepumpt werden. Wer zahlt? Langfristig muss sicherlich der Staat den Löwenanteil berappen. Warum wird Flugbenzin subventioniert? Warum ist Diesel billiger als Benzin? Zahlen nicht wir Steuerzahlerinnen und Steuerzahler am Ende immer die Zeche? Wer zahlt für die Klimaschäden, die sich jedes Jahr im Bereich von Milliarden Euro bewegen? Die Subventionierung der konventionellen Energien, sei es direkt oder indirekt, wird von der Gesellschaft stillschweigend hingenommen.

Warum das so ist? Mich beschleicht das ungute Gefühl, dass es eine systematische Irreführung der Bevölkerung über die wahren Kosten der konventionellen Energieerzeugung gibt. Aber wehe, es fließen Subventionen in die Erneuerbaren Energien. Dann ist der Aufschrei über diese „himmelschreiende Ungerechtigkeit" unverhältnismäßig groß, aus Teilen der Wirtschaft, aus einer Reihe von Medien und natürlich auch aus Kreisen der Politik. Wofür aber sollten Subventionen da sein? Ich finde, um zukunftsfähige Technologien zu fördern, und nicht, um die von gestern, die zudem die Umwelt belasten, künstlich am Leben zu halten. Es wäre die Aufgabe der Politik, eben nicht in das Klagelied der viel zu hohen Kosten für die Erneuerbaren Energien einzustimmen, sondern die Rahmenbedingungen so zu setzen, dass die Finanzströme in nachhaltige Investments fließen. Dann wäre das Geld für die Umsetzung einer schnellen globalen Energiewende vorhanden. Eines bleibt am Ende dieser Betrachtungen festzuhalten: Die bisherige Art der Energieerzeugung mit fossilen Brennstoffen und Atomkraft ist nicht vernünftig und im höchsten Maße umweltgefährdend.

Warum verbrauchen wir so viele Ressourcen? Warum so viel Energie? Wir könnten mit sehr viel weniger Verbrauch auskommen, ohne Abstriche am Wohlstand machen zu müssen. Die Menschheit vergeudet wertvolle Rohstoffe und verschwendet jede Menge Energie. Weswegen werfen wir so viele Lebensmittel weg, die mit großem Energie-, Wasser- und Rohstoffaufwand erzeugt worden sind? Weniger Lebensmittelverschwendung würde aus vielerlei Gründen den Planeten schonen und natürlich auch für den Klimaschutz von Bedeutung sein. In Deutschland sind es ungefähr 30 Prozent aller produzierten Lebensmittel, die am Ende nicht auf dem Teller landen.[171] Wir müssen Abschied nehmen von der Wegwerfgesellschaft und den Weg in die Kreislaufwirtschaft finden. Eigentlich handelt es sich hierbei um eine Binsenweisheit. Wir können doch nur so viel von dem Planeten nehmen, wie er imstande ist, wieder nachzuliefern, ohne dass das noch verfügbare Ressourcenkonto immer kleiner wird. Das Ressourcenkonto können wir nicht überziehen, wie es bei einem Bankkonto möglich ist. Ist das Ressourcenkonto erst einmal leer, wird es leer bleiben. Deswegen ist die Frage berechtigt, ob die Menschheit überhaupt lernfähig ist.

Ist die Menschheit überhaupt lernfähig?

Diese Frage drängt sich mir tatsächlich auf, der seit 40 Jahren in der Wissenschaft tätig ist und verfolgt hat, wie sich die Menschheit des Planeten bemächtigt und immer größere Teile der Erde zerstört hat. Der Zustand der Umwelt, insbesondere des Klimas, ist beklagenswert. Die Auswirkungen des menschlichen Fehlverhaltens treten immer offener zutage, weil sie von Jahr zu Jahr dramatischer ausfallen. Wenn ich Revue passieren lasse, wie Umweltprobleme wie zum Beispiel das Problem des Klimawandels von Teilen der Politik und Wirtschaft in der Vergangenheit systematisch geleugnet oder beschönigt wurden und zum Teil immer noch werden, gerate ich ins Grübeln. Hinzu kommt, dass bis heute die globale Erwärmung von vielen Menschen verharmlost, verdrängt oder schlicht ignoriert wird. Nicht wenige stellen sogar den Temperaturanstieg infrage, wie das in den USA zu beobachten ist. Selbst jetzt, nachdem man den menschlichen Einfluss auf das Klima nicht mehr mit stichhaltigen Argumenten in Abrede stellen kann, behaupten in einigen Ländern führende Politikerinnen und Politiker immer noch, dass der menschengemachte Klimawandel eine Erfindung von Umweltschützern und Wissenschaftlern sei. Die Wissenschaft ist sich bezüglich der Ursachen der globalen Erwärmung seit vielen Jahren darin einig, dass der Temperaturanstieg an der Erdoberfläche von den Menschen verursacht worden ist. Das wurde auch schon vor vielen Jahren von „höchster Stelle" gewürdigt, sprich vom Nobelpreiskomitee. Der Friedensnobelpreis 2007 ging zu gleichen Teilen an den ehemaligen Vizepräsidenten der USA, Al Gore, der mit seinem Film *Eine unbequeme Wahrheit* den Klimawandel verständlich dargestellt hat, und an den Weltklimarat, den IPCC, der die wissenschaftlichen Grundlagen geliefert hatte.

Wirksame Maßnahmen gegen die fortschreitende Umweltzerstörung auf der Erde gibt es bis heute so gut wie nicht. An

Wissen mangelt es nicht. Herausragendes Beispiel dafür ist die globale Erwärmung, die unvermindert voranschreitet, obwohl Wissenschaftler wie die beiden Physiknobelpreisträger Manabe und Hasselmann und viele andere mehr schon vor Jahrzehnten davor gewarnt hatten, dass sich die Menschheit auf einen fatalen Weg gemacht hat. Als Wissenschaftler bin ich verpflichtet, die Dinge ehrlich zu beschreiben, auch wenn ich es eigentlich hasse, weil ich nicht immer nur schlechte Botschaften überbringen möchte. Die Menschheit fährt nach wie vor in die falsche Richtung, sie zerstört die Lebensgrundlagen. Die Beobachtungen rund um den Globus sind eindeutig und lassen keinen anderen Schluss zu. Wir erreichen die Grenzen des Wachstums. Es gibt hier überhaupt nichts zu beschönigen und Zeit haben wir schon gar nicht, um eine planetare Katastrophe zu verhindern. Der Weltklimarat schätzt, dass ungefähr 3,3 bis 3,6 Milliarden Menschen, also fast die Hälfte der Weltbevölkerung, unter Bedingungen leben, die sehr verwundbar gegenüber dem Klimawandel sind.[172] Vor diesem Hintergrund frage ich mich immer öfter, ob die Menschen überhaupt lernfähig sind oder den Planeten am Ende doch gegen die Wand fahren.

Ich stelle diese Frage mit vollem Ernst, und dies aus ganz unterschiedlichen Gründen. Dabei habe ich nicht nur die Umweltprobleme vor Augen, sondern auch die gesellschaftlichen Tendenzen. Haben wir zum Beispiel aus der Geschichte etwas über die Stabilität von Demokratien gelernt? Hat es in der jüngeren Geschichte nicht Angriffe auf Demokratien von innen gegeben, die am Ende zu Diktaturen geführt haben? Die Weimarer Republik in Deutschland ist ein mahnendes Beispiel dafür, dass eine Demokratie relativ schnell zusammenbrechen kann, wenn die Menschen ohne jede Hoffnung sind und keine Perspektive für ein menschenwürdiges Dasein sehen. Wir scheinen es bis heute nicht gelernt zu haben, wie man eine Demokratie wirksam schützen kann. Spätestens seit der Amtszeit von Donald Trump in den USA muss uns allen doch klar sein, wie fragil die westlichen Demokratien sind. Ein wichtiger Punkt im Hinblick auf die Stabilisierung von demokratischen Gesellschaften wäre aus meiner Sicht, dass sich die Menschen keine Existenzsorgen machen müssen. Gerade in den USA hat man gesehen, wozu die Verzweiflung über die eigenen Lebensverhältnisse führen kann. Um ein Haar wären die USA heute keine Demokratie mehr, weil viele verzweifelte Menschen ihr Heil in dem Narzissten und notorischen Lügner Donald Trump gesucht haben und immer noch suchen. Der Spuk ist noch nicht vorbei. Die US-Republikaner haben jüngst die gewaltsame Erstürmung des Kapitols als legitime politische Meinungsäußerung bezeichnet. Mir fehlen die Worte. Mit der Demokratie würde auch Umwelt- und Klimaschutz untergehen. Trump hatte die globale Erwärmung wiederholt als Fake News bezeichnet und sich bei jeder sich bietenden Gelegenheit über den Klimawandel lustig gemacht.

Die nur vier Jahre während Amtszeit Trumps hat uns gezeigt, dass ein Staatsstreich selbst in westlichen Demokratien innerhalb weniger Jahre möglich sein kann. Die USA haben uns auch vor Augen geführt, dass die Infragestellung von Fakten und das Leugnen von Problemen in einer Partei mit einer langen Tradition, wie die Republikanische Partei eine ist, mehrheitsfähig sein kann. In den USA scheint die Wissenschaft in der Gesellschaft nicht mehr den Stellenwert zu haben, der ihr gebührt. Wenn es neben der Leugnung des Klimaproblems einen Beweis für die zunehmende Wissenschaftsfeindlichkeit gibt, dann ist es der Umgang der Republikanischen Partei mit der Corona-Pandemie. Einige ihrer Gouverneure verweigern sich praktisch komplett dem Kampf gegen das Virus. Man kann das Verhalten einiger Republikaner während der Corona-Krise nur noch als absurd und vor allem auch als gefährlich bezeichnen. Sie wettern gegen das Tragen von Schutzmasken in Schulen, beschimpfen die Befürworter aufs Übelste und drohen ihnen unverhohlen mit Gewalt.

Wie soll man von Leuten, die Fakten wie die globale Erwärmung als erfunden bezeichnen, eine zielführende Klimaschutzpolitik erwarten können? Die nächste globale Krise wird auf uns zurollen, so viel ist sicher, wann auch immer das sein und wie auch immer sie aussehen mag. Lernfähigkeit kann man von Populisten nicht erwarten, nicht von denen, die sich um Trump scharen, und auch nicht von den Populisten in Europa und Deutschland. Deswegen können wir auch nicht davon ausgehen, dass solche Politiker kommende Krisen mit Vernunft angehen werden. Umso mehr bedarf es der Stärkung von demokratischen und pluralistischen Kräften in den Gesellschaften. Am Beispiel Chinas, dem heute weltweit größten CO_2-Emittenten, lässt sich verdeutlichen, dass Klimaschutz für diktatorische und repressive Regime keine Priorität besitzt. Geradezu entlarvend ist die Ankündigung Chinas, im Ausland keine Kohlekraftwerke mehr zu bauen.[173] Gleichwohl sollen im Reich der Mitte in den kommenden Jahren noch viele neue Kohlekraftwerke entstehen. In China steht ganz klar die Eroberung der Märkte für saubere Technologien im Vordergrund, egal ob das Klima in der Zwischenzeit dabei nun draufgeht oder nicht.

In Deutschland versucht die AfD, die Bürgerinnen und Bürger mit einer wissenschaftsfeindlichen Strategie für sich zu gewinnen, wie sie Trump verfolgt, und das nicht ohne Erfolg, wie die Wahlergebnisse zeigen. Den Klimawandel gibt es nicht, so heißt die einfache, aber falsche Botschaft der Partei. Die AfD hat im letzten Bundestagswahlkampf sogar die Legende von der manipulierten Briefwahl übernommen,[174] die Trump bis heute verbreitet. Beträchtliche Teile der amerikanischen Bevölkerung glauben immer noch an die „gestohlene" Wahl und betrachten Joe Biden nicht als ihren rechtmäßigen Präsidenten. Es ist zum Verzweifeln, wie einfach Menschen manipulierbar zu sein scheinen. Wir müssen einem vernunftgesteuerten und faktenbasierten politischen Handeln wieder weltweit zum Durchbruch verhelfen, wenn wir die globalen Umweltprobleme lösen wollen.

Aber wie können wir die Klimakrise überhaupt in den Griff bekommen? Welche Hebel gibt es? Ein wichtiger Schlüssel, um dem Umweltschutz insgesamt zum Durchbruch zu verhelfen, ist eine gute Bildung für breite Schichten der Bevölkerung, und das weltweit. Die Zeit wird allerdings knapp, um die drängenden Umweltprobleme, insbesondere das Klimaproblem, zu lösen. Wir können keine Jahrzehnte mehr warten, bis sich die gewünschten Bildungserfolge einstellen. Um eine Klimakatastrophe abzuwenden, muss jetzt und tiefgreifend gehandelt werden. Die Menschheit hat, das müssen wir uns eingestehen, wertvolle Zeit verschenkt und in den letzten Jahrzehnten die globale Erwärmung einfach weiterlaufen lassen, trotz der Warnungen aus der Wissenschaft. Das heißt natürlich keineswegs, dass Bildung nicht in den kommenden Jahren auf allen Kontinenten, auch in Europa und bei uns in Deutschland, deutlich gestärkt werden muss. Ganz im Gegenteil. Bildung ist für eine gute Zukunft der Menschheit fundamental.

Wenn wissenschaftliche Erkenntnisse nicht ausreichen, um die Menschen davon abzuhalten, den Planeten zu zerstören, was wird dann helfen? Beispiellose Veränderungen innerhalb weniger Jahrzehnte, durch die die globalen Treibhausgasemissionen drastisch gesenkt würden, wie es der Weltklimarat seit vielen Jahren fordert, können nur noch erzielt werden, wenn wir unverzüglich eine Dynamik in die Richtung einer nachhaltigen Weltwirtschaft entfesseln. Wir leben im falschen Wirtschaftssystem, das sollten wir uns endlich klarmachen. Die Umwelt hat in dem heutigen System kein Preisschild. „Die Wirtschaft muss wachsen", so lautet eines der aus meiner Sicht am meisten strapazierten Argumente, um tiefgreifende Klimaschutzmaßnahmen oder auch bessere Arbeitsbedingungen zu verhindern. Denn ohne eine florierende Wirtschaft sei ja alles nichts. Alles andere habe sich diesem Prinzip unterzuordnen. Offenbar soll das auch für die Menschenrechte gelten, was allerdings vehement bestritten wird. Die Realität sieht anders aus, etwa, wenn man nach China blickt. Vordergründig kann man gegen den Satz „Die Wirtschaft muss wachsen" vielleicht wenig sagen. Ich verstehe diejenigen nur zu gut, die diesem Glaubenssatz zustimmen. Die Menschen möchten schließlich in Wohlstand leben. Es wird ihnen suggeriert, dass nur die heutige Art und Weise, wie die Wirtschaft funktioniert, Wohlstand für breite Schichten der Bevölkerung garantiert. Die Werbeindustrie hämmert uns pausenlos ein, dass Konsum per se glücklich macht. Ein PKW, so groß wie ein Kleinbus, das soll angeblich glücklich machen. Es scheint wenig Anlass zur Hoffnung zu geben, dass wir den Raubbau an der Natur stoppen und eine globale Umweltkatastrophe verhindern werden.

Die Frage, die sich stellt, ist die nach der Art der Wirtschaft, die wir *wirklich* wollen. In Umfragen sprechen sich die allermeisten Menschen für den Umweltschutz aus. Daraus ergibt sich zwangsläufig, Wohlstand zu schaffen, ohne die Umwelt zu zerstören. Für mich persönlich kann es nur eine Art der Wirtschaft geben, die man als ökosoziale Marktwirtschaft bezeichnen würde. Ich weiß, dass es eine Theorie zu ihr gibt, in die ich hier aber gar nicht einsteigen möchte. Ich meine den Begriff ökosoziale Marktwirtschaft wörtlich. Sie würde ihrem Namen entsprechend die Umwelt schützen, sozial sein und trotzdem nach marktwirtschaftlichen Regeln funktionieren. Diese Art von Wirtschaft würde den allermeisten Menschen auf der Welt eine Wohlstandsperspektive bieten können, was heute nicht der Fall ist. Die ökosoziale Marktwirtschaft, die ich meine, würde auch nach ethischen Grundsätzen funktionieren.

Gewinne müssen sein und auch hoch genug ausfallen, um anzuspornen und Innovation zu stimulieren, sie müssen aber begrenzt werden. Vorstandsgehälter sollten gedeckelt sein. Niemand kann mir plausibel machen, dass ein Vorstandsmitglied das Hundertfache eines Arbeiters verdienen muss. So einen Übermenschen kann es gar nicht geben. Die ökosoziale Marktwirtschaft mag eine Idealvorstellung sein, die man vielleicht niemals erreichen wird. Für mich, der nicht aus den Wirtschaftswissenschaften kommt, ist das schwer zu beurteilen. Ich wüsste aber nicht, was gegen sie stünde, insbesondere, wenn man auch den Wohlstandsbegriff hinterfragt und Kriterien wie Zufriedenheit und eine gesunde Umwelt in ihn integriert. Was sollte gegen eine Wirtschaft sprechen, die die Umwelt schützt und möglichst vielen Menschen ein Leben in Würde ermöglicht? Wäre dies nicht einfach nur ein Gebot der Vernunft und der Menschlichkeit?

Wir müssen die Wirtschaft dringend reformieren. Sie muss sich auch an ökologischen, sozialen und ethischen Grundsätzen orientieren. Die Politik muss die entsprechenden Rahmenbedingungen dafür setzen, damit dieser Wandel gelingen kann. Sonst werden die Unternehmen mit der fortschreitenden Umweltzerstörung und den daraus folgenden wirtschaftlichen Einbußen und der gesellschaftlichen Destabilisierung selbst untergehen. Denn es gilt auch: „Ohne eine intakte Umwelt und ohne einen sozialen Frieden ist alles nichts." An die Politik gerichtet bedeutet dies, dass eine Umweltpolitik, die ihren Namen verdient, zwangsläufig eine andere Wirtschafts- und Sozialpolitik erfordert. Wir benötigen eine Politik, die aus einem Guss ist und die verschiedenen Bereiche zusammendenkt. Einige vorausschauende Politikerinnen und Politiker sind sich dessen schon bewusst. Politische Mehrheiten für einen solchen Kurs sind allerdings derzeit noch nicht zu organisieren, obwohl es dafür allerhöchste Zeit wäre. Mit der Natur kann man nicht verhandeln, das sollten sich die Verweigerer des Umbaus der Weltwirtschaft merken. Die Naturgesetze gelten, ob wir es nun mögen oder nicht. Geht die Natur unter, gehen wir Menschen mit unter.

Warum wir noch hoffen dürfen – Positive Signale

Ich schwanke zwischen Apokalypse und Hoffnung. Schaffen wir es, den Planeten lebenswert zu erhalten, oder schaffen wir es nicht? Ich habe lange darüber nachgedacht, wie ich dieses Buch beginnen und enden soll. Sollte ich Sie, liebe Leserinnen und Leser, zunächst ins Tal der Tränen führen und Ihnen zeigen, dass die Menschheit inzwischen dicht am Abgrund steht, weil sie fortgesetzt ihre Lebensgrundlagen zerstört? Oder sollte ich lieber mit den positiven Signalen beginnen, mit den wenigen Hoffnungsschimmern, die sich am Horizont abzeichnen, ohne zu wissen, ob diese Signale nur ein kleines Strohfeuer sind oder die Zeichen eines tiefgreifenden Wandels? Nun, ich habe mich für Ersteres entschieden, weil ich ein durch und durch optimistischer Mensch bin und am Ende dieses Buches Ihnen einen positiven Ausblick geben möchte. Wir können das Ruder noch herumreißen, so viel steht vonseiten der Wissenschaft fest. Ich bin auch fest davon überzeugt, dass wir in den nächsten Jahren einen enormen Schub beim internationalen Klimaschutz sehen werden.

Was gibt mir diese Hoffnung? Zuallererst: Die öffentliche Aufmerksamkeit für Umweltthemen wächst, etwa für die Themen Klimawandel, Abholzung der Wälder oder Vermüllung der Ozeane mit Plastikabfällen. Die wachsende öffentliche Aufmerksamkeit ist ein äußerst wichtiger Faktor für den Umweltschutz, damit er den Stellenwert in der Gesellschaft bekommt, der ihm gebührt. Wir wissen aus der Sozialforschung, dass es neben den physikalischen oder ökologischen auch so etwas wie soziale Kipppunkte gibt. Diese sind dadurch charakterisiert, dass innerhalb einer vergleichsweisen kurzen Zeit und ohne einen gravierenden oder vorhersehbaren Auslöser tiefgreifende gesellschaftliche Veränderungen geschehen.

Das Zukunftsinstitut schreibt auf seiner Internetseite in Bezug auf den Klimawandel: „Angestoßen werden diese Kipppunkte von einer kleinen, aber engagierten Minderheit, der es gelingt, die Einstellung einer Mehrheit zu ändern und damit weitreichende Bewegungen in allen gesellschaftlichen Bereichen anzustoßen. Sobald eine kritische Masse überzeugt ist, braucht es nur noch einen kleinen, unscheinbaren Auslöser, um eine gewaltige Dynamik in Gang zu setzen, die schlussendlich alle Gesellschaftsbereiche beeinflusst. Dann genügt es plötzlich, wenn eine Schülerin in Schweden einmal die Woche die Schule schwänzt, um vor dem Parlament für mehr Klimaschutz zu protestieren – und damit nicht nur die Politik weltweit in Bedrängnis bringt, sondern auch Großunternehmen zum Umsteuern bewegt."[175] War es nicht beim deutschen Ausstieg aus der Atomkraft so ähnlich? Die Anti-Atomkraft-Bewegung umfasste im Vergleich zur Gesamtbevölkerung nur wenige Menschen. Trotzdem ist Deutschland am Ende aus der Atomkraft ausgestiegen. Heute ist es undenkbar, dass Deutschland wieder in die Atomkraft einsteigen wird. Selbst die Industrie hat daran kein Interesse mehr.

Das steigende Interesse am Klimawandel hat sicherlich auch mit der zunehmenden spürbaren Bedrohung durch die vermehrten extremen Wetterereignisse zu tun. Das wachsende Interesse an den Meeren damit, dass man den Abfall an den heimischen Stränden und vor allem im Urlaub in fernen Ländern einfach nicht mehr übersehen kann. Die schrecklichen Bilder von verendeten Seevögeln oder Walen, die um die Welt gehen, rütteln uns wach. Die Umweltschäden sind inzwischen unübersehbar und teilweise schon unumkehrbar. Ausgestorbene Arten werden nicht wiederkommen. Die Erwärmung der Erde werden wir für viele Jahrhunderte nicht rückgängig machen, den weiteren Anstieg der Meeresspiegel über Jahrtausende nicht stoppen können. Die wachsende öffentliche Aufmerksamkeit für Umweltthemen kommt sehr spät, ich hoffe aber, nicht zu spät. Musste die Menschheit erst aus Schaden klug werden, um zu handeln? Oder sollte selbst diese Weisheit nicht im Kampf um das Wohlergehen der Erde gelten?

Ich bin hin- und hergerissen. Nach Jahrzehnten der Wissenschaftskommunikation, sowohl was den Klimawandel als auch die Bedrohung der Ozeane anbelangt, kann ich nach wie vor nicht einschätzen, ob die Menschheit sich ernsthaft aufmachen will, sich von Grund auf zu ändern und den Planeten und sich selbst vor der Zerstörung der Lebensgrundlagen zu schützen. Oder ob die Menschen es einfach darauf ankommen lassen und riskieren wollen, sehenden Auges in ihr Verderben zu stürzen, so wie es der Club of Rome vor 50 Jahren in *Die Grenzen des Wachstums* vorausgesagt hatte, sollten die damaligen Trends andauern. Wir leben jetzt im 21. Jahrhundert. Die Trends haben sich fortgesetzt, und die Zeichen für einen Wandel stehen zugegebenermaßen nicht allzu gut. Immerhin aber nimmt die Debatte über das Thema Nachhaltigkeit in der Politik Fahrt auf. So haben sich die Länder 2015 in der Agenda 2030 unter dem Dach der Vereinten Nationen auf 17 Nachhaltigkeitsziele verständigt, wobei der Schutz des Klimas und der Meere zwei der Ziele sind.[176]

Im selben Jahr wurde das Pariser Klimaabkommen beschlossen. Bisher allerdings kann man an den Daten nicht ablesen, dass die Welt mit der Umsetzung der Nachhaltigkeitsziele oder des Pariser Klimaabkommens begonnen hat. Der weltweite Ausstoß von Treibhausgasen ist beispielsweise bis 2019 weiter angestiegen und 2020 nur wegen der Corona-Pandemie gesunken, um 2021 infolge der weltwirtschaftlichen Erholung wieder anzusteigen. Die tropischen Regenwälder brennen immer noch, und der Ressourcenverbrauch der Menschheit nimmt weiter zu. All dies ist aber kein Grund, die Flinte ins Korn zu werfen. Als Wissenschaftler weiß ich, dass wir den Wandel innerhalb weniger Jahrzehnte schaffen können, wenn der politische Wille vorhanden ist. Es werden täglich mehr Menschen aus allen Bereichen der Gesellschaft, die eine Umkehr einfordern, und das gibt mir Hoffnung. Diese Stimmen werden nicht wieder verstummen, ich sehe Anhaltspunkte für einen grundlegenden gesellschaftlichen Wandel.

In Deutschland war das Thema Klimaschutz eines der wichtigsten Themen im Wahlkampf zur Bundestagswahl 2021. Es gab kein Wahlprogramm der im Bundestag vertretenen Parteien, in dem das Wort Klima nicht vorkam. Allerdings – und das ist gut so – mit unterschiedlichen Vorstellungen darüber, auf welche Weise man das Klima schützen will. Die AfD ist dabei eine Ausnahme und sieht überhaupt keinen Handlungsbedarf, möchte aus dem Pariser Klimaabkommen sowie aus allen Klimaschutzorganisationen austreten und sieht im Anstieg der atmosphärischen CO_2-Konzentration einen Beitrag zu einem „Ergrünen der Erde".[177] Die Flutkatastrophe im Juli 2021 und der Bericht des Weltklimarats vom darauffolgenden August hatte dann das Thema Klimakrise noch stärker in den Fokus des Bundestagswahlkampfs gerückt.

Ob und wie sich die stärkere Zuwendung der deutschen Politik zum Thema Klimawandel konkret in Maßnahmen widerspiegeln wird, bleibt abzuwarten. Immerhin gibt es inzwischen eine CO_2-Bepreisung und die Ankündigungen der Ampelkoalition, die Energiewende jetzt zügig voranzutreiben. Es gibt ein Bundesministerium für Wirtschaft und Klimaschutz, sodass die Bereiche Wirtschaft und Klimaschutz in einer Hand sind. Das ist für mich ein guter erster Schritt, weil Wirtschafts- und Klimapolitik selbstverständlich zusammengehören. Auch das Außenministerium will sich jetzt verstärkt in die internationalen Klimaverhandlungen einbringen,[178] was ich ebenfalls als positiv bewerte. Zur Erinnerung: Im vorletzten Bundestagswahlkampf, 2017, spielte die Klimaproblematik so gut wie keine Rolle. Außerdem hatte die letzte Große Koalition den Klimaschutz mehr oder weniger ausgebremst. Es scheint jetzt wieder voranzugehen. Es hat sich etwas grundlegend in der Politik verändert!

Auch wenn es einiges an der Klimapolitik der letzten Jahrzehnte zu bemängeln gibt, zeigt der beträchtliche Rückgang der Treibhausgasemissionen in Deutschland von knapp 40 Prozent seit 1990, dass Klimaschutz, wirtschaftliche Entwicklung und Wohlstand keine Gegensätze sein müssen. Ganz im Gegenteil, ich behaupte, sie bedingen einander, weil Klimaschutz Energie- und Ressourceneffizienz steigert, Innovation stimuliert und dadurch Deutschland zukunftsfähiger macht, was langfristig unseren Wohlstand sichert. Deutschland würde auch unabhängiger von Energieimporten, eine Dringlichkeit, die gerade während des Kriegs in der Ukraine überdeutlich geworden ist. Unter dem Eindruck dieses Kriegs will die Bundesregierung bis 2035 auf Erneuerbare Energien umstellen – viel früher als geplant. Bundesfinanzminister Christian Lindner von der FDP hatte dafür das Wort Freiheitsenergien geschaffen. Die Einsicht, dass die Energiewende Deutschland nützt, wächst in vielen Teilen der Gesellschaft, was sich hoffentlich schnell in konkreten Maßnahmen zur weiteren Senkung der Treibhausgase widerspiegeln wird. Es wäre so wichtig, weil die Welt Vorbilder braucht. Und warum sollte nicht Deutschland diese Vorreiterrolle einnehmen? Sein Schaden wird es nicht sein, trotz all der Unkenrufe aus einigen Kreisen der Wirtschaft und ihrer Lobbyisten.

Im Verkehrsbereich wird in Deutschland inzwischen ernsthaft über ein Aus des Verbrennungsmotors oder ein Verbot von Kurzflügen diskutiert. Einige Länder sind da allerdings schneller als Deutschland. Beides aber wird auch hierzulande kommen. Wir können uns nicht gegen die globalen Trends stellen. Unsere Wettbewerbsfähigkeit steht auf dem Spiel. Wann wir vom Verbrenner Abschied nehmen? Ich weiß es ich nicht. Ich rechne aber noch dieses Jahrzehnt damit. Wer hätte noch vor ein paar Jahren gedacht, dass es diese Diskussion im Automobilland Deutschland geben würde? Dabei werden sowohl die Bahn als auch der öffentliche Nahverkehr eine wichtigere

Rolle einnehmen müssen, worüber große Einigkeit herrscht. Die autogerechte Stadt wird der Vergangenheit angehören, auch wenn die Widerstände noch groß sind. Längst werden die Städte umgestaltet. Wir werden die Vorzüge lieben, die grüne, leise und saubere Städte bieten. Neue Mobilitätssysteme schließlich werden zügig entwickelt, wobei autonome Fahrzeuge, künstliche Intelligenz und ein superschnelles Internet wichtig sein werden.

Aus dem Ausland kommen ebenfalls einige ermutigende Signale, die anzudeuten scheinen, dass es vielleicht doch noch Hoffnung für den Planeten geben könnte. Zum Glück für die ganze Welt wurde Donald Trump bei der Wahl im November 2020 als Präsident der USA abgewählt. Allein diese Abwahl gibt mir die Hoffnung, dass die Menschen doch lernfähig sein können. Kommt es jetzt endlich zur Allianz der Willigen, die den internationalen Klimaschutz schnell voranbringen? Der neue Präsident Joe Biden bringt Ernsthaftigkeit und Seriosität zurück in die amerikanische Politik. Freie Medien und eine freie Forschung sind für ihn nicht verhandelbar. Wissenschaft besitzt für Biden einen hohen Stellenwert. Gleich nach der Wahl zum Präsidenten hatte er begonnen, eine Corona-Strategie, basierend auf den Ergebnissen aus der Wissenschaft, zu entwickeln, die er in den Wochen nach der Amtsübergabe implementierte. Außerdem hatte Biden schon vor der Präsidentschaftswahl eine umwelt- und energiepolitische Kehrtwende versprochen. Mit deren Umsetzung begann er sofort, nachdem er das Präsidentenamt von seinem Vorgänger übernommen hatte. So ist Biden am ersten Tag seiner Amtszeit dem Pariser Klimaabkommen wieder beigetreten, das von Trump völlig sinnlos aufgekündigt worden war. Damit sind die USA nach vier Jahren „America First"-Politik wieder zurück auf der Bühne der internationalen Diplomatie.

Biden hatte einige Monate nach seiner Wahl, im April 2021, zu einem internationalen Online-Klimagipfel eingeladen, an dem 40 Staats- und Regierungschefs teilgenommen haben, unter ihnen der chinesische Staatschef Xi Jinping, dessen Land inzwischen die meisten Treibhausgase verursacht, der russische Präsident Wladimir Putin und auch Bundeskanzlerin Angela Merkel. In seiner Eröffnungsrede, die ich mit Spannung live verfolgte, kündigte Biden an, dass die USA ihren Treibhausgasausstoß bis 2030 gegenüber 2005 um mindestens 50 Prozent senken wollen. Das ist eine Ansage! Für mich persönlich war jedoch ein anderer Aspekt seiner Rede von noch größerer Bedeutung. Biden wandte sich in seiner Rede mehrmals an seine Landsleute, um ihnen klarzumachen, dass der für den Klimaschutz notwendige Umbau der amerikanischen Wirtschaft den Wohlstand der USA langfristig sichern werde. Während seiner Rede betonte er mehrfach, dass die geplanten Investitionen in den Klimaschutz, die sich auf über ein Tausend Milliarden US-Dollar belaufen sollen, viele neue, gutbezahlte Jobs schaffen würden. Jetzt muss er liefern. Nur wenn es ihm gelingt, seine Ankündigungen in den nächsten Jahren in die Tat umzusetzen, wird er eine breite Unterstützung in der Bevölkerung für seinen Kurs erhalten können. Außerdem wäre ein Erfolg im eigenen Lande ein großartiges Signal für den Rest der Welt.

Biden rief in seiner Rede die Staatengemeinschaft zu einer gemeinsamen Kraftanstrengung auf, und er sieht, völlig zu Recht, hauptsächlich die größten Volkswirtschaften beim Klimaschutz in der Pflicht. Die G20-Staaten,[179] zu denen neben den USA und China auch Deutschland zählt, verursachten 2019 ungefähr 80 Prozent der weltweiten Treibhausgasemissionen. Ihr Anteil an den historischen Emissionen seit 1850 ist noch einmal deutlich höher. Zur Gruppe der G20 gehören die 19 wichtigsten Industrie- und Schwellenländer der Welt und die Europäische Union. „Die Zeichen sind unübersehbar. Die Wissenschaft ist nicht zu leugnen. Die Kosten des Nichtstuns werden immer höher", mahnte Biden. Er appellierte an die Industriestaaten, mehr Geld für den Klimaschutz zu mobilisieren, und kündigte selbst mehr Hilfen seines Landes für die Entwicklungsländer an.

Ich empfand die Rede Bidens als überaus wohltuend und hoffe inständig, dass sich die Welt unter seiner Führung endlich aufmacht, das im Pariser Klimaabkommen vereinbarte Ziel einzuhalten, d. h. die globale Erwärmung auf deutlich unter 2 Grad Celsius gegenüber der vorindustriellen Zeit[180] zu begrenzen. Mit den bisher beschlossenen Maßnahmen der Länder würde das Ziel weit verfehlt. Das im Abkommen ebenfalls erwähnte Ziel, die globale Erwärmung möglichst noch auf 1,5 Grad Celsius zu begrenzen, ist realistischerweise so gut wie nicht mehr zu schaffen, wie ich oben anhand des verbleibenden globalen CO_2-Budgets ausgeführt habe. Tatsächlich würde die Begrenzung auf 1,5 Grad Celsius an ein Wunder grenzen. Wenn sich die Welt tatsächlich auf einen solchen Entwicklungspfad aufmachte, würde es bedeuten, dass die Menschheit kaum noch Treibhausgase ausstoßen dürfte.

Zu den Gründen, die dem Prinzip der Nachhaltigkeit im Wege stehen, gehört die Art und Weise, wie sich die Weltwirtschaft und die Finanzindustrie während der letzten drei Jahrzehnte entwickelt haben. Hier sehe ich einen riesigen Handlungsbedarf. Sowohl Weltwirtschaft als auch Finanzindustrie folgen Regeln, die sich mir nicht erschließen wollen und die am Ende vielen Menschen kein Leben in Würde erlauben und der Erde großen Schaden zufügen. Falls die einzige Regel für die globalen Märkte die Gewinnmaximierung sein sollte, wonach es für mich aussieht, wird das fatale Folgen für den Planeten und für die Menschheit haben. Geld hat keine Seele! Das müssen wir begreifen. Sonst sind wir verraten und verkauft. Wer allein auf den freien Markt und dessen Selbstregulierungskräfte setzt, hat es nicht begriffen oder will es nicht verstehen. Sowohl die Wirtschaft als auch die Finanzindustrie benötigen dringend ethische Grundsätze, nach denen sie funktionieren und die in Form von Gesetzen überall auf der Welt gelten müssen. Sonst herrscht das Recht des Stärkeren und in der Folge eine große Ungerechtigkeit zwischen den Ländern untereinander, aber auch innerhalb der Länder, so wie es heute schon in zunehmendem Maße zu beobachten ist.

Dass diese Einsicht wächst und in Kreisen der Wirtschaft als auch der Finanzindustrie inzwischen begriffen worden ist, weiß ich aus vielen persönlichen Gesprächen mit Managern zu berichten. Die Dringlichkeit von nachhaltigem Wirtschaften und Investment wird von ihnen in der Öffentlichkeit immer stärker betont, was für sich allein gesehen schon ein Paradigmenwechsel ist. So forderte 2020 Larry Fink, Chef des global größten Vermögensverwalters BlackRock, in einer Art Brandbrief an die Konzernchefs der weltweit wichtigsten Unternehmen zum Umbau ihrer Firmen auf, damit die Pariser Klimaziele erreicht werden können. Fink räumte zwar ein, dass die Märkte das Risiko von Klimaveränderungen für Wirtschaftswachstum und Wohlstand nur zögerlich zur Kenntnis nehmen würden. „Aber das Bewusstsein der Bürger ändert sich rasant, und ich bin überzeugt, dass wir vor einer fundamentalen Umgestaltung der Finanzwelt stehen", schrieb er in seinem Brief.[181] Ob das von Fink wirklich ernst gemeint ist, sei dahingestellt. Ich vermag es nicht zu beurteilen. Ich möchte aber an den Kulturwechsel in der Finanzindustrie glauben. Umweltschützer werfen Fink „Greenwashing" vor, den Versuch, durch Kommunikation ein grünes Image zu erlangen, ohne entsprechende Maßnahmen im operativen Geschäft systematisch verankert zu haben. BlackRock steckt immer noch riesige Geldmittel in nichtnachhaltige Investments. So soll BlackRock 2020 beispielsweise 85 Milliarden US-Dollar in Kohleunternehmen investiert haben, unter denen sich auch der deutsche Energiekonzern RWE befindet.[182] Ich gehe davon aus, dass sich die Investments sehr schnell von der Kohle verabschieden werden, weil sich die Kohleverstromung nicht mehr rechnet. Wer, wenn nicht die Finanzindustrie, sollte das besser wissen und entsprechend handeln?

Die Finanzindustrie ist einer der entscheidenden Hebel, wenn nicht der wichtigste, um eine Klimakatastrophe abzuwenden. Wenn es gelänge, die globalen Finanzströme zügig in die Unterstützung und Entwicklung innovativer umweltschonender Technologien und deren Weiterentwicklung zu lenken, wäre eine industrielle Revolution im Sinne einer nachhaltigen Wirtschaftsweise innerhalb weniger Jahrzehnte vorstellbar. Geld hat zwar keine Seele, kann aber vieles bewirken, und das sehr schnell. Es wäre schon durch den Abbau der Subventionen für nichtnachhaltige Produkte viel gewonnen, um die Ankündigungen aus der Finanzwirtschaft schneller Realität werden zu lassen. Die direkten Subventionen für fossile Energien und für Atomkraft werden auf weltweit jährlich Hunderte Milliarden US-Dollar geschätzt. Der in den letzten zwei Jahren nach oben geschossene CO_2-Preis im Rahmen des Europäischen Emissionshandels trägt längst dazu bei, dass sich Investments in fossile Energien kaum noch lohnen. Darin sehe ich eine ermutigende Entwicklung.

Warum eigentlich müssen bei uns in Deutschland ganze Dörfer für den Braunkohletagebau weichen, um dann die Kohle für die Strom- oder Wärmeerzeugung zu verbrennen, was wiederum die Luft verpestet und die Erde aufheizt, mit den hinlänglich bekannten Folgen? Wo ist die menschliche Vernunft geblieben, wenn man fossile Brennmaterialien aus der Erde holt und sie durch den Schornstein eines Kraftwerks oder den Auspuff eines Autos jagt? Saubere Energie wäre doch in Hülle und Fülle vorhanden, und sie ist umsonst. Der Fernsehjournalist Franz Alt drückt es so aus: „Die Sonne schickt uns keine Rechnung."[183] In der Tat sind die Erneuerbaren Energien im Markt bereits konkurrenzfähig. Und zum Teil sind sie schon billiger als die fossilen Energien. Es deutet sich ein Wandel bei uns in Deutschland an. Wir beginnen alle Vorteile der Energiewende zu verstehen, zum Beispiel, dass uns die Erneuerbaren Energien auch mehr Unabhängigkeit gegenüber Energieimporten verschaffen und damit die Versorgungssicherheit erhöhen, obwohl oftmals das Gegenteil behauptet wird. Damit stellen wir die Diskussion um die Energiewende auf eine viel breitere Basis, was eine enorme Beschleunigung des Technologiewandels zur Folge haben wird.

Das Thema Klimaschutz ist inzwischen auch in der Justiz angekommen. Die Frage nach der Verantwortung für bereits eingetretene oder zukünftige Klimaschäden beschäftigt immer häufiger die Gerichte, internationale wie nationale. Das ist für mich ein ganz entscheidender Punkt, weil auch in der Wirtschaft das Verursacherprinzip gelten muss. Wer die Umwelt schädigt, muss dafür die Verantwortung tragen und zur Rechenschaft gezogen werden, im Kleinen wie im Großen. Im Mai 2021 verurteilte das Bezirksgericht Den Haag den Ölkonzern Shell, seine Emissionen innerhalb eines Jahrzehnts bis 2030 um 45 Prozent zu verringern, weil Shell nach Ansicht des Gerichts für die schwerwiegenden Folgen des Klimawandels mitverantwortlich sei. Das Urteil gilt als historisch, weil Geschäftsmodelle, die Natur und Klima besonders stark schädigen, grundsätzlich infrage gestellt werden. Zwischen 1986 und Mai 2020 wurden nach Angaben der London School of Economics fast 1600 Klimaprozesse angestrengt, die meisten in den USA und 57 in der EU.[184] Die meisten werden zwar verloren. Klagen, Prozesse und Gerichtsurteile sind aber inzwischen zu einem wichtigen Instrument des Umwelt- und Klimaschutzes geworden.

Wegweisend in diesem Zusammenhang ist das Urteil des Bundesverfassungsgerichts vom April 2021, in dem das deutsche Klimaschutzgesetz in Teilen für verfassungswidrig erklärt wurde. Mit dem Urteil hat das Verfassungsgericht den heute und in der Zukunft Regierenden ins Stammbuch geschrieben, dass sie bei ihren Entscheidungen die jungen Menschen im Blick haben müssen und ihnen nicht unzumutbare Lasten aufbürden dürfen. Das Bundesverfassungsgericht verpflichtete die Bundesregierung, ihre Pläne zum Klimaschutz zu präzisieren. Daraufhin wurde beschlossen, die Emissionen bis 2040 im Vergleich zu 1990 um mindestens 88 Prozent zu verringern.

Mehrere junge Menschen von der Insel Pellworm und anderen Inseln hatten Verfassungsbeschwerde eingelegt und geltend gemacht, dass ihre Grundrechte verletzt würden, weil die Politik nicht genügend unternehme, um die globale Erwärmung und den daraus resultierenden Anstieg der Meeresspiegel einzudämmen. Klimaschutz wird einklagbar. Darin sehe ich eine wichtige Voraussetzung für eine Kehrtwende beim Klimaschutz und schnell sinkende Treibhausgasemissionen.

Die Zerstörung der Lebensgrundlagen darf von uns nicht hingenommen werden. Jeder und jede von uns ist aufgerufen, sich, in welcher Weise auch immer, aber selbstverständlich gewaltfrei, gegen einen nicht mehr zu beherrschenden Klimawandel zu stemmen. Wir alle müssen es unbedingt wollen. Wir müssen dem Planeten die Wertschätzung entgegenbringen, die er verdient. Und schließlich gehört auch der feste Glaube an eine gute Zukunft zu den Voraussetzungen, die notwendig sind, um eine Klimakatastrophe zu verhindern. Bedenkenträger sind fehl am Platz, wir brauchen einen Aufbruch. Ohne Optimismus und Enthusiasmus wird uns der Antrieb fehlen, die Dinge energisch anzugehen und zum Besseren zu wenden.

Anmerkungen

1 https://www.deutschlandfunk.de/50-jahre-club-of-rome-die-grenzen-des-wachstums-100.html

2 https://www.oecd.org/ueber-uns/

3 https://www.bpb.de/nachschlagen/lexika/lexikon-der-wirtschaft/19007/club-of-rome

4 https://clubofrome.de/

5 https://www.tagesspiegel.de/wissen/blick-auf-die-erde-blaue-murmel-auf-schwarzem-samt/7487872.html

6 https://www.bundestag.de/dokumente/textarchiv/2022/kw06-bundesversammlung-rede-steinmeier-880568

7 https://www.tagesschau.de/inland/steinmeier-appell-corona-impfungen-101.html

8 https://www.bundesverfassungsgericht.de/SharedDocs/Pressemitteilungen/DE/2021/bvg21-031.html

9 https://www.tagesschau.de/wirtschaft/technologie/synthetisches-kerosin-emsland-atmosfair-lufthansa-101.html

10 https://www.bmz.de/de/service/lexikon/un-konferenz-fuer-umwelt-und-entwicklung-rio-konferenz-1992-22238

11 https://www.geo.de/natur/nachhaltigkeit/20913-rtkl-severn-cullis-suzuki-das-maedchen-das-27-jahre-vor-greta-den

12 https://www.bmu.de/themen/europa-internationales-nachhaltigkeit-digitalisierung/int-umweltpolitik/rio-20

13 https://www.ecowoman.de/freizeit/natur/severn-cullis-suzuki-das-maedchen-das-die-welt-zum-schweigen-brachte-6256

14 https://shop.stern.de/de_DE/einzelhefte/einzelausgaben/stern-30-2021/2025207.html

15 https://www.deutsches-klima-konsortium.de/fileadmin/user_upload/pdfs/Publikationen_DKK/basisfakten-klimawandel.pdf

16 https://www.herder.de/geschichte-politik-shop/heisszeit-klappenbroschur/c-34/p-18392/

17 Wasser kommt auf der Erde in allen drei Aggregatzuständen vor: als Gas (Wasserdampf), in seiner festen Form (Eis) und als Flüssigwasser.

18 Das Adjektiv anthropogen bedeutet durch den Menschen verursacht.

19 https://www.umweltbundesamt.de/themen/klima-energie/klimawandel/klima-treibhauseffekt#grundlagen. Siehe Geschichtliche Eckdaten.

20 https://thinkprogress.org/female-climate-scientist-eunice-foote-finally-honored-for-her-contributions-162-years-later-21b3cf08c70b/

21 https://universal_lexikon.de-academic.com/220788/Chemienobelpreis_1903%3A_Svante_August_Arrhenius

22 https://www.rsc.org/images/Arrhenius1896_tcm18-173546.pdf

23 Genau genommen handelt es sich um die sogenannte „Gleichgewichts-Klimasensitivität".

24 https://www.ipcc.ch/report/ar6/wg1/downloads/report/IPCC_AR6_WGI_SPM_final.pdf

25 https://www.noaa.gov/news/2021-was-worlds-6th-warmest-year-on-record

26 https://www.spektrum.de/lexikon/geographie/erde/2119

27 Klimatologie. Das Geographische Seminar. Richard Scherhag, Joachim Blüthgen und Wilhem Lauer, Georg Westermann Verlag, 1977.

28 https://www.nobelprize.org/prizes/physics/2021/summary/

29 https://www.tagesschau.de/ausland/europa/physik-nobelpreis-hasselmann-101.html

30 https://www.de-ipcc.de/119.php

31 https://www.nobelprize.org/prizes/peace/2007/summary/

32 https://www.ipcc.ch/working-group/wg1/

33 Im Englischen heißt Sachstandsbericht „Assessment Report". Daher kommt die Abkürzung AR.

34 Die FCKWs werden kaum noch ausgestoßen, besitzen allerdings typische Verweildauern in der Atmosphäre von vielen Jahrzehnten und tragen deswegen immer noch zur globalen Erwärmung bei.

35 https://lp.uni-goettingen.de/get/text/4887

36 https://link.springer.com/content/pdf/10.1007%2Fs00382-013-1808-7.pdf

37 https://www.pnas.org/content/118/30/e2026290118

38 https://www.spektrum.de/news/dinosaurier-hatten-einfach-pech/1518115

39 https://www.spiegel.de/politik/das-weltklima-geraet-aus-den-fugen-a-fa7f2e33-0002-0001-0000-000013519133

40 https://public.wmo.int/en/media/press-release/2020-was-one-of-three-warmest-years-record

41 https://www.ipcc.ch/assessment-report/ar6/

42 https://www.spiegel.de/wissenschaft/cop-26-glasgow-so-ist-das-1-5-grad-ziel-nicht-zu-schaffen-a-1a2da854-be28-4722-9421-da0ca1211177

43 https://www.worldweatherattribution.org/western-north-american-extreme-heat-virtually-impossible-without-human-caused-climate-change/

44 https://www.dwd.de/DE/klimaumwelt/klimaforschung/spez_themen/attributionen/node_attribs.html

45 Der 5. Sachstandsbericht des IPCC ist 2013 erschienen.

46 https://www.science.org/doi/10.1126/science.1201224

47 https://public.wmo.int/en/media/press-release/wmo-recognizes-new-arctic-temperature-record-of-38%E2%81%B0c

48 https://www.tagesspiegel.de/gesellschaft/panorama/hitzerekord-von-49-5-grad-und-486-tote-in-kanada-der-klimawandel-macht-das-unmoegliche-wahrscheinlich/27378420.html

49 https://fuentitech.com/australian-towns-reach-record-highs-of-50-7c/459680/

50 https://www.worldweatherattribution.org/heavy-rainfall-which-led-to-severe-flooding-in-western-europe-made-more-likely-by-climate-change/

51 Die Sprache der Wissenschaft ist leider sehr wortkarg. Ich habe die Passage wörtlich übersetzt.

52 Fischer und Knutti (2016), https://www.nature.com/articles/nclimate3110

53 Noda, A. & Tokioka, T., The effect of doubling the CO2 concentration on convective and non-convective precipitation in a general-circulation model coupled with a simple mixed layer ocean model. J. Meteor. Soc. Japan, 67, 1057–1069 (1989).

54 Die Beschreibung der physikalischen Prozesse, deren raumzeitliche Struktur unterhalb der Skala des Modellgitters liegt.

55 http://www.cmar.csiro.au/e-print/internal/gordon_x1992a. pdf

56 Fowler, A. M. & Hennessy, K. J., Potential impacts of global warming on the frequency and magnitude of heavy precipitation. Natural Hazards, 11, 283–303 (1995).

57 https://mathepedia.de/Gammaverteilung.html

58 https://www.nature.com/articles/s41558-018-0245-3

59 Latente Wärme ist die Wärme, die beim Kondensationsprozess, d. h. beim Übergang von Wasserdampf zu flüssigem Wasser frei wird.

60 https://www.spektrum.de/lexikon/geowissenschaften/niederschlagsbildung/11187

61 https://www.helmholtz-klima.de/sites/default/files/medien/dokumente/Was%20wir%20heute%20%C3%BCbers%20Klima%20wissen_0.pdf

62 https://www.sciencedirect.com/science/article/pii/S2095927321000566?via%3Dihub

63 https://www.de-ipcc.de/media/content/SRCCL-SPM_de_barrierefrei.pdf

64 Die Troposphäre ist das unterste Stockwerk der Atmosphäre und reicht im Mittel bis etwa 10 km Höhe.

65 https://www.pik-potsdam.de/de/aktuelles/nachrichten/mehr-extremwetter-durch-die-stoerung-gigantischer-luftstroeme-in-der-atmosphaere

66 https://www.pnas.org/content/111/34/12331

67 https://www.eskp.de/klimawandel/wie-beeinflusst-der-klimawandel-den-jetstream-9351059/

68 https://www.de-ipcc.de/270.php

69 https://www.munichre.com/topics-online/de/climate-change-and-natural-disasters/natural-disasters/storms/hurricane-harvey-2017.html

70 https://www.pik-potsdam.de/de/produkte/infothek/kippelemente/kippelemente

71 https://www.carbonbrief.org/explainer-nine-tipping-points-that-could-be-triggered-by-climate-change

72 https://www.nature.com/articles/s41586-021-03263-2

73 https://www.pnas.org/content/118/30/e2019377118.short

74 https://taz.de/Erhard-Eppler-ueber-150-Jahre-SPD/!5066900/

75 https://www.bmu.de/themen/klimaschutz-anpassung/klima-schutz/internationale-klimapolitik/pariser-abkommen

76 https://www.ipcc.ch/site/assets/uploads/sites/2/2019/06/SR15_Headline-statements.pdf

77 ppm: parts per million, Teile pro eine Million.

78 https://www.geomar.de/news/article/ozeanversauerung-das-andere-co2-problem

79 https://gml.noaa.gov/ccgg/trends/

80 https://www.bundesverfassungsgericht.de/SharedDocs/Pressemitteilungen/DE/2021/bvg21-031.html

81 IPCC AR6 (2021), WG1, Summary for Policymakers. https://www.ipcc.ch/assessment-report/ar6/

82 https://climateactiontracker.org/global/cat-thermometer/

83 https://www.tagesschau.de/inland/habeck-klimaziele-101.html

84 https://www.agora-energiewende.de/presse/neuigkeiten-archiv/deutschland-steht-2021-vor-dem-hoechsten-anstieg-der-treibhausgasemissionen-seit-1990/

85 https://www.steuerzahler.de/aktion-position/staatsverschul-dung/dieschuldenuhrdeutschlands/

86 https://www.mcc-berlin.net/forschung/co2-budget.html

87 Bei der Berechnung des Restbudgets wird vom MCC der Beitrag anderer Treibhausgase zur globalen Erwärmung im Voraus abgezogen.

88 https://www.deutschland-lese.de/streifzuege/balladen/der-zauberlehrling/

89 https://wiki.bildungsserver.de/klimawandel/index.php/Kohlenstoff_im_Ozean#Die_physikalische_Pumpe

90 https://www.showyourbudgets.org/de/?country=united_states_of_america

91 https://www.umweltrat.de/SharedDocs/Downloads/DE/01_Umweltgutachten/2016_2020/2020_Umweltgutachten_Kap_02_Pariser_Klimaziele.pdf?__blob=publicationFi-le&v=31

92 Die verschiedenen Emissionsszenarien findet man hier: https://www.de-ipcc.de/media/content/AR6-WGI-SPM_de.pdf

93 Mit „worst case" meine ich den schlimmsten anzunehmenden Fall.

94 https://www.ipcc.ch/report/ar6/wg1/#SPM

95 Mojib Latif, Mitteilungen DMG 4 l 2021. S. 9.

96 Die Stratosphäre kühlt sich ab, wenn die Treibhausgase ansteigen.

97 https://www.space.com/giant-ozone-hole-antarctica-climate-change

98 https://www.bundesregierung.de/breg-de/aktuelles/erfolgreicher-schutz-fuer-ozonschicht-337862

99 Ein Vektor ist ein lebender Organismus, der Krankheitserreger von einem infizierten Tier auf Menschen oder andere Tiere überträgt.

100 https://www.who.int/news/item/11-10-2021-who-s-10-calls-for-climate-action-to-assure-sustained-recovery-from-covid-19

101 https://www.oekosystem-erde.de/html/stern_report.html

102 https://www.nature.com/articles/s41559-021-01552-7?proof=t%29

103 https://www.ipcc.ch/assessment-report/ar1/

104 https://dserver.bundestag.de/btd/12/086/1208600.pdf

105 https://www.weforum.org/reports/global-risks-report-2022/in-full/grr2022-executive-summary

106 https://www.dwd.de/DE/service/lexikon/Functions/glossar.html?lv2=101094&lv3=624852

107 https://www.dwd.de/DE/presse/pressemitteilungen/DE/2020/20201217_annulierung_lingen_news.html

108 https://www.perlentaucher.de/buch/mojib-latif/hitzerekorde-und-jahrhundertflut.html

109 https://edition.cnn.com/2020/03/03/australia/new-south-wales-fires-extinguished-scli-intl/index.html

110 https://www.ipcc.ch/2013/09/27/human-influence-on-climate-clear-ipcc-report-says/

111 Die Kryosphäre ist die Eissphäre.

112 https://www.ipcc.ch

113 Wissenschaftlicher Beirat der Bundesregierung, Globale Umweltveränderungen (2011), Factsheet Nr.2/2011, Transformation der Energiesysteme.

114 https://www1.wdr.de/stichtag/stichtag7866.html

115 https://www.bundesregierung.de/breg-de/suche/nicht-abschalten-sondern-umwandeln-450440

116 https://strom-report.de/strompreise/strompreis-zusammen-setzung/

117 https://bdi.eu/artikel/news/deutschland-braucht-jetzt-einen-grossen-aufbruch/

118 https://www.tagesschau.de/ausland/meeresschutzgebiet-101.html

119 https://www.deutschlandfunknova.de/beitrag/klima-krise-warum-wir-die-erderwaermung-so-gut-verdraengen-koennen

120 http://www.uni-kiel.de/Agraroekonomie/Abteilungen/II/PDFs/Diskontieren_Stern.pdf

121 https://www.boell.de/de/kosten-falsche-abrechnung-zahlen-sollen-die-anderen

122 https://policy-practice.oxfam.org/resources/inequality-kills-the-unparalleled-action-needed-to-combat-unprecedented-inequal-621341/

123 Hier sind die 1970er Jahre gemeint.

124 https://www.detopia.de/E/Eppler-Erhard/1975-Ende-oder-Wende/s011-01-Zaesur.htm

125 https://theconversation.com/scientists-understood-physics-of-climate-change-in-the-1800s-thanks-to-a-woman-named-eunice-foote-164687

126 https://www.die-gdi.de/uploads/media/wbgu_sg2014.pdf

127 https://www.zeit.de/wirtschaft/2021-10/un-klimareport-bbc-laender-ipcc-saudi-arabien-australien-greenpeace?utm_referrer=https%3A%2F%2Fwww.google.de%2F

128 https://www.dw.com/de/guterres-krieg-gegen-den-planeten-beenden/a-59245981

129 https://www.zdf.de/nachrichten/politik/klima-glasgow-abschlusserklaerung-kohleausstieg-100.html

130 https://climateactiontracker.org/

131 https://www.tesla.com/de_DE/elon-musk

132 https://www.bmwi.de/Redaktion/DE/Artikel/Industrie/klimaschutz-eu-klimaschutzpolitik.html

133 https://www.bundesregierung.de/breg-de/themen/klima-schutz/weniger-co2-emissionen-1790134

134 https://www.gesetze-im-internet.de/gg/art_14.html

135 https://www.oxfam.de/presse/pressemitteilungen/2021-11-05-klima-fussabdruck-superreichen-30-mal-hoeher-pariser-abkommen

136 https://www.tagesspiegel.de/wirtschaft/klimaschutz-das-wunder-der-schwedischen-co2-steuer/24161896.html

137 https://static.agora-energiewende.de/fileadmin/Projekte/2022/2022_01_DE-JAW2021/A-EW_247_Energie-wende-Deutschland-Stand-2021_WEB.pdf

138 https://www.umweltbundesamt.de/presse/pressemittei-lungen/tempolimit-auf-autobahnen-mindert-co2-emis-sionen

139 https://www.climatecouncil.org.au/deforestation/

140 https://www.europarl.europa.eu/news/de/headlines/socie-ty/20191030STO65415/auswirkungen-des-klimawandels-auf-lebensmittelsicherheit-und-meere

141 https://ec.europa.eu/commission/presscorner/detail/de/ip_22_2

142 https://www.manager-magazin.de/politik/europa/streit-in-der-eu-ist-atomkraft-ein-gruenes-investment-a-b309b541-ce4c-4c2e-82cd-cbb65188da46

143 https://www.tagesschau.de/ausland/eu-atomenergie-gas-101.html

144 https://www.manager-magazin.de/finanzen/versicherun-gen/a-761954.html

145 https://www.science.org/doi/abs/10.1126/science.1080444

146 https://www.nature.com/articles/s41598-019-40155-y

147 G. Herrington (2021), Update to limits to growth: Comparing the World3 model with empirical data. J. Industrial Ecology, 25, 614–626.

148 https://academic.oup.com/eurheartj/article/40/20/1590/5372326

149 https://www.sonnenseite.com/de/umwelt/mehr-als-400-000-tote-durch-luftverschmutzung/

150 https://naturwald-akademie.org/waldwissen/hausge-machter-trockenstress-2/

151 https://journals.plos.org/plosone/article?id=10.1371/journal.pone.0185809

152 https://www.wwf.de/klimakrise/amazonas

153 https://artsandculture.google.com/entity/m01m_8n?hl=de

154 https://www.welthungerhilfe.de/presse/pressemittei-lungen/2021/welthunger-index-2021-rueckschritt-bei-hungerbekaempfung/

155 https://www.greenbeltmovement.org/sites/greenbeltmove-ment.org/files/Forests%20Declaration%20Text.pdf

156 https://www.bmi.bund.de/SharedDocs/pressemitteilungen/DE/2021/05/vorstellung-pmk-2020.html

157 Das Global Footprint Network berechnet jedes Jahr den Tag, an dem die Erdüberlastung erreicht ist (Earth Overshoot Day). Dabei werden zwei rechnerische Größen gegenüber-gestellt: zum einen die biologische Kapazität der Erde zum Aufbau von Ressourcen sowie zur Aufnahme von Müll und Emissionen, zum anderen der Bedarf an Wäldern, Flächen, Wasser, Ackerland und Fischgründen, den die Menschen derzeit für ihre Lebens- und Wirtschaftsweise verbrauchen; https://germanwatch.org/de/overshoot

158 https://germanwatch.org/de/overshoot

159 https://www.unesco.de/kultur-und-natur/wasser-und-ozeane/un-weltwasserbericht-2021

160 https://www.cen.uni-hamburg.de/about-cen/news/10-news-2021/2021-07-06-kabeljau-vorhersagen.html

161 https://www.ndr.de/nachrichten/niedersachsen/Plastik-im-Meer-WWF-warnt-vor-dramatischen-Folgen,plastik574.html

162 https://www.bmu.de/themen/bildung-beteiligung/bildungs-service/aus-der-wissenschaft/korallenriffe-im-klimawandel/

163 https://www.deutschlandfunk.de/wissenschaftler-ueber-korallensterben-befinden-uns-in-ganz.676.de.html?dram:ar-ticle_id=500607

164 http://www.kommunikation.uzh.ch/static/unimagazin/archiv/3-96/artenvielfalt.html

165 https://www.iucnredlist.org/

166 https://www.geo.de/natur/tierwelt/ist-die-artenvielfalt-zu-bewahren--30492884.html

167 https://www.footprintnetwork.org/our-work/climate-change/

168 J. Lehmann, D. Coumou, and K. Frieler, „Increased record-breaking precipitation events under global warming",

Climatic Change, vol. 132, pp. 501–515, 2015, http://dx.doi.org/10.1007/s10584-015-1434-y

169 https://www.wetter.de/cms/wetterlexikon-konvektiver-niederschlag-2399133.html

170 https://www.imf.org/external/pubs/ft/wp/2015/wp15105.pdf

171 https://www.wwf.de/themen-projekte/landwirtschaft/ernaehrung-konsum/lebensmittelverschwendung/das-grosse-wegschmeissen

172 https://www.ipcc.ch/report/ar6/wg2/resources/spm-headline-statements/

173 https://www.tagesschau.de/ausland/asien/un-china-kohlekraft-101.html

174 https://www.stern.de/politik/deutschland/wie-die-afd-die-briefwahl-diskreditiert---und-ein-gefaehrliches-spieltreibt-30751870.html

175 https://www.zukunftsinstitut.de/artikel/soziale-kipppunkte-im-kampf-gegen-den-klimawandel/

176 https://www.bundesregierung.de/breg-de/themen/nachhaltigkeitspolitik/nachhaltigkeitsziele-verstaendlich-erklaert-232174

177 https://www.msn.com/de-de/nachrichten/politik/wie-die-afd-deutschland-ver%C3%A4ndern-will/ar-AALHIxT

178 https://www.tagesschau.de/inland/innenpolitik/jennifer-morgan-klimapolitik-101.html

179 https://www.bundesregierung.de/breg-de/leichte-sprache/artikel/thema-g20/wer-gehoert-zur-g20--451640

180 Man bezeichnet die vorindustrielle Zeit im Allgemeinen als den Zeitraum 1850–1900.

181 https://www.solarify.eu/2021/02/13/533-0-post-von-fink/

182 https://reclaimfinance.org/site/en/2021/01/12/one-year-on-blackrock-still-addicted-fossil-fuels/

183 Franz Alt, Die Sonne schickt uns keine Rechnung: Neue Energie, neue Arbeit, neue Mobilität. München: Piper Verlag 2009.

184 https://www.sueddeutsche.de/wissen/klimakolumne-1587-klimaklagen-1.5306304